U0629528

陕西师范大学一流学科建设资金资助

陕西师范大学优秀学术著作出版基金资助

明清山东农业地理

李令福◎著

科学出版社

北京

内 容 简 介

本书为作者在博士学位论文基础上修改完成的历史农业地理学专著。其中盐碱地改良，农作物亩产、总产、结构与流通，种植制度演变等要素的研究，丰富了历史农业地理学研究的内容与体系。此外，本书还利用农村基层访问调查资料与曲阜孔府档案材料进行定量分析，提出了许多自己的学术观点，比如清中期山东粮食亩产量的结论具体而细致，传统粮食作物的种植地位不断调整变化，两年三熟制于明中后期形成等。

本书可供明清史、经济史、历史地理学等专业的师生阅读和参考。

图书在版编目（CIP）数据

明清山东农业地理/李令福著. —北京：科学出版社，2021.12
ISBN 978-7-03-069981-7

Ⅰ.①明… Ⅱ.①李… Ⅲ.①农业地理-研究-山东-明清时代
Ⅳ.①F329.952

中国版本图书馆CIP数据核字（2021）第201956号

责任编辑：任晓刚 / 责任校对：王晓茜
责任印制：张 伟 / 封面设计：润一文化

科学出版社出版
北京东黄城根北街16号
邮政编码：100717
http:// www.sciencep.com

北京虎彩文化传播有限公司 印刷
科学出版社发行 各地新华书店经销

*

2021 年 12 月第 一 版 开本：720×1000 1/16
2022 年 4 月第二次印刷 印张：17
字数：300 000
定价：98.00 元
（如有印装质量问题，我社负责调换）

序

史念海

　　明清时代是中国传统农业趋向近代化的开端，而位居沿海的中等发达农业区——山东省，在北方旱地农业中很有代表性，故研究明清山东农业地理不仅具有重要的学术价值，而且能带来一定的现实指导意义。有鉴于此，李令福君以《明清山东农业地理》为题，撰写出博士学位论文。现在，这篇论文经过修订、补充将要付梓。作为他的指导教师，我当然很高兴，也愿意把该书的主要特点介绍给读者诸君。

　　一、从写作体例上看，该书首次把盐碱地改良，农作物亩产、总产、结构与流通，种植制度演变等要素引入历史农业地理研究，丰富和完善了历史农业地理学研究的内容与体系。粮食亩产是衡量各地农业生产水平最主要的因素，在以往的研究中由于诸多客观原因很难有分区分阶段的详细论述，该书则根据孔府档案资料与地方史志基本上考证出清代前后期山东六大区域的粮食单产，为综合农业区的发展奠定了基础。在对各要素的具体论述中该书并不要求面面俱到，而是抓住主要问题，围绕中心展开论证。如在论述影响农业生产发展与布局的自然因素时，并不是按温度、光照、土壤、水分等要素去分别叙述，而是抓住除水害、兴水利与改良盐碱地这三个关键问题深入分析，对当时人们还很难控制的温度与光照条件则一笔带过。

　　二、从研究方法上讲，大量地利用农村基层访问调查资料与曲阜孔府档案资料进行定量分析是该书的独特之处。这可以从以下三个方面理解：

首先，明清时代距今不远，而耕种方式又演化缓慢，明清时代农业生产力的某些特征或遗存于20世纪六七十年代的农村生产实践之中，或流传于故老耆旧的口碑中。李令福君出生于北方乡村，少小务农，在黄土地于父老乡亲中真切地感悟到农业经营之真谛，加上两次深入山东各地农村所做的访问调查，给该书的写作奠定了浓厚的基础。记得他第一次赴山东农村调查回来写的报告中就利用调查资料提出了不少问题，他认为当今学界多以为北方清代粮食亩产在300斤左右，恐估计过高，因为常听家乡农民说"好麦一桩子（一布口袋）"，即收成好的麦子每亩多为一大口袋，在120斤左右，在鲁西南的访问中也听到过类似的谚语，考虑到麦后复种的大豆单产更低，按两年三收的惯例，亩产也超不了200斤。又，关于两年三熟轮作制下的作物组合，农史论著多以为麦后种粟，也与其家乡及调查地方故老回忆情形迥然不同。在盐碱地利用，农作物组合、单产，种子改良等方面，该书都吸收了实地访查的非书面材料，这是难能可贵的。其次，作者在收集材料中也下了不少功夫，除正史、实录、方志、文集、农书等史料外，小说、档案资料也被充分利用，尤其是曲阜孔府收租档案资料的大量运用，使该书的论证显得充实、准确。最后，该书在占有实地访查与文献资料以后，较为成功地运用了定量分析的方法，全书列表49份，在土地垦殖、农作物结构、单产、总产与流通量方面都求出了较肯定的数据。这种研究方向是值得肯定的。

三、在占有翔实资料并经过充分论证的基础上，能够大胆地提出自己的学术观点，这在该书比较突出。同时，我认为这也是该书的最大优点。比如在清中期山东粮食亩产量方面，该书结论具体而细致，以为鲁西南平原普通年份每市亩产粮为上等地200斤、中等地150斤、下等地100斤，沂泰山地东北麓平原、鲁西北平原与胶东丘陵三地区次之，一般亩产较前区略低一二十斤不等，沂蒙泰山区与鲁北滨海平原亩产最下，低于鲁西南平原四五十斤不等，全省综合起来每市亩耕地年产粗细粮在140斤上下。在明清山东粮食作物结构方面，该书以为除大家都清楚的域外作物玉米、番薯的引种推广外，传统粮食作物的种植地位也不断调整变化，给农业生产带来深远影响，明中期以后，小麦、高粱、大豆的播种比率逐渐增加，而粟、黍、稷的地位越来越不重要。该书还论述了华北平原两年三熟制的形成时间，以为两汉、北魏与唐中期形成诸传统观点是不能成立的，建立了明中后期形成的新学说。在正文的每一个章节，都能看到作者的新视野、新见解。当然，这些见解能否得到国内外学人的认可，有待于接受今后学术的检验。

总之，这是一部在翔实论证基础上有一定创见的学术专著，其论证方法与独特见解必定会引起明清史、经济史、历史地理等专业广大学人的关注，从而促使各学科研究的不断发展。

目　录

第一章 导 论

"山东"作为地理区域的名称始于战国时代，当时泛指崤山、函谷关以东的广大地区，唐宋时多指太行山以东地区，范围缩小东移。金代，"山东"开始作为一级地方行政区划名称，不过当时山东有东、西两路，而且范围与今山东省相差也很大。明朝设山东布政司，一般称山东省，虽跨海括有辽东地区，但设置府县部分与今日山东省区域范围相差无几，基本奠定了今日山东省行政区划的规模。清朝山东省界限轮廓没发生太大变化。

本书研究的目的是揭示明清时代山东省农业生产力布局、结构及其发展变化的特征与规律。农业是人类通过劳动利用生物对太阳能进行直接与间接的积蓄、转化和利用，以谋求人类的衣食之源，不仅是经济的再生产过程，而且也是自然的再生产过程，受到自然与社会条件的双重制约。本书研究的农业概念是狭义的，特指种植业，没有包括林牧渔猎各部分，甚至由于资料不足，也没有包括种植业中的栽培蔬菜、花卉、药材、水果等。当然，由于蚕桑在中国传统农业时代的重要地位，一些农书名称常是农桑并举，故本书把养蚕业列入了论述范围。

第一节 山东农业自然环境的综合特征

山东省位于中国东部沿海，境域包括半岛与内陆两部分，胶东半岛突出于渤海与黄海之间，同辽东半岛遥相对峙；内陆部分向华北平原内部延伸，北与明清京师所在的北直隶为邻，南与沟通南北方的江苏接壤。山东省这种既沿海又内陆的地理位置在北方省份中是很特殊的，对明清时代农业生产布局影响很大。由于元明清时代中国政治中心与经济中心的分离，由南方向北方都城的漕运成为经常且必要的重大事件，而运输无外乎二途：京杭大运河与海运。这两种漕运路线分别位于山东东西两端，其各自的兴衰对山东省经济繁荣区的转变与形成影响很大，这在后文中有详细论述。

地形地貌是决定农业生产布局的重要因素之一。山东省位于我国地势划分中的第三阶梯，海拔高度较低，全省以冲积平原和低山丘陵地形为主。鲁中南和半岛地区大多为起伏低缓的山地丘陵，鲁西南和鲁西北是宽阔坦荡的大平原，形成了以山地丘陵为骨架、平原盆地交错环列其间的地形大势。从面积上看，山地丘陵约占全省总面积的34.9%，平原盆地约占64%，河流湖泊约占1.1%[①]。

鲁西南、鲁西北平原系黄河泛滥冲积而成，是华北大平原的组成部分，呈弧形环抱在鲁中南山地丘陵区的西北两面，东与胶莱平原相接，面积占全省总面积的1/3以上。平原上地势低平，海拔大多在20—50米，由西南向东北方向逐渐降低，坡降在1/5000—1/10 000。大清河（后为黄河所夺）、小清河与大运河穿插其间。辽阔无际的大平原历来是山东垦殖发达的地区。

鲁中南山地丘陵区地势中间高，边缘低。泰、鲁、沂、蒙山等断块山地耸峙于中北部，海拔千米以上，构成该区脊部。脊部两侧，海拔500—600米，属古生代和中生代地层构成的丘陵。丘陵边缘是山麓堆积平原，主要分布在今胶济铁路沿线与南阳、微山湖东部，海拔40—70米，地表倾斜平缓，土层深厚，蕴水丰富，农业生产条件良好。该区主要河流沂河、沭河、泗水、大汶河、淄河等均发源于山丘岭表，呈放射状向周围分流。其河谷地带均发育有宽窄不等的洪积冲积平原，土质肥沃，排灌条件好，自古是有名的沃壤，春秋时代汶河谷地的田地即成为权贵争夺的对象，号称

---

① 陈龙飞等：《富饶的山东》，济南：山东科学技术出版社，1984年，第9页。山东全省15.3万平方千米，山地丘陵约53 397平方千米，占34.9%；平原盆地约97 920平方千米，占64%；河流湖泊约1683平方千米，占1.1%。此为现代统计数据，然地形古今变化较小，且明清山东境域与今基本相同，故引入本书。

"汶阳田"。鲁中南山区石灰岩分布广泛，喀斯特地貌发育，地下裂隙溶洞水受阻后，一部分涌出地表，形成诸多泉群。著名的有济南泉群、章丘的明水泉群、泗水的泉林泉群，丰富的泉源也成为引水灌田的自然基础，于是明清时代这些地方发展成水利较为发达的区域。

胶东丘陵区构成半岛的主体，大部分地区海拔400米以下，呈广谷丘陵状态。半岛东北部与西南部地势较高，有大泽山、昆嵛山、崂山等分布。丘陵之间为断陷盆地，主要有莱阳盆地、桃村盆地，这些地区土层较厚，加上三面环海，气候温和湿润，农业自然条件中等。

胶莱平原介于鲁中南山地丘陵区与胶东丘陵区之间，系潍河、大沽河、胶莱河冲积而成，海拔多在50米左右，土肥水美，农业种植条件优越。

山东水系比较发达，自然河流密度较高，比较重要的河流有马颊河、大清河、小清河、潍河、胶莱河、沂河、沭河、汶河等。明清时期中国最重要的人工运河——京杭大运河横贯鲁西，在其侧旁形成了南阳、微山湖群。明清时代山东农田水利事业不太发达，丰富的自然水资源利用较少，而自然河流对农业的负面影响却很大，这在本书第二章中有较为详细的论述。

山东属暖温带季风气候区，降水集中，雨热同季，春秋短暂，冬夏较长。多年平均气温11—14℃，由东北沿海向西南内陆递增。全年无霜期，鲁北与胶东一般为130天，鲁西南地区可达220天，也由东北沿海向西南内陆递增。年降水量一般在550—950毫米，由东南向西北递减。由于降水、气温等气候要素变率较大，旱涝风雹等灾害经常发生，对农业生产的危害较大。

第二节 明清山东行政区划的基本沿革

行政区划不属于历史农业地理研究的内容，但却是其研究的基础，因为在论述各时代的农业发展与布局时都要落实到具体的政区地理上，政区沿革不明不行。明清山东政区之变革，明清《山东通志》及《一统志》与正史地理志均有记载，这里据上述资料略述如次。

元代，山东地区直隶中书省，明洪武元年（1368年）设山东行中书省，治益都。洪武九年，各行中书省改称承宣布政使司，俗仍称行省。后移治济南。在布政司以下，设府与州县两级地方行政机构。洪武初，山东布政司下辖济南、青州、东昌、济宁、莱州、登州6府。洪武十八年（1385年），降济宁府为州，升兖州为府，仍为6府，终明一代没有变化。其中济南、东昌、兖州三府因位置居西，常被称作"西三府"，青、莱、登三府对应地被称作"东三府"。具体各府统辖州县及其分布请参见表1-1。明初还在各军事要害之地设置卫所，其中山东的卫所主要分布在胶东沿海，著名的有威海卫、成山卫、靖海卫等。

表 1-1 明代山东行政区划一览表

府	领属州县	数量
济南府	历城、章丘、邹平、淄川、长山、新城、齐河、齐东、济阳、禹城、临邑、长清、肥城、青城、陵县、泰安州、新泰、莱芜、德州、德平、平原、武定州、阳信、海丰、乐陵、商河、利津、滨州、霑化、蒲台	30
东昌府	聊城、堂邑、博平、茌平、莘县、清平、冠县、临清州、丘县、馆陶、高唐州、恩县、夏津、武城、濮州、范县、观城、朝城	18
兖州府	滋阳、曲阜、宁阳、邹县、泗水、滕县、峄县、金乡、鱼台、单县、城武、济宁州、嘉祥、巨野、郓城、东平州、汶上、东阿、平阴、阳谷、寿张、曹州、曹县、定陶、沂州、郯城、费县	27
青州府	益都、临淄、博兴、高苑、乐安、寿光、昌乐、临朐、安丘、诸城、蒙阴、莒州、沂水、日照	14
莱州府	掖县、平度州、潍县、昌邑、胶州、高密、即墨	7
登州府	蓬莱、黄县、福山、栖霞、招远、莱阳、宁海州、文登	8
合计		104

注：领属州县列第一者为所在府治所

清初，山东府制建置仍沿明制，雍正末年，始将武定、沂州、泰安、曹州升格为府。至此，山东始建10府。与府同级的还有直隶州，雍正初实行，后几经改置，至乾隆三十九年（1774年）始定济宁、临清两直隶州。府与直隶州下州县建置多承明制，雍正年间因"改设府县"，始设武定府附郭县惠民、泰安府附郭县泰安、沂州府附郭县兰山与曹州府附郭县菏泽。因"裁卫设县"，始裁大嵩、成山二卫，改设海阳、荣成二县，又升颜神镇为博山县。至此，清代山东省府州县地方行政制度定形，至清末未有大的变化。具体各府州所辖州县请参见表1-2。

表 1-2　清代山东行政区划一览表

府、直隶州	领属州县	数量
济南府	历城、章丘、邹平、淄川、长山、新城、齐河、齐东、济阳、禹城、长清、陵县、德州、德平、平原、临邑	16
东昌府	聊城、堂邑、博平、茌平、清平、莘县、冠县、馆陶、恩县、高唐州	10
泰安府	泰安、新泰、东平州、东阿、平阴、莱芜、肥城	7
临清州	临清、武城、夏津、丘县	4
武定府	惠民、滨州、阳信、海丰、乐陵、利津、霑化、蒲台、青城、商河	10
兖州府	滋阳、曲阜、宁阳、邹县、泗水、滕县、峄县、汶上、阳谷、寿张	10
曹州府	菏泽、濮州、曹县、定陶、范县、观城、朝城、巨野、郓城、单县、城武	11
济宁州	济宁、金乡、嘉祥、鱼台	4
沂州府	兰山、莒州、郯城、费县、沂水、蒙阴、日照	7
青州府	益都、博山、临朐、临淄、博典、高苑、乐安、寿光、昌乐、安丘、诸城	11
莱州府	掖县、平度州、潍县、胶州、昌邑、高密、即墨	7
登州府	蓬莱、宁海州、黄县、福山、栖霞、招远、莱阳、文登、荣成、海阳	10
合计		107

注：领属州县列第一者为所在府州之治所

第三节　明以前山东农业的发展历程

山东省是我国历史上开发最早的地区之一，是传统的农业区。春秋战国之际，铁制农具逐步推广，而且在不少地方铁犁与牛耕开始结合起来，垦殖能力大幅度提高；同时，还出现了修筑河堤的治水工程与开渠引水的灌溉工程，特别有利于把低洼的冲积平原开垦成农田。此阶段我国的种植业得到空前的发展，在土壤性质的分辨与病虫防治等方面已积累了丰富的经验，作物可以获得较高产量，耕地面积更飞速扩展，黄河中下游地区逐渐形成了几个范围广泛的农业区，山东省境内的齐鲁即是其中之一。齐国由一个"地潟卤，人民寡"[①]，方不足百里的小国，逐步发展成一个经济发达的强国，首霸诸侯，称雄战国。《史记·货殖列传》曰："故齐冠带衣履天下，海岱之间敛袂而往朝焉。"《索隐》曰："言齐既富饶，能冠带天下，

[①]《史记》卷129《货殖列传》，北京：中华书局，1959年，第3255页。

丰厚被于他邦。"①《战国策》更记载其国力之强，都城之繁，人民之富："齐地方二千里，带甲数十万，粟如丘山。齐车之良，五家之兵，疾如锥矢，战如雷电，解如风雨。即有军役，未尝倍太山、绝清河、涉渤海也。临淄之中七万户，臣窃度之，下户三男子，三七二十一万，不待发于远县，而临淄之卒固以二十一万矣。临淄甚富而实，其民无不吹竽、鼓瑟、击筑、弹琴、斗鸡、走犬、六博、踏鞠者。临淄之途，车毂击，人肩摩，连衽成帷，举袂成幕，挥汗成雨，家敦而富，志高而扬。"②鲁国也是纺织业兴盛的地区，其生产的鲁缟极其轻薄，闻名全国，《淮南子·说山训》云："矢之于十步贯兕甲，于三百步不能入鲁缟。"③《史记》曰："且强弩之极，矢不能穿鲁缟。"④《汉书》也曰："缟，素也，曲阜之地，俗善作之，尤为轻细，故以取喻也。"⑤

秦汉时代，山东地区农业得以继续发展，达到第一个高峰时期，山东也成为全国富庶的地区之一。秦始皇开河南地，就会由位于山东半岛的黄、腄、琅邪等地转运粟米到达北河，供给边防的需要⑥。据《史记·河渠书》记载，汉武帝亲自指挥堵塞瓠子决口，开屯氏河，较成功地治理了黄河决泛的危害；同时，大力发展农田水利事业，"用事者争言水利。……东海引巨定；泰山下引汶水：皆穿渠为溉田，各万余顷。它小渠披山通道者，不可胜言"⑦。汉平帝时，山东氾水（今曹县）人氾胜之总结黄河流域的农业生产经验，写成著名的农书《氾胜之书》，认为"凡耕之本，在于趣时和土，务粪泽，早锄早获"⑧，奠定了北方旱地农业耕作技术的基础，同书记载的"区种"与"溲种"方法代表了当时中国农业生产的最高水平。泰山南北桑麻与纺织事业特别发达，《史记·货殖列传》称："齐带山海，膏壤千里，宜桑麻，人民多文彩布帛""沂、泗水以北，宜五谷桑麻六畜"

① 《史记》卷129《货殖列传》，北京：中华书局，1959年，第3255页。
② 缪文远等译注：《战国策·齐策·苏秦为赵合从说齐宣王》，北京：中华书局，2006年，第128页。
③ 何宁撰：《淮南子集释》卷17，北京：中华书局，1998年，第1130页。
④ 《史记》卷108《韩长孺列传》，北京：中华书局，1959年，第2861页。
⑤ 《汉书》卷52《韩安国传》，北京：中华书局，1962年，第2403页。
⑥ 《汉书》卷64《主父偃传》，北京：中华书局，1962年，第2800页。河南地指今内蒙古西南部河套而言，黄在今龙口市（原黄县）东南，腄在今福山区东南，琅邪在今诸城市附近。
⑦ 《史记》卷29《河渠书》，北京：中华书局，1959年，第1414页。
⑧ 万国鼎辑释：《氾胜之书辑释》，北京：农业出版社，1980年，第21页。

"齐、鲁千亩桑麻……其人皆与千户侯等。"①《汉书·地理志》则说，邹鲁"颇有桑麻之业"②。临淄、定陶、亢父是汉代山东地区三大纺织中心，也是全国重要的纺织业基地。齐郡临淄有汉政府三服官，专门生产高级丝织品供皇室享用，琅琊人贡禹在汉元帝初即位时奏言："故时齐三服官输物不过十笥，方今齐三服官作工各数千人，一岁费数巨万。"③20 世纪初，英国人斯坦因在甘肃敦煌发现了任城国亢父缣，上有题字："任城国亢父缣一匹，幅广二尺二寸，长四丈，重二十五两，直钱六百十八。"④这充分说明汉代山东生产的丝织品不仅畅销国内，而且沿丝绸之路远销国外。

魏晋南北朝时期，频发的战争无疑给农业生产带来了严重破坏，有时甚至造成了大片的荒芜区和长时间的萧条。但山东人民在极其困难的情况下坚持生产，一直保持着较为先进的生产方式，并在原有的基础上不断进行新的开发。就全国范围而言，魏晋南北朝时期的山东地区仍属于农业经济领先的区域之一。北魏时，青州人贾思勰著《齐民要术》，以山东地区为中心，系统地总结了当时北方劳动人民的生产经验，成为我国现存最早最完整的综合性农学著作。

隋代至唐代前期，山东地区农业经济水平一直位居全国前列，当时农田水利事业发展较快，不仅扩大了农田面积，还形成了著名的水稻种植区。《隋书·薛胄传》载："兖州城东沂、泗二水合而南流，泛滥大泽中，胄遂积石堰之，使决令西注，陂泽尽为良田"⑤；贞观元年（627 年），"丞县（今枣庄市峄城）筑十三坡，蓄承泇二水灌田"。唐人李邕《登历下古城员外孙新亭》诗云："负郭喜（一作皆）粳稻，安时歌吉祥"⑥，描写了济南一带水稻生长的兴旺景象。农民普遍植桑养蚕，为丝织业提供了充足的物质来源。杜甫著名的《忆昔》诗曰："齐纨鲁缟车班班，男耕女桑不相失。"⑦

---

① 《史记》卷 129《货殖列传》，北京：中华书局，1959 年，第 3265、3270、3272 页。

② 《汉书》卷 28 下《地理志》，北京：中华书局，1962 年，第 1663 页。

③ 《汉书》卷 72《贡禹传》，北京：中华书局，1962 年，第 3070 页。

④ 陈直：《两汉经济史料论丛》，西安：陕西人民出版社，1980 年，第 73 页。

⑤ 《隋书》卷 56《薛胄传》，北京：中华书局，1973 年，第 1388 页。

⑥ 中华书局编辑部点校：《全唐诗（增订本）》卷 115《李邕·登历下古城员外孙新亭》，北京：中华书局，1999 年，第 1170 页。

⑦ 中华书局编辑部点校：《全唐诗（增订本）》卷 220《杜甫五·忆昔二首》，北京：中华书局，1999 年，第 2329 页。

唐中期以前，山东始终是国家纺织品的主要供应地，所属14州，其中贡绫绢者9州，贡赀布者3州，故有人认为："海岱贡篚，衣履天下。"①

唐中期经五代至北宋时期，山东地区农业生产不如江淮地区发展迅猛，但仍保持一定的水平，唐后期淄青镇的经济实力在地方藩镇中占据优势地位，而北宋结束了唐末五代长期战乱的局面，也使山东农业得以恢复，主要表现在人口的增加与耕地面积的扩大上，使本区成为整个北方较为重要的农业生产基地。

金元时期，北方游牧的女真族与蒙古族入主中原，使山东地区社会生产力遭到极大摧残，生产出现了大的衰退。元至元十六年（1279年），朝廷会"遣官核实益都、淄莱、济南逃亡民地之为行营牧地者"②，可见山东地区的益都、淄莱、济南有许多农田变成了牧马草场。同时，青州益都设有朝廷的监牧，宁海、登、莱三州与东平等地也有诸多牧场。

总体来说，从春秋战国至唐代中期，山东地区的农业生产虽有兴衰起伏，但其发展水平一直很高，总是居于全国的先进行列。唐中后期至北宋时代，山东地区农业出现了相对停滞的现象，失去了在全国的重要地位，而至金元时期，山东农业经济则出现了一个长期的衰落萧条阶段。

明清山东农业经济就建立在这样的基础之上。

第四节 明清山东农业地理的研究现状

近年来，随着学术界对明清区域社会经济史的日益重视，有关明清山东农业地理某些专题的研究论著发表与出版不少，历史学、地理学、经济学等专业的学者都从各自熟悉的角度出发，对其中的一些问题进行了不同程度的论述。从笔者接触到的材料来看，先辈学者在涉及山东农业地理内容方面比较深入的研究主要集中在以下几个方面：一是明清山东省自然灾害的研究。这方面的专家主要以赵传集先生为代表，成果集中体现为他撰写的《山东古代霜冻探析》等论文及其编撰的《山东自然灾害志》③。二是

---

① （唐）独孤及：《李公神道碑铭》，（清）董诰等：《全唐文》卷390，北京：中华书局，1983年，第3969页。
② 《元史》卷10《世祖本纪》，北京：中华书局，1976年，第210页。
③ 赵传集：《山东古代霜冻探析》，《农业考古》1983年第1期；赵传集：《山东自然灾害志》，济南：山东省农业科学院情报研究所，1989年。

明清山东省农民经营与农村经济的研究，罗仑、景甦关于清代山东经营地主社会性质的论述建立在广泛的农村调查的基础之上，保留了大量清中期以来各地农业生产与经营实态，先后出版有《清代山东经营地主底（的）社会性质》与《清代山东经营地主经济研究》①。美国学者黄宗智所著《华北的小农经济与社会变迁》则从小农经济的角度进行了深入的分析②。三是山东省近代农业变革特征的探讨，时代一般限定在鸦片战争以后。张玉法先生的《中国现代化的区域研究——山东省，1860—1916》③与朱玉湘先生的《山东近代经济史述丛》④是这方面的重要成果，同时叶汉明先生的《十九世纪末潍县的社会经济变迁——山东经济重心东移对地方社会的影响》⑤一文也有独到深刻的见解。一些学者还对明清农作物栽培及农村生产资料市场进行了程度不同的专题论述，如陈冬生先生关于甘薯、烟草在山东的推广，王序宁与毛兴文两位先生对山东花生引种过程均有论文发表⑥，许檀则对明清山东农村市场的发展进行了深入论述，成果主要体现在其所发表的《清代山东牲畜市场》等论文中⑦。这些研究成果无疑对明清山东农业地理研究的开展与深入产生了积极的促进作用，笔者在研究过程中也常常从中受到一些启示⑧。

　　当然，仅有上述专题的研究是远远不够的，因为从研究区域上讲，以

---

① 景甦、罗仑：《清代山东经营地主底（的）社会性质》，济南：山东人民出版社，1959年；罗仑、景甦：《清代山东经营地主经济研究》，济南：齐鲁书社，1985年。
② 黄宗智：《华北的小农经济与社会变迁》，北京：中华书局，1986年。
③ 张玉法：《中国现代化的区域研究——山东省，1860—1916》，台北："中央研究院"近代史研究所，1982年。
④ 朱玉湘：《山东近代经济史述丛》，济南：山东大学出版社，1990年。
⑤ 叶汉明：《十九世纪末潍县的社会经济变迁——山东经济重心东移对地方社会的影响》，《文史哲》1989年第2期。
⑥ 陈冬生：《甘薯在山东传播种植史略》，《农业考古》1991年第1期；陈冬生：《山东烟草种植业古今变迁述略》，《古今农业》1991年第2期；王在序、毛兴文、于善新：《山东花生栽培历史及其发展的探讨》，《中国农史》1987年第4期；毛兴文：《山东花生栽培历史及大花生传入考》，《农业考古》1990年第2期。
⑦ 许檀：《清代山东牲畜市场》，《中国经济史研究》1988年第4期。
⑧ 本书首次完成于1993年4月，其后又出现了不少特别重要的相关研究成果，如邹逸麟先生的《黄淮海平原历史地理》（合肥：安徽教育出版社，1993年）、从翰香先生的《近代冀鲁豫乡村》（北京：中国社会科学出版社，1995年）、姜守鹏先生的《明清北方市场研究》（长春：东北师范大学出版社，1996年）等专著，以及许檀先生的《明清时期山东经济的发展》（《中国经济史研究》1995年第3期）、《明清时期山东的粮食流通》（《历史档案》1995年第1期）等论文。笔者本次修改时也尽可能地吸收了这些最新的学术成就。

农业经济相对发达的平原地区为研究对象者多，而对农业经济相对欠发达的丘陵山区的研究较少；从研究时段上讲，近代鸦片战争以后的研究成果较为丰富，把明清当作一个整体阶段探讨其发展特征的研究较为薄弱；从研究内容方法上看，专题研究论文仍较少，与山东这个明清北方农业大省的地位不相称，而且缺乏系统。有些论著虽然产生了较大的学术影响，但多是从史学的角度出发，较为注重农业生产在时间上的发展，而对其在结构上的变化与区域上的差异论述不够。也就是说，以前的研究多是利用历史学的手段与方法，而地理学区域性与综合性的方法运用得较少。

有鉴于此，笔者试图在前辈研究的基础之上，从历史地理区域综合角度出发，对明清两代山东省农业生产力的布局、结构与发展特征进行一次新的较为全面系统的探索，以求填补这个研究领域的空白，也为今后探讨民国以来山东农业地理发展打好基础，并期望通过对山东这个北方传统旱地农业种植省份的解剖，为研究明清两代整个北方旱作区发展阶段的农业地理规律提供借鉴。

第五节　本书的研究旨趣与篇章结构

明朝的建立标志着中国北方社会经济衰落萧条阶段的结束，此后直到清朝灭亡的五个半世纪期间，农业生产虽也遭受天灾人祸的影响，却被控制在一定限度和局部地区内，没有出现金元时代那样大范围的全面衰落。清朝建立后没有进行大规模的土地丈量，皆以明末耕地数为原额，故有清一代各地耕地的单位面积和数量规模无不带有万历丈田的烙印。明代中叶开始直到清末，北方粮食作物内部结构逐渐调整变化，小麦、高粱的播种面积比率不断增加，粟的地位下降，夏播复种大豆得到发展和普及，复种率缓慢上升，麦豆杂秋的两年三熟轮作制度逐步发展成为北方旱地农业种植制度的主流；同时，明清两代经济作物棉花及域外作物如玉米、番薯、花生、烟草等相继引种北方并得到迅速推广，更加丰富了农产品的种类。随着明代中期以后的赋役折银，各地农业生产受商品经济因素的影响越来越大，某些地区或某些部门出现了专业化与商品化的现象。因此，明清两代山东农业经济的发展特征极为相近，是一个完整连续的不可分割的历史阶段，这就是本书把时限定为明清两代的主要原因。

明清时期山东省的农业生产受自然灾害的危害极其严重，而一般百姓在消灾除害、改造自然方面做出了很大的成就。同时，由明初到清末的五个半世纪中，山东省人口增加了六倍有余。为了提供不断增多的人口的衣食之需，除了逐步扩大耕地面积以外，通过增加复种指数，引种推广高产作物，调整作物结构来提高农业单产也是一个途径。而由于明清之际山东农业生产受到商品经济因素的影响，主要经济作物与部分粮食作物改变了自然经济下的均衡分布特征，出现了集中种植的商品生产区。围绕着明清山东农业生产力布局和发展的这几条主线，本书从以下各章展开论述。

第一章说明明清山东农业地理发展的自然与人文基础，以及本书的缘起与目的，导入正文。第二章论述影响山东农业生产的自然灾害及山东人民水利建设与改良盐碱地的成就。第三章分阶段地探讨明清山东省土地垦殖的发展过程与区域差异。第四章论述粮食作物的亩产量、粮食作物内部结构的调整与品种的引进改良，同时分析各种粮食作物的地域分布与流通特征。第五章主要论述各种经济作物在商品经济因素影响下的生产发展、地位消长与分布格局。第六章总结以上各章论述内容，从时间上的发展、结构上的变化与空间上的差异这三个方面综合概括明清山东农业地理各要素的基本特征。

第二章　自然灾害与除害兴利

农业生产主要为露天作业，各种农作物生长在土地上，依靠光合作用直接或间接地转化为人类可以利用的有机物质，因此，温度、光照、土壤、水分等自然因素对农业生产影响很大。在传统农业时代，人们改造自然的能力相对较弱，很难控制温度与光照条件，只能因地制宜地选择作物品种去适应；但对于水分与土壤条件却可以部分地加以改造以除害兴利，如人们可以筑堤束水，引水灌田。故本书在讨论自然灾害以后，主要论述明清山东人民水利建设与改良盐碱地方面的成就。

第一节　水旱等灾害与水利建设

一、明清黄河及其危害

有明一代至清代前中期，黄河东南行夺淮注入黄海，仅流经山东省曹、单一带。然而，黄河多次在曹单决口，严重危害着鲁西南平原各地，即使是上游河南溃决泛滥，也往往使黄水汹涌东流进入山东境内，构成严重的黄水灾难。咸丰五年（1855年）河决兰阳（今兰考）铜瓦厢，改道东北行夺大清河入渤海，黄河下游全走山东省，而且堤防未固，连年溃决，给山东人民带来了无可言状的苦难。

明代山东省受黄河泛滥影响地区主要在大运河西部平原，有明一代影响山东的30多次溃决中曹单附近决口者就占了三分之二以上，此处决口后多东南泛滥注入南阳湖、昭阳湖，淹及曹州、曹县、城武、金乡、鱼台、巨野、嘉祥等地。如正统三年（1438年）八月，"邳州河决，田禾淹没，山东鱼台、金乡、嘉祥尤甚。九月，济宁州、东平州各奏河溢，命随宜修筑"[①]。黄水注入运河水柜后导致运河水位上升以至决溢，影响沿运河各州县。总体来看，曹单一带黄河决溢虽然频繁，但山东受影响范围有限，多不超过十州县，而上游河南境黄河北岸大堤泛决后多东北泛滥，直冲张秋运河，山东受害州县就多了，除曹州、郓城、濮州、观城、范县、聊城、朝城、寿张、东阿、阳谷、莘等十余州县直接受黄水淹及外，因运河东溃，下游如大清河、徒骇河两岸的齐河、清平等地也遭水患。"正统十三年七月河决河南八柳树口，漫流山东曹州、濮州，抵东昌坏沙湾等堤，伤民田庐无算"[②]，造成了东昌、兖州、济南三府二十多个州县人民房舍农田的大量损失。明时已有人指出："张秋屡决，高筑堤堰，陁其下流，而故渠（指运西诸河道）亦往往湮废，故开濮、曹、济之间遂苦水患。溢之于东，则范县、寿张、阳谷为壑；溢之于北，则清丰、南乐、观城、朝城、莘县、聊城为壑；溢之于南，则郓城、定陶、曹县、巨野为壑。盖譬之身乎，曹、濮诸州邑，其腹也；张秋，其尾闾也，尾闾下壅，而欲腹无中满，得乎？"[③]由于大运河堤横亘南北阻挡了东流之洪水，其西部各州县成为滞水之沟壑，受黄河水害最为严重。

　　明代洪武至宣德共68年间，山东省有两次受黄河决泛侵袭，合34年一次，而且危害范围不太大，说明此期黄河水害较小。正统至正德的86年间，影响山东的黄河决口20余次，平均4年一次，而且多数河决是溃冲张秋运河，危害范围广，可知明代中期山东省受黄河危害最为严重。其中正统十三年（1448年）与正德四年（1509年）黄河决口后，多年修塞不成，连续溃决七八年，灾害尤其严重。嘉靖以后的百余年间，影响山东的黄河溃决16次，频率较高，但多数溃决为泛滥东南注入南阳湖，影响范围较小，故明后期山东受黄河水害并不如中期那么严重。明代各朝具体情形见表2-1。

① 雍正《山东通志》卷18《河防》，清乾隆元年（1736年）刻本。
② 雍正《山东通志》卷18《河防》，清乾隆元年（1736年）刻本；山东省水利史志编辑室：《山东水利大事记》，济南：山东科学技术出版社，1989年，第56页。
③ （清）顾炎武撰，华东师范大学古籍研究所整理，黄珅、严佐之、刘永翔主编：《顾炎武全集》第14册《天下郡国利病书·山东备录上·水利》，上海：上海古籍出版社，2011年，第1527页。

表 2-1 明代黄河决泛影响山东州县统计

年代	泛决地点及路线	受害地区	备注
洪武元年（1368年）	曹州双河口东流鱼台入南阳湖	曹州、定陶、曹县、城武、金乡、鱼台、巨野、嘉祥、济宁	
洪武二十四年（1391年）	由曹州郓城两河口漫东平之安山，淤元会通河	曹州、郓城、东平、东阿、巨野、定陶、金乡、嘉祥、鱼台	正统二年（1437年）范县河决，次年阳武及邳州河决，灌"鱼台、金乡、嘉祥"三县
正统十三年（1448年）	由新乡八柳树漫曹濮，冲张秋沙湾运道	曹州、曹县、濮州、郓城、观城、范县、聊城、朝城、寿张、东阿、阳谷、莘县	此后黄河连年在张秋泛决，夺大清河入海，"伤民田庐无算"，直到1455年徐有贞治理沙湾工程告竣
弘治二年（1489年）	由封丘金龙口东经曹濮冲张秋运河	曹州、郓城、濮州、巨野、范县、寿张	
弘治五年（1492年）	溃黄陵冈东北入张秋运河	曹州、曹县、金乡、鱼台、范县、朝城、阳谷、寿张、东阿、东平、齐河、历城、定陶、巨野、城武、嘉祥、郓城、巨野、单县	次年又决黄陵冈，灾区复罹水害。弘治十五年（1502年），"河水横流，曹单被害"
正德四年（1509年）	曹县梁靖口	曹县、单县、城武、定陶	决口未及时堵塞，致使其后多次溃决，如1513年、1515年、1517年、1519年与1526年都有决口
嘉靖元年（1522年）	河决曹单城武杨家口梁靖口冲入鸡鸣台、南阳湖	曹县、单县、武城、金乡、鱼台	1530年、1546年、1547年黄河都在此泛决成灾
嘉靖三十六年（1557年）	曹单决口由城武、金乡入运	曹州、曹县、定陶、城武、单县、金乡、鱼台	该决口三年未堵，连年泛滥成灾
嘉靖四十四年（1565年）	曹县	曹县、定陶、城武、单县、金乡、鱼台	1569年、1577年、1587年复决
万历三十一年（1603年）	单县苏家庄等	曹县、单县、郓城、鱼台、金乡、巨野、嘉祥、城武、定陶	1607年复决
崇祯二年（1629年）	由曹县塔儿弯决东北由张秋入运	曹州、曹县、定陶、城武、巨野、郓城、寿张	1631年、1632年复决曹县

资料来源：山东省水利史志编辑室：《山东水利大事记》，济南：山东科学技术出版社，1989年，第51～67页；《明史》卷59《河渠志》，北京：中华书局，1974年；雍正《山东通志》卷18《河防》，清乾隆元年（1736年）刻本

清世祖顺治元年（1644年），黄河决于河南温县，"河水漫曹、单、金乡、鱼台四县，田庐尽没"，次年复决。顺治七年（1650年），黄河决河南

封丘金龙口，"直注沙湾，溃运挟大清河入海"，淹及山东40余州县。当时清朝忙于镇压各地农民起义和反清复明的抵抗势力，直到顺治十二年（1655年）才堵塞决口，致使黄河洪水在鲁西南、鲁西北平原泛滥达五年之久，五年中共成灾171县次。各地损失惨重，据载黄河溃运"自西南长清一带东北流，平地汪洋，一望无际，由禹城、临邑、禹河等县东北入海，一时庐舍田禾淹没殆尽"，又"漂没滨州、商河、海丰、霑化等处庐舍田禾，舟行陆地无异江河，水至邑（霑化）东北入海，经五年水土始平"①。

顺治年间山东省受黄河水害极其严重，平均每年受害范围超过十州县。康熙以后，社会趋向安定，经济得以迅速恢复发展，政府特别注重治理黄河，为修筑河堤投入了大量的人力物力，治河成就很大，直到乾隆之际黄河危害都相对较轻。嘉庆道光年间犹能承继先租之余辉，使黄河的危害局限于较小的范围。清代各朝黄河影响山东具体情形见表2-2。

表 2-2　清代黄河决泛影响山东州县统计

时间	泛决路线	受害地区	年次	总受害州县个数	平均每年受害次数
顺治年间	曹县决入南阳湖	曹、单、鱼台、金乡、城武、济宁	2	183	10
	封丘决口直注沙湾溃运河堤，挟汶夺大清河入海	菏泽、定陶、曹县、巨野、濮州、观城、朝城、范县、寿张、阳谷、郓城共40余州县	5		
康雍年间	曹单决口	曹县、金乡、鱼台、单县、城武、济宁	2	38	0.52
	武陟决口大溜东北溃张秋运河，夺大清河入海	菏泽、郓城、东平、东阿、濮州、范县、寿张、阳谷等10余州县	2		
乾隆年间	河决曹单东南注南阳湖	曹县、单县、金乡、鱼台、济宁、城武	4	66	1.1
	阳武决口溃张秋运河，夺大清河入海	菏泽、郓城、范县、濮州、寿张、东平、东阿、平阴等48州县	1		

---

① 山东省水利史志编辑室：《山东水利大事记》，济南：山东科学技术出版社，1989年，第70页。

续表

时间	泛决路线	受害地区	年次	总受害州县个数	平均每年受害次数
嘉庆道光年间	丰沛北决泛南阳湖	曹县、单县、金乡、鱼台、济宁、滕县	5	78	1.44
	封丘、武陟等处决溃张秋运河，夺大清河入海	菏泽、郓城、东平、东阿、濮州、范县、寿张、东平、齐河、平阴、滨州、利津、霑化等30余州县	2		
咸丰至宣统年间	兰阳铜瓦厢决口后黄河改道东北行，夺大清河入海，当时军兴无暇治理，光绪初年筑堤后仍无岁不决泛	曹州府、兖州府、东昌府、泰安府、济南府、武定府、济宁州、临清州八属多数州县皆受其害，四十余州县	32	896	15

资料来源：山东省水利史志编辑室：《山东水利大事记》，济南：山东科学技术出版社，1989年，第69—93页；水利部黄河水利委员会《黄河水利史述要》编写组：《黄河水利史述要》，北京：水利电力出版社，1984年，第309—311页；宣统《山东通志》卷85《荒政》，民国四年（1915年）铅印本

咸丰五年（1855年），黄河在河南兰阳铜瓦厢决口改道东北流，夺大清河至利津县注入渤海，从此直到清朝灭亡，黄河下游主要流经鲁西南与鲁西北平原，其间几乎无年不泛决，使这些地区的人民经常处于水深火热、居无定址的状况。改道之初，运河以西两岸无堤防，多漫流，危害范围最广，菏泽首当其冲，"平地陡长水四五尺，势甚汹涌，郡城四面一片汪洋，庐舍田禾，尽被淹没"，其附近的金乡、定陶、巨野、郓城、濮州、范县、寿张等地尽成泽国，房屋农田被淹，人民生命财产遭到重大损失。在张秋溃运河后因大清河河道狭窄不能容，多处漫决，沿岸的东平、平阴、东阿、长清、齐河、历城、济阳、齐东、惠民、蒲台、滨州、阳信、利津等县亦被淹及，灾情非常严重。当时清廷正忙于镇压太平军起义，既不堵口，又不在新黄河两岸筑堤，听任洪水泛滥[1]。

光绪初年，山东省黄河两岸的大堤在当地民埝的基础上修筑连接起来，但初步建成的黄河新堤上游堤距较宽，下游堤距较窄，容易壅水，加上高度与厚度也不够，故决溢仍然频繁；而且黄河改道东北后，常有凌汛

---

[1] 水利部黄河水利委员会《黄河水利史述要》编写组：《黄河水利史述要》，北京：水利电力出版社，1984年，第351页。

发生，危害也很严重，于是黄河泛滥不只发生在夏秋两季，春季也时有发生。光绪九年（1883年）一二月之间，黄河凌汛，先后决于历城滦口、齐东赵奉站、齐河李家岸、章丘几龙口、惠民清河镇及利津左家庄诸处，其后又于五、六、七、十月间先后决口泛滥，造成特大洪涝灾害，全年山东省总计决口50余处，淹及43个州县，人口财产与农田损失甚多①。据不完全统计，从光绪元年（1875年）到宣统三年（1911年），黄河在山东境内溃决117次，平均每年3次②。总体来看，咸丰到宣统年间山东省受黄河水灾最为严重，共约有896县次被淹及，平均每年受灾州县超过15个，占全省总州县数的1/7左右。

二、明清山东自然灾害的综合分析

从明清史籍记载来看，山东省自然灾害发生频繁，几乎年年都有不同程度的灾害发生，而且灾害种类多种多样，主要有水旱、雹、风、霜、病、虫、沙、碱、海潮等，可以说北方所有自然灾害山东省无不具备。不过，各种灾害发生的频率并不相同，因此对农业生产的影响也大不相同。

据表2-3对清末山东省自然灾害的不完全统计，道光二十七年（1847年）至宣统三年（1911年）的64年间，山东遭受严重自然灾害而且有记载的年份达48年，占了75%。在这48年中除2年无灾害类别记载外，其余多是多种灾害并发，总计灾害次别183次，平均每年约发生3.8种自然灾害，即均之整个64年时间内，每年也在2.9种以上。其中水灾44年次，有类别记载者仅2年没有发生，旱灾34年次，有类别记载者仅12年没有发生，虫灾29年次，雹灾22年次，风灾21年次，沙灾15年次，碱灾15年次，潮灾与病灾各1年次。相比之下，水灾频率最高，几乎无年不有，旱虫灾害发生的频率也很高，其余雹、风、沙、碱灾的发生频率也不低，海潮、病灾发生的频率最低。据表2-4统计，有明一代自然灾害154次，其中水灾56次，旱灾54次，二者合计共占总数的2/3以上。可以认为，无论是清代还是明代，山东省自然灾害都是以水旱灾害为主。

---

① 山东省水利史志编辑室：《山东水利大事记》，济南：山东科学技术出版社，1989年、第87页。
② 赵传集、林保暖：《山东鲁南地区旱涝灾害历史演变及农业生产发展问题探析》，《古今农业》1990年第1期。

表 2-3 清末山东历年荒灾表 （单位：个）

年份	受灾州县	受灾村数	灾害种类	年份	受灾州县	受灾村数	灾害种类
1847 年	39	6008	水、旱、风、丹、潮、沙	1885 年	41	15 928	水、旱、虫
1848 年	61	6804	水、旱、雹	1886 年	68	12 312	水、旱、雹、风、虫
1850 年	45		水、旱、雹、虫、风	1887 年	54	12 294	水、旱、虫
1851 年	51	10 424	水、雹、风、虫	1888 年	59	18 694	水、旱、雹、风、虫
1852 年	55	17 269	水	1889 年	55	18 962	水、旱
1854 年	7	2139	水	1890 年	64	27 921	水、旱
1855 年	100	47 619	水、虫	1892 年	56	14 360	水、雹、虫
1859 年	7	2922	水	1893 年	46	9446	水、旱、雹、风、虫、碱
1862 年	77	33 035		1894 年	48	16 989	水、旱、虫、碱、沙
1863 年	64	18 824	水、旱、雹、风、虫	1895 年	62	18 625	水、旱、风、碱、沙
1864 年	69	14 655	水、旱、虫	1896 年	52	14 681	水、旱、雹、风、虫
1865 年	71	5208	兵、水	1897 年	55	7497	水、旱、风、虫、碱、沙
1870 年	62	15 800		1898 年	61	24 131	水、风、虫、碱、沙
1873 年	68	12 660	水	1899 年	48	7571	水、旱、雹、虫、碱、沙
1875 年	63		水、旱、风、沙	1901 年	69	12 535	旱、雹、虫
1876 年	12		水、雹、风	1902 年	49	6797	水、旱
1877 年	82		水、旱、雹、虫、沙	1903 年	85		旱、雹、虫
1878 年	9		水、旱、雹、风	1904 年	84		水、旱、虫
1879 年	57		水、旱、风、虫	1905 年	94		水、旱、雹、虫、碱、沙
1880 年	76	13 197	水、旱、雹、风、虫、碱、沙	1906 年	85	12 929	水、旱、雹、风、虫、碱、沙
1881 年	79	8157	水、旱、虫、碱、沙	1907 年	93		水、旱、雹、风、虫、碱、沙
1882 年	87	10 990	水、旱、虫、碱	1908 年	93		水
1883 年	36	7817	水	1909 年	9 府 3 州		水、旱、雹、风、碱、沙
1884 年	77	12 239	水、旱、雹、风、虫、碱	1910 年	91		水、旱、雹、风、虫、碱、沙

资料来源：李文治：《中国近代农业史资料第一辑（1840—1911）》，北京：生活·读书·新知三联书店，1957年，第733—736页

表2-4 明代山东省自然灾害统计 （单位：次）

灾害种类 ＼ 时间	明前期	明中期	明后期	合计
水	14	24	18	56
旱	9	20	25	54
蝗	8	9	13	30
雹	1	2	5	8
霜		2	1	3
其他		2	1	3
总计	32	59	63	154

资料来源：陈高傭等：《中国历代天灾人祸表·明》，上海：上海书店，1986年；宣统《山东通志》卷85《荒政》，民国四年（1915年）铅印本

　　表2-4还分别统计了明代前中后各时期的灾害次数与种类。据其所载，明代前期水灾14次，旱灾9次，水灾明显多于旱灾，中期水旱灾发生次数基本相近，而到后期水灾18次，旱灾却有25次，旱灾较为突出。这种旱灾逐渐增多的现象说明了明代山东省气候有从偏涝型、旱涝交错型向偏旱型转变的趋势。明初洪武年间多是大水、淫雨的记载，而明末如万历三十五年（1607年）、万历三十七年（1609年）、万历三十八年（1610年）、万历四十一年（1613年）、万历四十三年（1615年）与崇祯十一年（1638年）、崇祯十二年（1639年）、崇祯十三年（1640年）、崇祯十四年（1641年）却都是连年大旱，赤地千里。清朝各代具体的旱涝变化很难估计，据表2-5对有清一代山东省因自然灾害而免赋、赈济涉及州县的统计可知，水灾在清代最为频繁，因其免赋、赈济的次数及涉及州县数都占到了各自总数的一半以上，旱、虫灾害合计仍没有达到水灾造成的危害。

表2-5 山东省清代因自然灾害免赋、赈济州县统计

灾害种类	免赋		赈济	
	次数（次）	涉及州县（个）	次数（次）	涉及州县数（个）
旱（蝗）灾	31	792	22	352
水灾	55	1590	55	633
雹灾	10	45	5	5
海潮	6	8	5	7

续表

灾害种类	免赋		赈济	
	次数（次）	涉及州县（个）	次数（次）	涉及州县数（个）
霜灾	1	1		
风灾	1	5	1	3
歉收	1	10		
疫灾			1	16
以上合计	105	2451	89	1016
灾类不详或未分类	116	4119	37	318
总计	221	6570	126	1334

注：（1）兵灾及筹田积欠免赋不计算在内。（2）旱灾与蝗虫灾害常同时并发，无法分析，故合为一项
资料来源：宣统《山东通志》卷85《荒政》，民国四年（1915年）铅印本

清代末期山东省自然灾害频繁发生，受灾面积巨大，据表2-3所示，64年间受灾州县多达2956个，平均每年约有46个州县受灾，几乎达到全省总州县的半数。从时间上分析，1847—1874年共记载受灾14年次，受灾州县776个，平均每年约55个州县受灾；1875—1895年记载受灾年份20年次，受灾州县1131个，平均每年约57个州县受灾；1896—1910年记载受灾年份14年次，受灾州县1049个，平均每年约75个州县受灾。受灾州县数目越来越多，似乎自然灾害有越来越严重的趋势，其实并不尽然，笔者认为这是前后统计标准的不同与史籍的遗漏所致。因此，对于各时期自然灾害的发生频率很难进行对比研究。

水旱灾害的年季变化特征可以利用山东省主要自然灾害预测及农业防御课题组对近500年来的历史统计资料进行分析。由表2-6可知，鲁西南和鲁东南两地在500年内分别出现偏涝年444—456年次，约占90%，出现偏旱年393—416年次，约占80%。这个结论基本符合当地农民所说"十年九涝，十年八旱；非旱即涝，非涝即旱"的气候特点。从涝年季节出现频率分析，夏季偏涝131—138年次，秋季偏涝153—165年次，全年性偏涝106—128年次。在500年出现的偏旱年中，春旱为132—139年次，夏旱为109—111年次，秋旱为99—103年次，冬旱与全年性干旱相对较少。由此可知，山东省的水灾多出现在夏秋两季，旱灾则以春季较为突出，夏秋季节性旱

灾亦属经常出现的自然灾害。

表 2-6　1470—1970 年鲁东南与鲁西南地区旱涝的年际变化表

区别	项目\时间	偏涝年季节分布						偏旱年季节分布					
		春	夏	秋	冬	全年	总和	春	夏	秋	冬	全年	总和
鲁西南	1470—1570 年	5	20	27	1	20	53	13	19	9	2	17	43
	1571—1670 年	9	26	30	9	27	74	27	23	15	5	18	70
	1671—1770 年	19	30	34	14	25	97	21	15	15	8	12	59
	1771—1870 年	32	34	38	23	30	127	33	19	23	16	18	91
	1871—1970 年	13	28	36	28	26	105	38	33	37	22	23	130
	总计	78	138	165	75	128	456	132	109	99	53	83	393
鲁东南	1470—1570 年	6	12	16	1	11	35	13	12	7	2	11	34
	1571—1670 年	9	27	40	9	23	85	27	19	13	5	14	64
	1671—1770 年	19	35	35	14	24	103	21	24	21	8	21	74
	1771—1870 年	31	35	35	23	28	124	35	21	22	16	21	93
	1871—1970 年	20	22	27	28	20	97	43	35	40	33	31	151
	总计	85	131	153	75	106	444	139	111	103	63	99	416

资料来源：赵传集、林保暖：《山东鲁南地区旱涝灾害历史演变及农业生产发展问题探析》，《古今农业》1990 年第 1 期

明清史籍记载各种自然灾害发生范围时多略举大概，给探求其区域差异特征造成了很大困难，因此，本书只做一些定性的分析。嘉靖《山东通志》记载山东自然灾害时仅包括济南、东昌、兖州三府，而东部青登莱三府一字未提，这当然不是说东三府自然灾害一次也没有发生，而是说其灾害相对较少，危害也较轻，西三府自然灾害相对严重。从各河流泛滥影响看，根据《山东水利大事记》的不完全统计，明代黄河决泛影响山东共 25 次，主要危害鲁西南与鲁西北平原兖州、东昌、济南三府，尤其是运河以西的广大地区，位于此区的运河决溢 6 次，卫河与清河各 3 次，都造成了较

大灾难。而所记鲁东南山区的河流决溢次数就很少，沂、沭、潍三河总共才8次，而且影响范围也不大。故相对而言，鲁西南与鲁西北平原的水灾要比鲁东南丘陵山区严重5倍[①]。

清代的情形基本没变，上述资料表明清代黄河泛滥危害山东共45年次，而运河决溢9次，卫河6次，汶、泗、大清、徒骇等河各三四次不等，这些河流都位于鲁西南与鲁西北平原，流经路线长，危害范围广，而且决溢次数如此之多，足证本区水灾之重。相比之下，鲁东南各河源出山陵，短小急促，危害范围不大，相同资料所载决泛次数也不多，其中潍河4次，胶河3次，沂河1次，根本无法与前区相比[②]。乾隆十三年（1748年），山东巡抚委员将全省水道利害广咨博访、躬亲履勘后认为，"山东十府内，登州地际海滨，从无水患。青莱二府，距海不远，宣泄亦易。曹州府境内，间有汊河支港，偶须疏浚，皆系一隅，无宣泄形势可议。武定府属除大清河为盐艘经由，应随时疏浚外，余多滨海，水有归宿，无庸疏浚。济南、东昌、兖州、沂州、泰安五府，河道俱与运道有关，自北计之，初受漳卫之水，次资汶泗之水，又次接沂河之水"[③]，是最容易积涝决泛成灾之区。

各种自然灾害频繁发生会直接造成粮食作物的减产甚至颗粒无收，灾害严重或连年发生时会造成居民的大量迁移和死亡，明中叶流民不断增多，除赋役苛重的人为原因外，水旱饥荒的天灾影响也是不容忽视的。正统时"兖州府沂州累岁旱涝，民饥逃移者五千五百余户"[④]，正德末年山东各地"水旱相仍，人民逃窜，田多荒芜"[⑤]。万历四十三年（1615年），"山东春夏大旱，千里如焚"，20多个县志记有"人相食"，临朐等"逃死者十之七八，尚存者十之二三，人烟稀少"[⑥]。崇祯时，山东连续四年大旱，"人相食，草根木皮俱尽……路无行人……赤地千里"[⑦]。康熙四十二年

① 山东省水利史志编辑室：《山东水利大事记》，济南：山东科学技术出版社，1989年，第54—68页。

② 山东省水利史志编辑室：《山东水利大事记》，济南：山东科学技术出版社，1989年，第69—93页。

③ 《清实录·高宗实录》卷314 "乾隆十三年五月初二日"条，北京：中华书局，1986年，第148页。

④ 《明实录·英宗实录》卷155 "正统十二年六月丁卯"条，台北："中央研究院"历史语言研究所，1962年，第3026页。

⑤ 《明实录·武宗实录》卷174 "正德十四年五月乙亥"条，台北："中央研究院"历史语言研究所，1962年，第3362页。

⑥ 山东省水利史志编辑室：《山东水利大事记》，济南：山东科学技术出版社，1989年，第65页。

⑦ 陈高傭等：《中国历代天灾人祸表·明》，上海：上海书店，1986年，第1428页。

（1703年），山东全省普受洪涝危害，除日照等13县因成灾五分以下"勘不成灾"外，其余州县均严重受灾，有的记载是年"人相食"，有的记载"民死大半"或"饿殍甚案"，有的记载"大水"或"大饥"，有的记载"淫雨害稼"[1]。乾隆四年（1739年）黄河决，单县、菏泽、曹县、金乡、济宁等地黄水漫溢，共勘明成灾地10个，430余顷，又因淫雨连绵，鲁北、鲁西及鲁南"计六十六州县卫所秋禾被水"[2]。清代末期天灾频繁，加上战祸连年，更造成了农业生产的严重破坏，促使了流民闯关东浪潮的高涨。

明清政府对各地灾荒都采取了一定的补救措施，如赈济钱粮，免除赋役之类。如表2-5所示，有清一代山东省总共因自然灾害免赋221次，平均约每1年免赋一次；总共涉及州县6570个，平均每次免赋近30个州县。赈济总共126次，平均约每2年一次；总共涉及州县1334个，平均每次约涉及11个州县。当然，在兵荒马乱的社会动荡之际，政府的赈济措施无法推行，自然灾害的危害就更加严重。

三、明清山东的农田水利事业

消除洪涝灾害的效果无异于兴利，故本书所谓农田水利不仅包括置闸修渠引河湖泉水与凿井引地下水的灌溉工程，还包括浚河挖沟泄水与筑堤束水的防洪除涝工程。明清山东各项农田水利工程的兴建在时间发展上有一定的变化，在区域分布上也有极大的差异。

（一）水利灌溉工程的发展与分布

山东引河湖灌田比较发达之处明前期当属鲁南的沂州与峄州，当地引沭河水"田数千顷"，引承水"溉田千余顷"，引芙蓉湖水"灌稻数十顷"，史称"沂峄二州仰沭承二水溉田，青徐水利莫与为匹，皆（唐）十三陂之遗迹也"[3]。明后期由于运河东移，沭承之水为运河所夺，灌溉之利尽失，而小清河流域的引河灌田逐渐发展起来。崇祯时，郑安国为博兴县丞，"以邑多洲渚而水利不兴，乃度小清河形势，建地漏引水灌田……变斥卤为膏

---

[1] 山东省水利史志编辑室：《山东水利大事记》，济南：山东科学技术出版社，1989年，第71页。

[2] 《清实录·高宗实录》卷99"乾隆四年八月二十三日"条，北京：中华书局，1985年，第501页；《清实录·高宗实录》卷98"乾隆四年八月十四日"条，北京：中华书局，1985年，第491—492页。

[3] 万历《兖州府志》卷3《山水志》，明万历二十四年（1596年）刻本。

腴，沿河之民颇以殷饶"，崇祯初期规划的稻田毁于洪水，知县翁兆云"随地势建石闸十六以为启闭，水利复兴"①。小清河南岸的历城、章丘、邹平、淄川、长山、新城等地皆享引河灌田之利，如淄川县"流渠若带，灌溉民田"，其县地土山林坡潭者十之四，平而旱者十之五，"下而溉者十之一"，农田灌溉面积约占总耕地面积的 16%，水利事业兴旺发达②。此外，明后期胶莱平原地区也有引水灌溉工程，如平度州引云河灌田③，诸城县有密水，"土人堰以灌田数十顷"④，只是灌田规模较小。清朝时引河灌溉较发达地区与明后期相同，仍然是小清河与胶潍河流域，尤其是乾隆二十六年（1761 年）以后山东巡抚阿尔泰注重水利建设，开出不少水稻田，章丘、新城、淄川引明水泉、乌龙河、郑潢沟与珠龙河等，博兴、高苑引小清河，寿光、潍县引尧凵河，同时在青州府属淄河、莱州府属胶莱等河两岸开引河，筑塍开漏，引水灌田⑤。清中后期，新城、博兴、章丘、历城、淄川、高苑等县水利最盛，如新城县境内东有时水，西有孝妇河，中有郑潢沟，"滨河各村皆引水灌田，坐享大利"，乾隆时开沟十余条以引时水灌田，清末时水"自乌河头至隐居村小河两岸漏沟有五"，而索镇以下"因河岸甚高，闸水不易，居民掘隧道引水入井，辗转灌注远至七八里"；孝妇河"自东宰村入境迄黄郭庄，设闸灌田之处有九，每逢天旱，依次设闸，启闭有定日，均呈赈备案，滨河每村胥利赖焉"；郑潢沟"北石桥以南间有水田，亦可闸水灌田，然每值干旱，上流淄川境内先行闸水，下流每不得以时引用"⑥。

明清时，由于河流频繁决溢泛滥的影响，鲁西南与鲁西北平原广大地区不可能建设永久性的灌溉工程，因为洪水常常在灌溉设备刚刚完成时就把它们席卷而去或把它们淤塞，而在容易受水淹没的低洼地区，一经灌溉

---

① 民国《重修博兴县志》卷 12《宦绩·明》，民国二十五年（1936 年）铅印本。
② 嘉靖《淄川县志》卷 1《封域志·山川》，明嘉靖二十五年（1546 年）刻本；嘉靖《淄川县志》卷 2《封域志·土田》，明嘉靖二十五年刻本。
③ 万历《莱州府志》卷 2《山川》，民国二十八年（1939 年）铅印本。
④ （清）陈梦雷编纂、蒋廷锡校订：《古今图书集成》卷 260《职方典·青州府山川考》，北京、成都：中华书局、巴蜀书社，1985 年，第 44 页。
⑤ 《清实录·高宗实录》卷 684 "乾隆二十八年四月初六"条，北京：中华书局，1986 年，第 655 页。
⑥ 民国《重修新城县志》卷 6《水利·河渠》，民国二十二年（1933 年）铅印本。卷首《凡例》谓本志叙事至宣统三年（1911 年），民国事概不记入。

反有盐渍化的危险，故本区虽有汶、沂、洸、泗、马颊、徒骇等河，但都与农田灌溉无缘，"或不幸而值旱暵，又并无自来修缮陂塘渠堰……遂致齐鲁之间，一望赤地"①。沂蒙泰山地丘陵地区引河灌溉工程也很少见，因本区河流短促，"其水多自高而下，欲为堰，则冲决之势难支；欲为闸，则散漫之流难敛，此所以田家无所资其浸灌……故语之以水利，无论畏事者束手，即喜事者亦扼腕而无所措也"②。山麓河谷平原地带的修渠引河条件相对优越，故明清山东较大型引水灌溉工程多在沂蒙泰山地西南麓平原与东北麓平原一带。当然，由于运河的影响，山地西南麓平原的农田水利逐渐衰落下去，《史记·河渠志》记汉时泰山下引汶水溉田万余顷，而明清时汶水入漕，两岸居民无能得灌溉之利，明初灌田数千顷的洳承等河，后来也因需聚以济运而农田水利尽失③。

鲁东南丘陵山区泉源多，建设引泉小型灌溉工程得天独厚。明清两代大运河横亘山东西部，"而沂、泗、汶、洸诸水百八十泉之流，互相转输以入于运，环千里之土，举名山大川之利以奉都水滴沥之流，居民无敢私也"④。"诸泉入闸河而济运者初仅七十二泉，继增为八十四，又增为一百五十二，又增为一百八十，今且三百余矣……民间有一勺之泉即可壅之灌数顷之地，故甚惜之，一经报官即不许耕灌"⑤，康熙、嘉庆等朝屡屡颁禁止截泉灌田之令。发育于鲁西南新泰、莱芜、泰安、肥城、东平、平阴、汶上、蒙阴、宁阳、泗水、曲阜、滋阳、邹县、济宁、鱼台、峄县、滕县、沂水等十八州县的泉水被分为分水、天井、鲁桥、新河、邳州五派引入运河济漕，居民不得灌田。

除上述鲁西南山麓地带各泉要聚以济运很少灌田以外，其余山麓地带引泉灌溉工程分布较多。济南城南郊泉源集中，有名泉七十二之盛，多汇集北流形成南东西三面护城河与大明湖，居民筑渠建闸引水在城北各地种

---

① （明）周用：《理河事宜疏》，（明）陈子龙等：《明经世文编》卷146《周恭肃集》，北京：中华书局，1962年，第1460页。
② （清）顾炎武撰，华东师范大学古籍研究所整理，黄珅、严佐之、刘永翔主编：《顾炎武全集》第14册《天下郡国利病书·山东备录下·青州府志》，上海：上海古籍出版社，2011年，第1720页。
③ （清）顾炎武撰，华东师范大学古籍研究所整理，黄珅、严佐之、刘永翔主编：《顾炎武全集》第14册《天下郡国利病书·山东备录上·漕河》，上海：上海古籍出版社，2011年，第1495—1503页。
④ 万历《兖州府志》卷19《河渠志》，明万历二十四年（1596年）刻本。
⑤ （明）袁黄：《泉政考》，（清）黄宗羲：《明文海》卷120《考》，北京：中华书局，1987年，第1201页。

植蔬菜稻藕。明末城北建有广济等11闸，因为"水利所关，蔬稻之家往往相竞，故设闸夫以司蓄泄，若坏者修之，缺者置之，俾灌园艺圃，永为攸赖"①。清时除维修明代渠闸规模外，还向东西滦河两岸扩展。淄川县"西四十五里栗家庄南平地皆泉……杂植稻粳菱芡蒲芦之属，林塘有江左风概"②，安丘县的甘泉"竭之可以灌园"③，胶东丘陵上，掖县的五龙泉、平度州的漱玉泉，"居民资之灌溉"④，黄县的圣水泉"虽大旱水溢腾沸，居民获灌溉之利"⑤。

明清时期山东省凿井利用地下水的灌田事业无法与山西、河北等省相比，各地掘井多为饮用，灌田者极少。据嘉靖《武定府志·川泽志》记载，鲁西北平原各地明时"桔槔无求，不得借为灌润"，清道光年间，有人论山东凿井灌田之事，以为"查济水发源于沇，东流为济，未能通省皆有，即泉脉所经，沙土松浮，随掘随卸，必用砖石围砌方免埋塞，一井需制钱数十千，力难兴举，请毋庸议"⑥，道出了山东各地井灌不发展的原因。近代以来由于地方官吏的提倡，山东平原地区井灌也有所发展，"丁宝桢为山东巡抚，教民开井汲泉，以资灌溉，民食其利"⑦。光绪末年，山东全省劝业公所劝农民照直隶掘井之法，"每方里计小地五顷四十亩，令民须掘土井十数眼，预取或红荆或蒲柳，浸湿缠缚，旋螺绕帖井扩，均用竹木钉住，用代砖石之砌，盖防井中软沙之坍陷也。此法掘井，工省价廉"⑧。

（二）筑堤开沟防洪除涝工程的建设

明清时期，为防止黄河与运河洪水决溢泛滥，修补坚筑两河堤防为经常性的工作，政府每年要调用大量人力物力，因此，鲁西平原是筑堤防洪的重点地区。其他地方防洪筑堤工程也很普遍，只是规模较小，通常由州

---

① 崇祯《历乘》卷5《建置考·桥闸》，明崇祯六年（1633年）刻本。
② （清）陈梦雷编纂、蒋廷锡校订：《古今图书集成·职方典》卷191《济南府山川考·淄川县》，北京、成都：中华书局、巴蜀书社，1985年，第3页。
③ 万历《安丘县志》卷3《山川考》，明万历十七年（1589年）刻本。
④ 万历《莱州府志》卷2《山川》，民国二十八年（1939年）铅印本。
⑤ （清）陈梦雷编纂、蒋廷锡校订：《古今图书集成·职方典》卷273《登州府山川考》，北京、成都：中华书局、巴蜀书社，1985年，第35页。
⑥ 《清实录·宣宗实录》卷297"道光十七年五月初七日"条，北京：中华书局，1986年，第607页。
⑦ （清）刘锦藻：《清朝续文献通考》卷379《实业二·农务》，上海：商务印书馆，1936年，第11251页。
⑧ 李文治：《中国近代农业史资料第一辑（1840—1911）》，北京：生活·读书·新知三联书店，1957年，第589页。

县地方官主持，因此遇到有为的贤长吏时多有兴筑。如鲁北平原上的武定州南有聂索河，"成化十二年，州判王璇筑堤障之，长五十余里，民被其利"①，乐安县有利农堤，"明成化十七年知县沈清筑，以御小清河之水"，弘治年间博兴知县筑小清河堤，万历中寿光知县"修丹河堤，民免水患"②。胶莱平原的平度州有沽河堤，"万历十三年知州胡尚礼筑"，昌邑县有潍水堤，隆庆年间"知县李天伦增筑"，潍县有白浪河堤，"万历十五年知县张问达为三合土堤"，胶州有新沽河堤，"万历十九年知州余帮辅修筑"③，新城县郑潢水有于家堤、吕家堤，青沙泊有龙湾金堤、彭公堤、桑公堤，锦秋湖有金刚堰、荆家庄南堰，小清河有青沙堤、孙公堤、军张坝等，除一个为明代嘉靖朝修筑外，皆为清代雍正、乾隆等朝创修④。

　　筑堤叠堰能防止河湖泛滥，但堵塞之法致逼水高处，漫溢更广，故"叠堰不如开河，亦不如开沟"⑤。明清鲁西南与鲁西北平原河道淤塞现象严重，每隔几年要疏浚一次使其深通畅流，而低洼积涝之处甚多，也需开沟泄水，故疏河凿渠泄水工程特别多。《古今图书集成》与乾隆《大清一统志》记载了明时山东疏旧河、开新河共20道，其中90%位于鲁西南与鲁西北平原地区运河两岸的有始自城武县的新河，嘉靖年间开凿，"经单县、金乡达于鲁桥，明同知于文约开以泄水"；博平县的小湄河，"景泰间知县龚让凿"；范县的马厂河，高唐州的唐公沟，皆为成化年间地方官吏主持开凿；汶上县的新开沟，正统年间凿以泄山谷诸水⑥；恩县的泄水渠，"万历二十年河水涨溢，知县孙居相开渠泄水归河"；永乐中东阿县令因"邑东北地卑下，乃开渠注大清河，涸之得良田千顷"⑦。鲁北冲积平原上有齐河县的赵牛河，"弘治十七年知县赵清、县丞牛文增掘此河"，故名；齐东县的

---

① （清）顾祖禹撰，贺次君、施和金点校：《读史方舆纪要》卷31《山东·济南府》，北京：中华书局，2005年，第1498页。

② 乾隆《大清一统志》卷134《山东·青州府》，清乾隆五十五年（1790年）刻本。

③ 万历《莱州府志》卷5《堤堰》，民国二十八年（1939年）铅印本。

④ 民国《重修新城县志》卷6《水利堤防》，民国二十二年（1933年）铅印本。

⑤ （清）胡德琳：《劝谕开挑河沟示》，乾隆《济阳县志》卷4《水利志·文告》，清乾隆三十年（1765年）刻本。

⑥ （清）陈梦雷编纂、蒋廷锡校订：《古今图书集成》卷210《职方典·兖州府山川考》，北京、成都：中华书局、巴蜀书社，1985年，第42—47页；（清）陈梦雷编纂、蒋廷锡校订：《古今图书集成·职方典》卷249《东昌府山川考》，北京、成都：中华书局、巴蜀书社，1985年，第40—44页。

⑦ 乾隆《大清一统志》卷132《东昌府山川》，清乾隆五十五年（1790年）刻本；乾隆《大清一统志》卷143《泰安府·名宦》，清乾隆五十五年（1790年）刻本。

霸水河与减水河，长山县的郑潢沟，武定州的聂索河皆成化年间开浚；历城县的黄冈废河，"嘉靖十二年袁中丞宗儒用有司议开浚"；历城至乐安县的小清河，成化年间全面开浚整修；青城县的泄水渠，万历四年（1576年）知县李继美"申请开渠，不逾月而渠成，水不为灾"①；邹平县的白条沟，永乐与嘉靖年间皆有浚治；惠民县的惠民沟，嘉靖年间疏浚，民皆赖之，因名②。胶东地区仅有二渠，一为高密县的渠河，"洪武年间浚以杀潍水"，二为福山县的官渠，"成化间知县郭玉开渠"，西自马神庙，北抵清洋河，共十五里，广一丈五尺，深一丈，居民赖之③。广大的中南山地区域一个也没有。由此可知，掘河泄水工程分布的重心在鲁西北平原地区。

从各河渠修治的时间上分析，永乐、成化与嘉靖三朝是明代山东水利工程修治较多时间，其中成化年间尤为突出。成化九年（1473年）至成化十一年（1475年）大规模治理了小清河，先从历城至乐安全面疏浚小清河502里，并建闸38座；次自薛渡口开减河一道至齐东城附近入大清河，名坝河。经过治理，小清河深通流速，"退出邹平等邑，膏腴可耕之田数万顷，民用大悦"④。同时，运河以西濮州、范县新凿了新开沟，濮州境"河长七十里，深皆及泉，以防壅塞……复令范县，递相浚筑，二十里许，下接故渠以达张秋运河，是岁水不为患，农业骤兴，获利者数千家"。明年又令益工浚筑，高深视旧倍之，新河开凿后，运西平原水患大减⑤。

清前期顺康雍三朝近百年间，政府对兴修北方水利颇不积极，康熙四十六年（1707年），康熙即说："李绍周又奏北地开渠事，闻之似是，而行之断乎不可"，谕令各地"当此无事之际不直新滋事端以重累官民，下所司

---

① （清）陈梦雷编纂、蒋廷锡校订：《古今图书集成》卷191《职方典·济南府山川考》，北京、成都：中华书局、巴蜀书社，1985年，第1—5页；（清）陈梦雷编纂、蒋廷锡校订：《古今图书集成》卷192《职方典·济南府山川考》，北京、成都：中华书局、巴蜀书社，1985年，第6—11页。

② 乾隆《大清一统志》卷126《济南府·山川》，清乾隆五十五年（1790年）刻本；乾隆《大清一统志》卷139《武定府·山川》，清乾隆五十五年（1790年）刻本。

③ 乾隆《大清一统志》卷138《莱州府·山川》，清乾隆五十五年（1790年）刻本；乾隆《大清一统志》卷137《登州府·山川》，清乾隆五十五年（1790年）刻本。

④ （明）刘珝：《重修大小清河记》，（明）陈子龙等：《明经世文编》卷51《刘文和集》，北京：中华书局，1962年，第397页；山东省水利史志编辑室：《山东水利大事记》，济南：山东科学技术出版社，1989年，第59页。

⑤ （明）商辂：《濮州新开河渠记》，（明）陈子龙等：《明经世文编》卷38《商文毅公文集》，北京：中华书局，1962年，第297页。

知之"①。因此，本期山东疏河凿渠泄水工程兴修较少，各朝《实录》及《山东水利大事记》仅记载有四次，其中康熙三十三年（1694年）挑浚孝妇河、康熙五十七年浚荆山口十字河、雍正四年（1726年）浚大清河规模较小②，仅康熙末年整修小清河工程较大，值得特别提出。当时先在高苑开支脉沟分泄小清河洪水，东经博兴、乐安两县；又在小清河南开预备河分洪，起麻大湖东流穿会城泊、石村，转注淄河归海。经此治理，小清下游三河并流，基本畅通，漫溢之灾减少③。

乾隆初年山东各地屡被水害，乾隆帝以为"必系该省水道所在梗塞，未尽疏通，蓄泄机宜久废不讲，以致本处既苦漫溢，邻境并受淹伤"，于是委员会同山东巡抚"将山东全省水道穷源（原）竟委，广咨博访，躬亲履勘"，查出致患之由，斟定处置办法。经查，马颊河、徒骇河与泗水等河严重淤塞，亟待浚挖④。乾隆二十二年（1757年）又委专员巡查山东河道，"总期广为疏浚，俾尾闾通畅，则水患自可渐消"⑤。此后三四年时间内，山东各地掀起开沟疏河的治水高潮。乾隆二十五年（1760年），山东巡抚阿尔泰总结说："查济东泰武之老黄、马颊、徒骇、鬲津、沙河等河，兖沂曹之洸、泗、涑、顺堤、百花等河，现经挑挖，计共六十余道，皆节节疏通，畅流无滞。沂州府属兰、郯旧淹之处，今开鱼梁、艾山、引鹅蛋等沟入于芙蓉、燕子等湖，工程率皆完竣。……青莱所属乐安、平度、昌邑、潍县、高密等州县应挑之支脉、落药、五龙、白狼等河，计共三十余道，俱节次挑竣。"⑥阿尔泰及其后各任山东巡抚都能注重水利建设，在全省范

① （清）陈梦雷编纂、蒋廷锡校订：《古今图书集成》卷52《食货典·田制部·皇清》，北京、成都：中华书局、巴蜀书社，1985年，第14页。

② 《清实录·圣祖实录》卷164 "康熙三十三年七月初六日"条，北京：中华书局，1985年，第788—793页；《清实录·圣祖实录》卷280 "康熙五十七年七月初三日"条，北京：中华书局，1985年，第738—743页；《清实录·世宗实录》卷41 "雍正四年二月二十七日"条，北京：中华书局，1985年，第602—616页。

③ 山东省水利史志编辑室：《山东水利大事记》，济南：山东科学技术出版社，1989年，第72页。

④ 《清实录·高宗实录》卷314 "乾隆十三年五月初二日"条，北京：中华书局，1985年，第147—164页；《清实录·高宗实录》卷331 "乾隆十三年十二月十九日"条，北京：中华书局，1985年，第502—534页。

⑤ 《清实录·高宗实录》卷544 "乾隆二十二年八月初六日"条，北京：中华书局，1985年，第914页。

⑥ 《清实录·高宗实录》卷612 "乾隆二十五年五月初六日"条，北京：中华书局，1985年，第878—879页。《清实录·高宗实录》卷629 "乾隆二十六年正月三十日"条记："沂州府属兰、郯境内积注之区，应开之武城等沟河二十五道……董劝乡民，并力挑浚。"北京：中华书局，1985年，第21页。

围内全面治理河道壅水的基础之上开始整修低洼积水的农田，一方面采取开沟凿渠，引坡水入河的措施，另一方面令各地查有积洼荒地，筑塍开漏，引水归田，酌改稻田，把水利事业与开垦老荒地结合起来，促进山东水利事业的深入发展。乾隆二十七年（1762年），在寿张县沙河下流开挖支河减水；东平州西北各庄多开沟渠，引积洼之水入大清等河；济宁之马场湖，峄县的伊家河，均疏浚加宽；惠民县的土河，德平等县的马河均开挖深通；"其济东等府属之济阳、平原、禹城、茌平、高唐各州县低洼地亩，邻近徒骇、马颊诸河均应开浚沟渠，俾坡水分流引入大河"①。乾隆二十八年（1763年），拓宽卫河、四女寺坝门支河及下游各河道②。乾隆二十九年（1764年），整治武城县的沙河、运西不远的蔡河、黄潞河；挑深伊家湾；开鱼台东南岔河；"所有运河西岸水淹村庄，渐可涸出"③。乾隆三十二年（1767年）修浚鲁北平原上的大清、徒骇、马颊、沟盘等河；将蜀山、马踏、南旺等湖进水引渠一律挑深④。乾隆三十四年（1769年）至乾隆三十五年（1770年）富明安任山东巡抚两年，"于百脉湖内挑引河北流入胶莱运河归海，涸出地三百六十顷；又前抚臣阿尔泰于兰山、郯城二县挑河渠数十道，臣（指富明安）照成规修浚，并于兰山江枫口滚水坝重加修整。又徒骇、马颊二河，四女寺、哨马营两处支河及章丘等七县所辖之小清河、支脉沟、豫备河、福民河，臣均酌定每岁疏浚章程，勒石河干，使久远遵守"⑤。乾隆四十九年（1784年），山东巡抚明兴奏称，"金乡、鱼台、济宁等境者必将旧河挑挖，量添归湖之路，达南阳、昭阳，下注微湖，如白花、夏月、北渠、南渠、中渠等河统由鱼台之新开、旧运二河及马连河流归南阳，均系干河，急应疏治，至赵王河"也宜一并挑浚，从之⑥。

---

① 《清实录·高宗实录》卷675 "乾隆二十七年十一月三十日"条，北京：中华书局，1986年，第545—554页。
② 《清实录·高宗实录》卷695 "乾隆二十八年九月二十九日"条，北京：中华书局，1986年，第785—799页。
③ 《清实录·高宗实录》卷711 "乾隆二十九年五月二十九日"条，北京：中华书局，1986年，第943页。
④ 《清实录·高宗实录》卷781 "乾隆三十二年三月二十九日"条，北京：中华书局，1986年，第592—609页；《清实录·高宗实录》卷789 "乾隆三十二年七月二十九日"条，北京：中华书局，1986年，第692—696页。
⑤ 《清实录·高宗实录》卷883 "乾隆三十六年四月三十日"条，北京：中华书局，1986年，第837页。
⑥ 《清实录·高宗实录》卷1217 "乾隆四十九年十月二十九日"条，北京：中华书局，1986年，第329页。

嘉庆年间山东修河浚渠工作仍有一定的成绩,嘉庆十二年(1807年)冬,"大浚山东牛头河百二十余里"①,嘉庆十七年(1812年)与嘉庆二十三年(1818年)均有整治小清河之举②。清后期,唯有光绪一朝治水稍有可观者。光绪元年(1875年),浚徒骇河,光绪九年疏浚马颊、徒骇河,光绪十七年(1891年)大规模整治小清河,开浚正河110余里,又于金家桥以下开支河24里,使"全河一律深通",光绪二十八年(1902年)浚小清河③。

从清代各朝山东疏河凿渠治水工程来看,乾隆朝是其最发达之时,其余如嘉庆、光绪朝也有不少修建。从区域上分析,鲁西北与鲁西南平原是其分布的重心区域,其次为胶莱平原及沂沭河谷地区。

综上所述,明清时期山东省水利事业发展的区域差异明显,鲁西北冲积平原地区开河疏渠泄水、筑堤束水等防洪除涝工程措施最为普遍,效益也较大。不过,修渠引河湖与凿井灌溉工程很少见。沂蒙泰山地周围山麓堆积平原地带河流泉源较多,建设引水灌溉工程的自然条件相对较好,明清山东引水灌田的兴利工程主要分布在此范围之内。当然,西南麓各河流泉水要聚以济漕,农田灌溉之利逐渐消失。从整个山东省水利事业来看,筑堤浚河的除害工程较多,引水灌田的兴利工程较少,发展水平较低。明时兖州府"春苦旱暵,夏秋苦雨,无沟畎之法、蓄泄之备"④。清时城武县"不暗蓄泄,旱潦辄束手无何,惟风雨以时乃庆有余"⑤。明清时期山东绝大多数地方农业生产还是靠天吃饭,水浇地不超过总耕地的2%,因为直到1932年,山东省仍仅有水田23.950顷,占总耕地面积的2.16%,增速低于河北省与河南省同年的水田比例。⑥

---

① 山东省水利史志编辑室:《山东水利大事记》,济南:山东科学技术出版社,1989年,第79页。

② 《清实录·仁宗实录》卷264 "嘉庆十七年十二月二十五日"条,北京:中华书局,1986年,第576—593页;《清实录·仁宗实录》卷340 "嘉庆二十三年三月初六日"条,北京:中华书局,1986年,第486—496页。

③ 山东省水利史志编辑室:《山东水利大事记》,济南:山东科学技术出版社,1989年,第85—92页。

④ 万历《兖州府志》卷4《风土志》,明万历二十四年(1596年)刻本。

⑤ (清)陈梦雷编纂、蒋廷锡校订:《古今图书集成》卷230《职方典·兖州府风俗考》,北京、成都:中华书局、巴蜀书社,1985年,第10—18页。

⑥ 据1932年《统计月报·农业专号》第一二月合刊本资料,同时期河北省与河南省的水田比例分别为8.19%与6.91%。

第二节 盐碱地的分布及改良

土壤盐碱化自古就是限制山东农业生产发展的自然因素之一，《汉书·地理志》载："齐地负海舄卤，少五谷而人民寡。"①清代鲁西北平原的土壤盐碱化十分严重，很多地方无法耕种，甚至由于盐渍化危害，不少良田也被抛荒。乾隆二十一年（1756年）一次海潮浸灌，海丰、利津、霑化三县因土壤盐碱化废弃耕地6858亩②，乾隆三十二年（1767年）陵县因盐碱废弃了38 000多亩耕地③。据不完全统计，1880—1910年，山东省发生了较重的盐碱化灾害15年次，平均两年一次④。明清时期山东人民利用和改造盐碱地取得了较大成就，本节简要论述清代山东省盐碱地的分布及其改良成效。

一、盐碱地的分布

山东省盐碱地可分为内陆盐碱地与滨海盐碱地两种类型。

内陆盐碱地主要分布于鲁西北黄河冲积平原的洼地边缘、河间洼地及黄运沿岸。清朝时期，大运河南北横亘，阻塞了西部平原的下泄水道，造成运河沿线及运西广大地区的土壤盐渍化现象特别严重。德州、聊城、东平、菏泽四州县由于盐碱地广布以至成为山东主要的产硝地区⑤，曹县、濮州、阳谷、堂邑、冠县⑥、临清⑦等地因土壤盐碱化危害加重，不断有耕地的豁除。武城、寿张、定陶⑧、观城⑨、济宁等地也是"地多洿

① 《汉书》卷28下《地理志》，北京：中华书局，1962年，第1660页。
② 《清实录·高宗实录》卷507"乾隆二十一年二月十七日"条，北京：中华书局，1986年，第400—407页。
③ 民国《陵县志》卷7《赋役志·田赋》，民国二十四年（1935年）铅印本。
④ 李文治：《中国近代农业史资料第一辑（1840—1911）》，北京：生活·读书·新知三联书店，1957年，第733—736页。
⑤ 《清实录·高宗实录》卷219"乾隆九年元月二十八日"条，北京：中华书局，1985年，第815—828页。
⑥ 宣统《山东通志》卷80《田赋志第五·田赋三》，民国四年（1915年）铅印本。
⑦ 《清实录·高宗实录》卷896"乾隆三十六年十一月初一"条，北京：中华书局，1986年，第1038—1053页，豁除临清州沙压盐碱地101 322亩有奇额赋。
⑧ 万历《兖州府志》卷4《风土志》，明万历二十四年（1596年）刻本。
⑨ 光绪《观城县乡土志·物产》载："荫柳，地多斥卤，故此物易生。"

卤"①。本区所有州县几乎都受到过土壤盐渍化的危害，是山东省内陆盐碱地危害最严重的地方。这是因为本区为平原地形，坡度低缓，加上运堤的阻塞，黄河与运河的泛滥，使各州县洼地积水排水不畅，水分蒸发后盐分积聚，"逆水之处，水已泻去，而地为碱卤也"②。

　　运河以东的鲁北平原上，马颊、徒骇、大清等河从西南向东北通向大海，它们都曾是黄河泛滥的通道，清时也常遭受黄河浊流的浸灌，因此河道迁浅衍漫，流水不畅，沿岸低洼区受其浸渍浮盐泛碱，惨白如霜，形成条带状分布的盐碱土地区。马颊河北岸的夏津县，"堤下污下，三年两淹，渍成盐碱，不产五谷，国赋不出，民多逃亡"③。南岸的陵县也地多斥卤，民不堪赋，乾隆年间知县赵玉槐"履亩堪盐场地三万六千八百余亩，请之大府，得旨允免"④。乾隆年间徒骇河北岸的高唐州、商河县也因盐碱除豁大粮耕地，而且数额不少⑤，南岸的"茌平多泻卤，百姓煮盐糊口"。大小清河流域的东阿⑥、齐河⑦、济阳⑧、高苑⑨、博兴⑩等地受大小清河与黄河的日渗月渍，盐碱化现象也较普遍，以致齐河与博兴分别成为山东省煮小盐、熬火硝的著名地区。这些河流下游地区兼受海洋咸水的浸灌，盐碱化危害更加严重，"武定府属地土素称碱薄"⑪，除去滨海各县不计外，武定

---

① 乾隆《济宁直隶州志》卷2《物产》附有治碱之法。
② （清）顾炎武撰，华东师范大学古籍研究所整理，黄坤、严佐之、刘永翔主编：《顾炎武全集》第14册《天下郡国利病书·山东备录下·知县葛臣济水清河图论略》，上海：上海古籍出版社，2011年，第1725页。
③ 乾隆《夏津县志》卷4《食货志·田赋》，清乾隆六年（1741年）刻本。
④ 光绪《陵县乡土志·政绩》，清光绪三十三年（1907年）刻本。
⑤ 《清实录·高宗实录》卷41"乾隆二年四月二十三日"条，北京：中华书局，1985年，第728—745页；《清实录·高宗实录》卷57"乾隆二年十一月十日"条，北京：中华书局，1985年，第927—938页，除商河县官庄碱卤不毛下地21 055亩。
⑥ （清）陈梦雷编纂、蒋廷锡校订：《古今图书集成》卷238《职方典·兖州府物产考》，北京、成都：中华书局、巴蜀书社，1985年，第48—52页。
⑦ 民国《齐河县志》卷11《土壤》记："（城西五庄）约十六方里，尽斥卤不毛之地，不利生殖，农力无所施，仅可淋碱煮盐以自给。"
⑧ 民国《济阳县志》卷5《水利志·文告》，民国二十三年（1934年）铅印本。
⑨ （清）顾炎武撰，华东师范大学古籍研究所整理，黄坤、严佐之、刘永翔主编：《顾炎武全集》第14册《天下郡国利病书·山东备录下·知县葛臣济水清河图论略》，上海：上海古籍出版社，2011年，第1724—1726页。
⑩ 《清实录·高宗实录》卷219"乾隆九年元年二十八日"条，北京：中华书局，1985年，第815—828页，谓博兴为山东五大产硝州县之一。
⑪ 《清实录·高宗实录》卷238"乾隆十年四月初三日"条，北京：中华书局，1985年，第58—67页。

府属乐陵、惠民、蒲台、滨州各地盐碱广布，"那井泉都是盐卤一般的咸苦"①，连饮用淡水都产生了问题，已经带有滨海盐土的性质。

总之，清代大运河以西与大清河以北的冲积平原地区内陆盐碱地分布最为广泛，由于水利不兴，河流频繁决溢，低洼地区大量积水，本地区大约有1/6的土地受到不同程度的盐碱化危害②。其他内陆地区盐碱地较少，只有位于沂河下游谷地的郯城县及胶莱平原的高密县有零星分布③。

山东省海岸线绵长，渤海沿岸多沙质平原，河流平缓注入，为海水倒灌内浸提供了方便，所以本省滨海盐土主要分布在渤海沿岸的武定、青州、莱州三府。黄海沿岸多岩基，海水无法内浸，只有登莱二府的某些港湾岬角有小片盐地分布。具体来说，武定府的海丰、霑化，青州府的乐安（今广饶）、寿光，莱州府的潍县、昌邑、平度、掖县等地是滨海盐土分布的主要地区，其距海五十至百里之间因咸水浸灌，多为盐土，一望白茅，古所谓广斥泻卤之地。著名的永利、永阜、富国盐场坐落其间，所产海盐行销内陆各省④。高家港镇位于淄河海口五十里以上，而"高家港以往……其他都无所生，妇人有白首而不识五稼，岁时盘荐，惟鱼殽尔"⑤。离海稍远地区，井水苦咸，耕作艰难，即使勉强垦殖之地也常遭海潮的侵袭盐化，被迫抛荒，有清一代，这些地区不断有遭受潮灾豁除其潮淹盐废地亩的记载⑥。

二、盐碱地的改良

盐碱地内部含盐成分较多，能抑制植物生长，它的广泛分布极大地危

---

① （明）西周生撰、黄肃秋校注：《醒世姻缘传》第二十八回《关大帝捏土显圣，许真君撒土救人》，上海：上海古籍出版社，1981年，第412页。此虽为小说家言，却不为无据，如顺治《乐陵县志》卷1《舆地志·古迹》记，易源井"水多卤浊"，琉璃井"岁久苦碱"。

② （美）黄宗智：《华北的小农经济与社会变迁》第三章，北京：中华书局，1986年；又据山东农科院赵传集先生见教，中华人民共和国成立前山东约有内陆盐碱地25万亩，相当于1.6万平方千米，与上面估计数及比例基本相符。

③ 《清实录·高宗实录》卷41"乾隆二年四月二十三日"条，北京：中华书局，1985年，第728—745页；民国《高密县志》卷2《地舆志·货属》记："碱，出县北斥卤田中。"

④ 谭其骧主编：《中国历史地图集》第八册《山东幅》，北京：地图出版社，1987年。三盐场治所距海在50—100里。

⑤ （清）顾炎武撰，华东师范大学古籍研究所整理，黄珅、严佐之、刘永翔主编：《顾炎武全集》第14册《天下郡国利病书·山东备录下·青州府志叙》，上海：上海古籍出版社，2011年，第1708页。

⑥ 宣统《山东通志》卷79《田赋》，民国四年（1915年）铅印本；宣统《山东通志》80《田赋》，民国四年（1915年）铅印本。

害了山东农业生产的发展。不过，经过综合改良，盐碱地也能够得到较好的利用。清代山东农民在农业生产实践中逐步提高了对盐碱地的认识，总结出了一套行之有效的改良盐碱地的技术措施。

土壤中的盐分是随水体移动的，在降水或淡水大量增加时，会发生自然脱盐现象。人们利用这种原理，在一些盐碱含量较低的土地上乘夏季降水集中之自然洗盐机会，抢时播种，"或乘多雨之年耕种，往往有收"，对于"无生意，平衍光腻若镜面"的死碱地①，农民仍然可以运用各种各样的方法进行改良耕种。

（一）水利改良法

水利改良法具体有以下两种。

一为引水洗盐种稻法。自古就有西门豹、史起先后引漳溉田，"终古斥卤，生之稻粱"的成功案例②。明代山东高苑知县葛臣曾劝农民兴建稻田，以改沮洳斥卤之墟③。崇祯时，郑安国为博兴县丞，于小清河置闸引水灌田种稻，"斥卤皆变为膏腴"④。清中后期，山东农民在大小清河流域开辟出不少稻田，实现了先人设计的蓝图。当然，明清时最成功的则是滨海盐土地上引流淡水种植水稻，"海上斥卤原隰之地皆宜稻。播种苗出，芸过四五遍，即坐而待获。但雨旸以时，每亩可收五六石，次四五石"，这就是清代钦定《授时通考》艳称的青州稻田，所产之米"雪色，气香味甘滑，可比鬌庢线稜、无锡之秔"⑤。

二为沟洫台田法。乾隆时济阳县令胡德琳在其《劝谕开挑河沟示》中指出，荒碱地在铲除表层盐土之后，"仍照谕定宽深丈尺，开沟泄水，并即将碱地四周犁深为沟，以泄积水。如不能四面尽犁，即就最低之一隅挑挖

---

① 乾隆《济宁直隶州志》卷2《物产·附治碱法》，道光《观城县志》卷10《杂事志·治碱》都有同样的记载："活碱地，乘暑雨种秼可食。"

② 许维遹撰，梁运华整理：《吕氏春秋集释·先识览·乐成篇》，北京：中华书局，2009年，第416—417页。

③（清）顾炎武撰，华东师范大学古籍研究所整理，黄珅、严佐之、刘永翔主编：《顾炎武全集》第14册《天下郡国利病书·山东备录下·知县葛臣济水清河图论略》，上海：上海古籍出版社，2011年，第1724—1726页。

④《嘉庆重修大清一统志》卷171《青州府·名宦》，北京：中华书局，1986年。

⑤（清）顾炎武撰，华东师范大学古籍研究所整理，黄珅、严佐之、刘永翔主编：《顾炎武全集》第14册《天下郡国利病书·山东备录下·诸城县志》，上海：上海古籍出版社，2011年，第1731页。

成沟，或将碱地多开沟湾为泄水之区，以卫承粮地亩，是以无用抛荒而为永远之利益矣"①，对所开排盐沟洫位置、宽度都有具体规定。光绪年间博兴县受盐碱危害严重，地方官在低洼盐碱地上，"率众掘为台地，民众始得粒食"。台田法是在耕地中间掘深沟，土覆左右两边，使田块高出原来的地面，从而相对降低地下水位，减少地面返盐（图2-1）。每块耕地约2亩，以小沟相隔，其外有中沟、大沟以通淡水灌溉，又可以排水洗盐，一个改良单元可多至万亩②。开沟引水灌田可以洗碱脱盐，排水又能排碱防盐，因此，水利是改良盐碱地的最基本方法，无论是内陆盐碱地还是滨海盐碱地都一样。

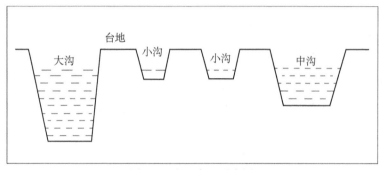

图2-1 沟洫台田示意图

（二）生物改良法

具体方法有三：一为种植耐碱作物以抗碱。北方传统旱地作物如谷子、黍、稷、高粱等都有一定的耐碱抗盐性能，而山东农民更培育出一种踵子谷，"性甚耐碱，虽极重碱地，也可收成"，据老农说，从前清开始，登莱二府沿海滩、掖、黄县等地多种此③。二为种植苜蓿治碱。"碱地寒苦，惟苜蓿能暖地不畏碱，先种苜蓿，岁夷其苗食之，三年或四年后犁去其根，改种五谷蔬菜无不发矣。"④苜蓿耐碱养地，是我国首先用来治盐的一种绿肥作物。清代内陆盐碱地分布地区使用此法十分普遍，效果也很明显。三为种树治盐。所栽树种为耐碱的柳、杨、桑树与荫柳等。明代万历

---

① 民国《济阳县志》卷5《水利志·文告》，民国二十三年（1934年）铅印本。

② 民国《重修博兴县志》卷13《人物志》，民国二十五年（1936年）铅印本。

③ 笔者赴胶东考察，承潍县、海阳的老人告知。

④ 乾隆《济宁直隶州志》卷2《物产·附治碱法》，清乾隆四十三年（1778年）刻本；道光《观城县志》卷10《杂事志·治碱》，清道光十八年（1838年）刻本。

时吕坤在总结山东农民治碱经验时说："那卤碱之地，三二尺下不是碱土，你将此地掘沟，深二尺，宽三尺，将那柳橛粗如鸡卵的，砍三尺长，小头削尖，五尺远一科（棵）……柳橛插下九分入地，外留一分，后将湿土填空，封个小封堆，待一两个月间，芽长出来……不消十年，都成材料。其次正月后二月前，或五六月大雨时行，将柳枝杨枝截一尺长，也掘一沟，密密压在沟里，入七八分，外留二分，伏天压桑，亦照此法，十压九活……天雨沟中聚水，又不费浇。根入三尺，又不怕碱……地如麻林一般，至薄之地，一亩也有一两银的利息。"[①]对树种选择、栽植方法、管理技术、如何躲盐等都有详细说明，是多年实际生产经验的结晶。明代既有这样成熟的技术，清代也应有广泛使用。

（三）耕作改良法

具体方法有二：一为刮盐起碱后深耕。内陆盐碱地积盐期盐分大量集中在耕作层表面，越向下盐分越少，人们认识到这种"斥卤者，一尺之下不碱"的特征[②]，先把表层碱土铲除，其法为去土五寸，所起碱土培作田埂，或培垫路基[③]。然后深耕，破坏盐碱地的盐根层，提高淋盐效果。这是在传统深耕技术基础上发展起来的刮盐窝碱法。二为铺垫客土。"山东之民掘碱地一方，径尺深尺，换以好土，种以瓜瓠，往往收成。明年再换"再种，碱气渐退，不几年便可以正常耕作[④]；"又一法掘地方数尺，深四五尺，换好土以接引地气，二三年后则周围方丈地皆变为好土矣，闻之济阳农家云，其法甚验"[⑤]。此法虽费功但效果最佳，清代山东劳力相对充足，所以此法在各地也较流行。

山东各地农民在改碱治盐具体实践中，并非孤立地运用一种方法，而

---

① （明）吕坤撰，王国轩、王秀梅整理：《吕坤全集》中册《实政录》卷2《民务·小民生计》，北京：中华书局，2008年，第946—947页；道光《观城县志》卷10《杂事志·治碱》所引《观录》也有类似方法。

② （明）吕坤撰，王国轩、王秀梅整理：《吕坤全集》中册《实政录》卷2《民务·小民生计》，北京：中华书局，2008年，第946页。

③ 民国《济阳县志》卷5《水利志·文告》，民国二十三年（1934年）铅印本。记乾隆时知县令农民治"荒碱之地，法当去土五寸方可犁种，所起土居民但知培作田埂……嗣后所起碱土俱著培垫大道两旁"。

④ （明）吕坤撰，王国轩、王秀梅整理：《吕坤全集》中册《实政录》卷2《民务·小民生计》，北京：中华书局，2008年，第946页；又道光《观城县志》卷10《杂事志·治碱》引《观录》同。

⑤ 乾隆《济宁直隶州志》卷2《物产·附治碱法》清乾隆四十三年（1778年）刻本；又道光《观城县志》卷10《杂事志·治碱》及道光《巨野县志》也载有此法，只是深广尺度略有差异。

是因地制宜，把各种方法结合起来，刮取表层盐土，深耕窝盐，或铺垫客土，开沟洗盐防碱，相辅相成，形成了一套完整的综合改良盐碱地的传统技术体系。1949年以后我国使用的盐碱地改良技术，多数已为清代山东劳动人民掌握运用。

清代山东各地盐碱地改良利用取得了较大的成就，内陆平原盐碱化程度较轻的土地基本得以有效利用，"苜蓿，平原一带碱地所在皆是"①。乾隆初年，冠县陆续开垦沙碱荒地4282亩②，乾隆三十六年（1771年）高密县农民主动认垦盐碱地888亩余③，说明农民对盐碱地的改良非常成功。观城、济阳、济宁、巨野、寿光、博兴等州县在地方官员的主持劝导下，改盐治碱卓有成效。据笔者估计，山东内陆盐碱地有半数以上得到了合理改良，其中绝大多数田地种植了粮食作物，产生了巨大的增产效益。

治理滨海盐土必须有两大条件：一是筑堤捍海，防止潮浸；二是引灌淡水，洗盐排盐。乾隆四十三年（1778年）因昌邑海堤久废，新修沿海堤工56里余，工程稳固④，堤内盐地1328顷，农民垦种了1227顷，复垦率较高，虽系旱田，但要引水改造盐碱，请照水田例六年起科⑤。明代所开青州稻田规模不会太大，清代前期逐渐消失无存，政府虽竭力提倡，但未闻能有力行者，故清代滨海盐土的改良成效无法与内陆地区相比，除距海较远的轻度盐土得到治理外，大部分仍为不毛之地或晒盐场。咸丰五年（1855年），黄河改夺大清河东入渤海，给滨海盐土地区带来了大量的淤泥与淡水，冲淡了土体中的盐分，盐场相继废弃，逐渐有大片淤地能够耕殖。不过，这是自然的塑造，并非人为之努力。

---

① 宣统《山东通志》卷41《疆域志·物产》，民国四年（1915年）铅印本。
② 道光《冠县志》卷3《田赋》，清道光十一年（1831年）刻本。
③ 《清实录·高宗实录》卷896"乾隆三十六年十一月十一日"条，北京：中华书局，1986年。
④ 《清实录·高宗实录》卷1073"乾隆四十三年十二月二十九日"条，北京：中华书局，1986年。
⑤ 《清实录·高宗实录》卷1059"乾隆四十三年元月三十日"条，北京：中华书局，1986年。

第三章　明清山东土地垦殖的时空特征

在传统农业时代，人口作为农业生产力发展的重要条件和主要标志，与土地垦殖密切相关。因此，本章在论述明清山东土地垦殖的时空特征时涉及不少人口增长与分布的内容。

第一节　明初的移民垦殖与中后期人口耕地的缓慢发展

一、明初的移民垦殖及山东农业的迅速恢复发展

金元之际，女真与蒙古族的骑兵先后肆虐北方，山东居民流徙他乡或死于战乱者不可数计。元末明初，山东省又迭遭兵祸，先是农民起义军毛贵攻占了山东，据说其"所经之处，鸡犬一空，货财俱尽"。其后元朝军队又一路烧杀抢掠而来，重占了山东，至明兵驱逐元军，山东已经"多是无人之地"①。面对这种地旷人稀，"近城之地多荒芜"②的凄凉局面，明初的统治者采取了多方鼓励移民垦荒的政策，使山东农业经济得到迅速恢复和发展。

（一）移民与垦荒

明朝建立不久，移民屯垦山东的活动就开始了。洪武三年（1370年），

---

① （清）顾炎武著，黄汝成集释，栾保群、吕宗力校点：《日知录集释》卷10《开垦荒地》，上海：上海古籍出版社，2006年，第591页。

② 《明太祖实录》卷53"洪武三年六月丁丑"条，台北："中央研究院"历史语言研究所，1962年，第1049页。

中书省言山东各府都有"官给牛种者"的屯民①。不过，这些似为招抚的流民，大规模有意识的移民垦殖山东是洪武二十一年（1388年）开始的。是年有人建议利用行政手段组织"狭乡"之民到"宽乡"去垦荒，得到了朱元璋的赞同，"于是迁山西泽、潞二州民之无田者，往……临清……诸处闲旷之地，令自便置屯耕种"②。鲁西北东昌府元末受战乱影响最为严重，如府属清平县地当南北之冲，"兵马往来，被害甚巨，户口凋敝，招募户籍，城内只有三户"③。因此，从外省及本省东部各府迁民移垦于此。洪武二十五年，"监察御史张式奏徙山东登莱二府贫民无恒产者五千六百三十五户就耕于东昌"④。洪武二十八年（1395年），"青兖登莱济南五府民五丁以上及小民无田可耕者起赴东昌编籍屯种，凡一千五十一户，四千六百六十六口"⑤。据官方统计，洪武二十八年，"东昌等二府屯田迁民五万八千一百二十四户，租三百二十二万五千九百余石，棉花二百四十八万斤"⑥。除行政迁民外，还有以军事组织强令移民的，洪武三十一年（1398年），朝廷在胶东沿海设置四卫所，并令"世袭官兵，携带家眷驻于卫所，人口又有增加"⑦，这些官兵多来自东南各省。

洪武二十二年（1389年），朱元璋以山西地狭民稠，命其民分散于北平、山东、河南旷土耕种，故"山西沁州民张从整等一百一十六户告愿应募屯田"⑧。这种自发的移民同样得到了政府的照顾，包括拨地赐钞，免其赋役三年。洪武十八年（1385年），朱元璋谕户部官曰：山东人民"二十七年以后新垦田地，不论多寡，俱不起科"⑨。在这种优惠政策的吸引下，志

① 宣统《山东通志》卷78《田赋》，民国四年（1915年）铅印本。

② 《明太祖实录》卷193"洪武二十一年八月癸丑"条，台北："中央研究院"历史语言研究所，1962年，第2895页。

③ 民国《清平县志·舆地·区治》引《旧志》，民国二十五年（1936年）铅印本。

④ 《明太祖实录》卷216"洪武二十五年二月庚辰"条，台北："中央研究院"历史语言研究所，1962年，第3185页。

⑤ 《明太祖实录》卷239"洪武二十八年七月乙未"条，台北："中央研究院"历史语言研究所，1962年，第3480页。

⑥ 《明太祖实录》卷243"洪武二十八年十一月戊寅"条，台北："中央研究院"历史语言研究所，1962年，第3530页。

⑦ 荆甫斋、刘志耘主编：《海阳县志》第三编《人口·人口变动》，内部资料，1988年，第104页。

⑧ 《明太祖实录》卷197"洪武二十二年九月甲戌"条，台北："中央研究院"历史语言研究所，1962年，第2959页。

⑨ 《明太祖实录》卷243"洪武二十八年十二月壬辰"条，台北："中央研究院"历史语言研究所，1962年，第3532页。

愿迁来山东的居民持续稳定地增加，必然达到相当大的规模。

朱棣即位后，仍然积极倡导移民，永乐二年（1404 年）用强迫手段"由直隶枣强迁移若干户分配于济、章、商、临之交，星罗棋布，比户而居，久之渐成村落"①。乐陵县"永乐之初，始多侨寓"，该县九支外来氏族有八支是永乐时迁入的②。永乐九年（1411 年），因青登莱三府农民"多逃移于东昌、兖州等府受雇苟活"，给事中王铎建议就地安置，"官给牛具种子，命就彼耕种"③。永乐十年（1412 年）济宁州同知潘叔正言："兖州东昌等府……地旷人稀，青登莱诸郡民多无田，宜择丁多者，分居就耕。"永乐帝皆以为当，从之④。

鲁西南与鲁西北平原部分州县清末乡土志对各属迁入氏族源地及迁入年代有详细记载，为综合分析明初山东移民来源、路线、时间等提供了宝贵资料。表 3-1 所列十四属共 130 支迁来氏族，按移入地区来分，源出直隶及所属枣强者 47 支，山西及所属洪洞县者 34 支，外部其他省份者 17 支，本省其他州县 32 支。外省来源很广泛，涉及河北、山西、河南、江苏、安徽、浙江、江西、福建等省份，其中尤以山西、河北为多。两省比较而言，应以山西为主流，如清平县"户族大半自明代开始占籍于此，而自山西洪洞县迁来者十居八九，徙自本省登、莱等处者亦十居二三"⑤。徙自本省有诸城 8，曲阜与邹县各 3，掖县、蒙阴、黄县、巨野各 2，青州、文登、潍县各 1。由此可知省内主要移出地为鲁东南地区，禹城县移入氏族 14支，有 7 支来自诸城，陵县移入氏族 8 支，也有半数来自青州府。从移入时间来看，明以前 6 支，明初及洪武时 80 支，永乐时 25 支，明中后期 19 支。可知移民山东的活动在洪武时最活跃，规模最大，永乐时次之，其余各时期则较少，明初洪武、永乐两朝是山东接纳移民最多的时期。

---

① 民国《济阳县志》卷 16《艺文志·碑记》，民国二十三年（1934 年）铅印本。
② 光绪《乐陵县乡土志·氏族》，清宣统元年（1909 年）石印本。
③《明太宗实录》卷 116 "永乐九年六月甲辰"条，台北："中央研究院"历史语言研究所，1962 年，第 1476 页。
④《明太宗实录》卷 124 "永乐十年正月乙未"条，台北："中央研究院"历史语言研究所，1962 年，第 1557 页。
⑤ 民国《清平县志·舆地·户口》，民国二十五年（1936 年）铅印本。

表 3-1　鲁西南与鲁西北平原地区州县迁入氏族来源与迁入年代

（单位：支）

州县	迁入氏族数量	移入年代				移民来源				资料来源
		明以前	明初洪武时	永乐时	明中后期	山西洪洞	直隶枣强	其他外省	省内州县	
朝城	6		4		2	4		1	1	光绪《朝城县乡土志》卷一《氏族》
陵县	8	1	1	3	3		2	2	4	光绪《陵县乡土志·氏族》
禹城	14		2	7	5	3	2	1	8	光绪《禹城县乡土志·氏族》
肥城	13	1	8	3	1	6	3	3	1	光绪《肥城县乡土志》卷六《氏族》
平阴	15	3	8	2	2	5	1	3	6	光绪《平阴县乡土志·氏族》
冠县	3		3			2		1		光绪《冠县志》卷三
菏泽	8		4		4	2		3	3	光绪《菏泽县乡土志·氏族》
齐东	5		5				5			光绪《齐东县乡土志·氏族》
范县	5		5			5				光绪《范县乡土志·氏族》
章丘	6	1	5				5		1	光绪《章丘县乡土志》卷下《氏族》
观城	7		6	1		2			5	光绪《观城县乡土志·氏族》
宁阳	5		4	1		4	1			光绪《宁阳县乡土志·氏族》
蒲台	26		25		1		23	1	2	光绪《蒲台县乡土志·氏族》
乐陵	9		8	1		1	5	2	1	光绪《乐陵县乡土志》卷四《氏族》
合计	130	6	80	25	19	34	47	17	32	

东昌府接纳移民最多，所属武城县明初有"乡三，屯十八……按乡为

土民，屯为迁民，洪武初制则然"①，迁民所建农村基层单位是本地居民的六倍，可知迁民之多。夏津县洪武初仅有"土民三里"，"迨洪武二十五年徙二十七屯于此，编户三十一里，则生齿繁矣"②，迁民是本地居民的十倍有余。似乎东昌府明初迁来居民远超过原有居民。济南与兖州两府北部的州县也迁入了一些移民，只是规模无法与东昌相比。除西三府外，胶东半岛的登州府也有少量移民，明初设置的卫所主要在胶东沿海地区，以军事屯田的形式迁来了不少南省之民。同时，"明永乐年间，又自江、浙等地移民山东。从民间谱书考察，本县（海阳）移民多是明初由山西、北直隶、湖广、南直隶、福建、四川等地迁来，逐渐繁衍"③。海阳、莱阳、宁海等地皆有不少族谱记其明初迁自"云南"或"小云南"者，这并非今日的云南省，而是山西、河北交界地区，本区为古云中、云州、云冈之南，所以有了这样的称呼④。当然，迁往胶东的移民数量较少。

明初迁入山东的移民主要利用屯田的形式垦荒生产，"迁民分屯之地以屯分里甲"，以屯为基本单位⑤；政府给予耕牛、种子、农具以助其安家垦荒，"令自便置屯耕种，免其赋役三年，仍户给钞二十锭，以备农具"⑥。洪武二十五年（1392年）"命户部遣官于湖广、江西诸郡县买牛二万二千三百余头，分给山东屯种贫民"⑦。永乐元年（1403年）"命宝源局制农器给山东被兵穷民"，三年"令大仆寺给山东耕牛"⑧。土地是农民最基本的生产资料，移垦地方荒地很多，可以自由占垦，能多垦者不限顷亩。胶东卫所的将士也是且耕且守，"每军种田五十亩为一分……军士三分守城，七分屯种……皆以田土肥瘠地方冲缓为差"⑨。

① 嘉靖《武城县志》卷1《疆域志·乡屯》，明嘉靖二十八年（1549年）刻本。
② 乾隆《夏津县志》卷4《食货志·户役》，清乾隆六年（1741年）刻本。
③ 荆甫斋、刘志耘主编：《海阳县志》第三编，内部资料，1988年，第104页。
④ 民国《牟平县志》卷10《文献志·杂志》记"云南迁徙"事。
⑤ 《明史》卷77《食货志》，北京：中华书局，1974年，第1882页。
⑥ 《明太祖实录》卷193"洪武二十一年八月癸丑"条，台北："中央研究院"历史语言研究所，1962年，第2895页。
⑦ 《明太祖实录》卷233"洪武二十五年闰十二月己卯"条，台北："中央研究院"历史语言研究所，1962年，第3266页。
⑧ 宣统《山东通志》卷78《田赋》，民国四年（1915年）铅印本。
⑨ （明）李东阳等撰、（明）申时行等重修：《大明会典》卷18《户部·屯田》，扬州：广陵书社，2007年，第329页。

除上述移民屯田垦荒外，明初统治者还大力招抚当地流亡农民，给予优惠条件，鼓励其垦荒种植。洪武三年（1370年）济南府知府陈修及司农官上言"北方郡县近城之地多荒芜，宜召乡民无田者垦辟，户率十五亩，又给地二亩与之种蔬，有余力者不限顷亩，皆免三年租税"，从之①。

有些荒芜土地原来是有主的，元末动乱之际，地主逃之他乡，后被少地或无地的农民占有垦殖，当原来主人还乡后就出现了产权纠纷。针对此种情况，政府专门规定"各处人民先因兵燹遗下田土，他人开垦成熟者听为己业，业主已还，有司于附近荒田拨补"②，承认了战乱造成的生产关系发生改变的既成事实，解决了农民开垦荒地的后顾之忧，对促进垦荒运动的发展有很大的积极作用。

明初的鼓励垦荒政策是贯彻始终的，洪武二十八年（1395年），朱元璋谕户部官曰，山东、河南人民"（洪武）二十七年以后新垦田地，不论多寡，俱不起科，若有司增科扰害者，罪之"③。直到明代中期，这项法令都在山东各地普遍实行，调动了人们开垦荒地的积极性。

明初朱元璋大力整顿史治，把招来流民开垦生产当作考核地方官员的主要内容，无成绩者罢免之。洪武九年（1376年）日照知县马亮考满入觐，其考曰"无课农兴学之绩而长于督运"，遭朱元璋黜降④。因而促使一些官员在安定社会、组织垦殖方面做出了一定成绩，如济宁知府方克勤洪武时劝民垦荒，爱惜民力，在济三年，"户口增数倍，一郡饶足"，济宁人歌之曰："孰罢我役？使君之力。孰活我黍？使君之雨。使君勿去，我民父母。"⑤李湘知东平州，"州辖五县，地多荒芜，湘督民开垦，公私皆实"⑥。同时，朱元璋在兴修水利、推广经济作物棉麻桑枣等的栽培方面都做了很实在的工作，也对移民垦荒、发展农业生产起到了很大的促进作用。

① 《明太祖实录》卷53"洪武三年六月丁丑"条，台北："中央研究院"历史语言研究所，1962年，第1049页。
② （明）李东阳等撰、（明）申时行等重修：《大明会典》卷17《户部·田土》，扬州：广陵书社，2007年，第308页。
③ 《明太祖实录》卷243"洪武二十八年十二月壬辰"条，台北："中央研究院"历史语言研究所，1962年，第3532页。
④ 《明太祖实录》卷106"洪武九年六月乙未"条，台北："中央研究院"历史语言研究所，1962年，第1773页。
⑤ 《明史》卷281《方克勤传》，北京：中华书局，1974年，第7187页。
⑥ 《嘉庆重修大清一统志》卷180《泰安府·名宦》，北京：中华书局，1986年。

（二）农业经济的迅速恢复和发展

明初山东经济的迅速恢复和发展可以从当时人口与耕地的迅猛增加观察到，先来看其人口增加情形。

洪武十三年（1380年），朱元璋下令全国编制赋役黄册，以里甲为基础，以户单位，详细登记各户的乡贯、田宅、资产及家庭所有成员的姓名、年龄，其后每十年清造一次①。明初黄册的人口基本包括了当时居民的全部，比较准确真实。据其统计，洪武十四年（1381年）山东省有户752 365，口5 196 715，人口已经超过500万。洪武二十四年（1391年），有户720 282，口5 672 543，十年内口数增加了47万多。洪武二十六年（1393年）有户753 894，口5 255 876，人口较两年前还有下降，似有一定的遗漏②。永乐年间没有全省的人口资料，但山东人口继续较快地增长确是无疑，如有大量移民迁入的东昌府洪武二十四年（1391年）有户2270，口24 134，而到永乐十年（1412年），户数达到24 029，增加了近十倍，口数达到110 291，增加3倍有余③，兖州府属鱼台县洪武二十四年户1882，口15 069，到永乐十年为户2876，口22 689，户口增加也不少④。

明初山东人口增长迅速，以洪武二十四年（1391年）人口567.2万计算，已经相当于元至顺元年（1330年）126.8万的四倍有余，61年间平均年增长率是24.9‰。人口增长如此之快，单纯依靠自然增长绝对无法达到，虽然明初以法令形式规定男16岁、女14岁就要结婚，自然增长率很高⑤。明初山东增多的人口除部分为自然增长与移自外省外，更多的是严刑峻法检括出来的逃隐户口，元代官册人口极短少，主要是因为逃隐过多，明朝平定山东的当年即开始整顿户籍，"今各处漏口脱户之人许赴所在官司出首，与免本罪，收籍当差"⑥；同时解放奴婢，招抚流民。这样清查出来的户口一定不少，方克勤任济宁知府三年，户口竟增加数倍，可知也。永乐年

① 《明史》卷77《食货志》，北京：中华书局，1974年，第1878页。
② 嘉靖《山东通志》卷8《田赋·户口》，民国四年（1915年）铅印本；梁方仲：《中国历代户口、田地、田赋统计》，上海：上海人民出版社，1980年，第202页；《明史》卷41《地理志·山东》，北京：中华书局，1974年，第937页。
③ 嘉庆《东昌府志》卷2《食货·户口》，清嘉庆十三年（1808年）刻本。
④ 万历《兖州府志》卷23《食货部·户口》，明万历元年（1573年）刻本。
⑤ 吴玉林主编：《中国人口·山东分册》，北京：中国财政经济出版社，1989年，第180页。
⑥ 万历《兖州府志》卷23《食货部·户口》，明万历元年（1573年）刻本。

间，各地仍有招抚流民的记载，永乐八年（1410年）"工部侍郎蒋廷瓒招抚山东青州府莒州等郡县复业民万三千四百户"①。

下面分析耕地的增长。山东省从明初开始保留有一系列完整的土地数据，为研究土地垦殖的发展过程及区域差异提供了珍贵的基本史料。但问题是，这些官方统计数据并不是实际的耕地数，文献资料中关于洪武二十六年（1393年）山东省耕地72 403 562亩②的数据就极不可靠。第一，以是年人口数计算每人有耕地13.8亩，比中国古代社会后期按人计算的耕地面积6—8亩几大一倍，相差悬殊；第二；它比百年以后弘治十五年（1502年）的山东耕地5429万亩高出很多。因此，笔者认为洪武二十六年（1393年）山东耕地数明显偏高。洪武十九年（1386年），朱元璋令国子监生到浙江清丈田地编造鱼鳞图册，而在全国其他地方似也有土地的清丈与登记活动，尽管不能同浙江那样都由国子监生主持并编鱼鳞图。如史载安丘县洪武十九年大括田，"此即鱼鳞册也，大约六尺为步，二百四十步为亩，所用尺今钞尺是也，分上中下三则起科"③；又《诸城县志·丈田论》说："洪武初年，朝廷分遣监生并秀才，丈勘北方田地，而本县丈勘者，为小王秀才云。"④可知，明初山东各地曾进行过土地的丈量或登记。各地农民占有一片土地后上报官府谓其拥有，实际垦否并不一定；各守令既不能亲自清丈，又往往责成里甲增报额数，当时就有人说："土旷民稀，垦辟有限，所在守令往往责令里甲增报额数，以为在官事迹。"因此，"宜令各处农民自实见垦亩数以定税粮"⑤。洪武二十四年（1391年），朱元璋令"山东概管农民各见丁著役，限定田亩，著令耕种，有荒芜田地流徙者，全家迁发化外"⑥，这使政府可以规定其耕地面积。洪武二十六年（1393年）的田数可能是农民认垦与官吏"限定田亩"的结果，于是远远超过了实际耕地的规模。

---

① 《明太宗实录》卷106"永乐八年七月己丑"条，台北："中央研究院"历史语言研究所，1962年，第1373页。
② （明）李东阳等撰、（明）申时行等重修：《大明会典》卷17《户部·田土》，扬州：广陵书社，2007年，第301页。
③ 万历《安丘县志》卷一《总记》，明万历十七年（1589年）刻本。
④ （清）顾炎武撰，华东师范大学古籍研究所整理，黄珅、严佐之、刘永翔主编：《顾炎武全集》第14册《天下郡国利病书·山东备录下·诸城县志》，上海：上海古籍出版社，2011年，第1726页。
⑤ 《明太祖实录》卷111"洪武十年春正月丙戌"条，台北："中央研究院"历史语言研究所，1962年，第1840页。
⑥ 万历《兖州府志》卷24《田赋》，明万历元年（1573年）刻本。

开辟耕地要投入一定的人力与畜力，而这里的人并不包括人口的全部，而仅是掌握耕作种植技术从事农业活动的那一部分成年男子。明初的人口数据基本准确，如果能求出人口中农业劳动力的比率及一个劳力能够耕种多少土地，则可大致匡算出当时的耕地面积。

一般来讲，人口所能提供的农业劳力的比率是基本稳定的。郯城县乾隆二十八年（1763 年）、乾隆三十八年（1773 年）、乾隆四十八年（1783 年）与嘉庆十一年（1806 年）、嘉庆十四年（1809 年）共五个年份的成年男子占总人口的比例都在 34% 左右①；而道光十七年（1837 年）济南府十六个州县的男丁人口比率少者 30%，多者 37%，基本围绕 33.5% 这个总平均数上下摆动②。如表 3-2 所示，无论清中期的乾嘉道三朝还是清末的同光年间，山东成年男子占总人口的比例既没有随时代的推移而发生大的变化，也没有因区域的差异而产生重大不同，以此类推到明初也无不可。

表 3-2 清中后期山东部分府县男大口的百分比

区别	时间	人口总数（个）	男大口		资料来源
			数量（个）	百分比	
东昌府十四属	乾隆三十六年（1771 年）	2 909 925	957 337	32.9%	嘉庆《东昌府志》卷八《食货户口》
东昌府十州县二卫	乾隆五十七年（1792 年）	1 556 372	544 112	35%	嘉庆《东昌府志》卷八《食货户口》
德州暨二卫	乾隆五十二年（1787 年）	271 728	100 671	37%	民国《德州志》卷五《户口》
郯城县	嘉庆十一年（1806 年）	288 257	96 686	33.5%	嘉庆《郯城县志》卷二《户口》
商河县	道光十年（1830 年）	272 177	87 681	32.2%	民国《商河县志》卷三《户口》
济南府十六州县并三卫	道光十七年（1837 年）	4 202 510	1 399 461	33.3%	道光《济南府志》卷一五《户口》
临淄县	道光二十五年（1845 年）	129 309	39 833	30.8%	民国《临淄县志》卷三《户口》

① 嘉庆《续修郯城县志》卷 2《户口》，清嘉庆十五年（1810 年）刻本。
② 道光《济南府志》卷 15《户口》，清道光二十年（1840 年）年刻本。

续表

区别	时间	人口总数（个）	男大口		资料来源
			数量（个）	百分比	
宁海州	同治初年	257 911	82 333	31.9%	民国《牟平县志》卷八《户口》
蒲台县	光绪末年	159 501	54 735	34.3%	光绪《蒲台县乡土志·户口》
聊城县	光绪末年	336 448	89 694	26.7%	光绪《聊城县乡土志·户口》
莘县	光绪末年	99 288	36 397	36.7%	光绪《莘县乡土志·户口》
乐陵县	光绪末年	265 500	94 932	35.8%	光绪《乐陵县乡土志·户口》
齐东县	光绪末年	119 578	46 988	39.3%	光绪《齐东县乡土志·户口》
平阴县	光绪末年	153 375	51 603	33.6%	光绪《平阴县乡土志·户口》

当然，成年男子也并不是全部从事农业生产，还有当官、经商、做工者。那么务农者占成年男丁即从业总人口的比重多大，清末山东部分州县编写的乡土志有过粗略的估计，如表3-3所示，务农者约占从业人口总数的89.6%，比重特大，其次为经商者，约占3.6%，而当官与做工者最少，分别约占3.4%，绝大多数经营农业自不待言。仅在少数工商业发达地区出现过特殊的情况，如清末章丘县"农居十之五，商居十之三，士与工各居十之一"[1]，齐东县农占十之六，士占十之一，而工竟占十之二[2]。明初商品经济因素影响较小，工商阶层特少，以务农劳力95%计算，则人口的农业劳动力比例占到32.3%。

---

[1] 光绪《章邱县乡土志·实业》，清光绪三十三年（1907年）石印本。
[2] 光绪《章邱县乡土志·实业》，清光绪三十三年（1907年）石印本。

表 3-3　清末山东省部分州县务农劳动力的比例

州县	从业总数（个）	务农人口		士人约数（个）	工人约数（个）	商人约数（个）
		约数（个）	占总从业人口的比例			
聊城县	90 000	64 000	71.1%	9800	7700	8500
游县	270 900	231 300	85.4%	12 400	9800	17 400
滕县	218 000	200 000	91.7%	5000	10 000	3000
范县	64 737	62 000	95.8%	1000	912	825
高唐州	119 330	103 830	87%	4000	1500	10 000
陵县	82 300	80 000	97.2%	800	500	1000
平阴县	46 642	39 730	85.2%	2350	3479	1083
禹城县	130 300	121 300	93.1%	2900	2500	3600
馆陶县	49 753	41 747	83.9%	3998	1398	2610
恩县	103 800	100 000	96.3%	1000	2000	800
德州	57 933	52 700	91%	2500	2700	33
莘县	35 300	29 000	82.2%	2200	3200	900
菏泽县	155 000	150 000	96.8%	1000	3000	1000

那么一个农业劳力能够耕种多少土地呢？明初所移东三府之民乃是其
"五丁以上田不及一顷，十丁以上田不及二顷，十五丁田不及三顷并小民无
田耕"者[①]，这说明20亩地是不够一丁耕种的，即一个劳力所能耕种的田地
必在20亩以上。清兵入关以后，八旗子弟每丁授田30亩，于是"三十亩地
一头牛，老婆孩子热炕头"成为北方农民温饱生活的真实写照。明初社会
经济凋敝，畜力不足，要靠政府从外地贩来，因此，笔者以为一个农业劳
力的耕种能力在30亩地左右。

洪武二十四年（1391年），山东有567.2万人，估计进行耕作的劳力达
183.2万人，以每一劳力耕地30亩地计算，山东全省耕地有5496万亩，这个

---

① 《明太祖实录》卷236"洪武二十八年二月戊辰"条，台北："中央研究院"历史语言研究所，1962
年，第3451页。

数据与弘治十五年（1502年）的载籍耕地数非常接近①。

本书推算出明初山东耕地5496万亩，虽较明初载籍数少了1744万亩，但与其前各代相比，仍有很大的提高。北宋元丰五年（1082年）山东耕地2671万亩，折成2271万市亩，元代无载籍耕地数，而明初洪武二十四年（1391年）山东已经开辟耕地5496万亩，折成4781万市亩，其较前者增加部分基本是明初垦殖的结果，因为元代垦殖似没超过宋代的水平。

耕地的垦殖带来了山东省粮食产量的迅速增加，洪武末年山东省每年可向国家缴纳税粮257万石以上②，各地的仓储也很充裕，如"济南府广储、广丰二仓，粮七十五万七千石有奇……仓蓄积既多，岁久红腐"③。

二、明中后期人口的增加与耕地的垦殖

（一）人口的增加

赋役黄册原则上是必须登记全部人口的，这在明代前期几个强有力的君主统治时期基本可以做到。明中期以后黄册制度依然存在，但其统计的重点和方法却发生了重大变化，再加上人们的流徙隐报，结果是明中后期的载籍人口数字实际上仅仅包括一部分人口，与实际人口数量之间的差距越来越大。明代史志并没对此变更做出明确的解释，这就要求对明代人口统计数据的实质含义及误差程度进行充分的讨论。

编完洪武二十四年（1391年）的黄册以后，政府对人口的兴趣已经转移到赋役方面去了，规定以后编造黄册的重点应该是十岁以上的男子④，这必然给后来的人口统计带来很大影响。嘉靖四年（1525年），曲阜县有1918户，其中男子15 910口，妇女仅4704口⑤，虽然统计中包括了妇女，但显然

---

① 美国学者珀金斯认为洪武三十一年（1398年）进行过全国性的土地测量或登记，其结果基本反映于弘治十五年（1502年）的数据上，因为这两年份之间再没进行新的土地丈量。因此，他用弘治十五年（1502年）的数据代表明初的垦地数，与本书结论相近。（美）德·希·珀金斯著、宋海文等译：《中国农业的发展（1368—1968年）》，上海：上海译文出版社，1984年，第298—300页。

② （明）李东明等撰、（明）申时行等重修：《大明会典》卷24《户部·税粮》，扬州：广陵书社，2007年，第421页。

③ 《明太祖实录》卷241"洪武二十八年九月丙申"条，台北："中央研究院"历史语言研究所，1962年，第3499—3500页。

④ （美）何炳棣著、葛剑雄译：《1368—1953中国人口研究》，上海：上海古籍出版社，1989年，第12页。

⑤ 万历《兖州府志》卷23《户口》，明万历元年（1573年）刻本。

遗漏很多。一般来说，男女人口数量的时空差异是不会太大的，清朝道光年间，济南府各州县400余万人的统计资料表明，100个女子对应的男子数为112①，明中后期的情形估计大致与此相近。以此标准计算则嘉靖四年曲阜应约有妇女14 205口，载籍数字仅是实际数量的1/3左右，即是说本县仅有1/3的妇女进行了户口登记。隆庆五年（1571年）兖州府有14个州县记载了是年的男妇数量，合计男子523 562口，妇女仅有396 830口。如以100∶112的性别比来计算，则漏报妇女约70 636口，相当于男女合计数的7%。由此可知仅是少报妇女口数一项，载籍人口数据即较实际偏低了7%，这是十几个县份的资料，作为山东省各地的一般情形似无大谬。

　　大多数州县是以男妇当作人口总数的，但有些地方进行统计时，仅是针对成年男女，并没有包括儿童。嘉靖末年至隆庆初年，兖州府单县实在人丁29 632口，男妇共有6万余口，滋阳县人丁14 125口，男女共有30 907口，人丁与男妇合计数之比都在1∶2之谱，而邹平有人丁18 303口，载籍人口53 262，则一丁几乎可带3口人。由此看来，有些地方男妇合计数与总人口也有一定距离，其偏差的部分可能是因为没有在男妇项目中体现幼小儿童数量。明末汶上县男妇合计数为78 976口，较同时期的人口107 806口偏低了约26.7%，相差如此之大，仅用漏报妇女的原因无法圆满解释。可以认为，如果统计男妇人口时没有包括儿童，则男妇合计的载籍人口数量又要产生二至三成的偏低。这种现象虽不能说在明末山东各地特别普遍，但确实是存在的。

　　明中后期山东省不仅有以成年男妇数作为人口总数的，还有用纳税丁口作为总人口的。万历二十四年（1596年）《兖州府志·户役志》记定陶县隆庆五年（1571年）有户11 040，口23 001，平均每户仅2.08人，口数明显偏低，而万历元年（1573年）《兖州府志·户口》却记是年定陶有男子30 262口，前记口数似仅为纳税男丁数量。这种现象在万历年间尤其普遍，兖州府属邹、泗水、金乡、鱼台、城武、济宁、巨野、郯城、费等州县载籍口数与《古今图书集成·职方典·兖州府户役考》所载万历年间原额户丁数相差无几，说明都已是丁额。嘉靖以后，各史籍备载着户口数字，但从其实

① 道光《济南府志》卷15《户口》，清道光二十年（1840年）刻本。

质来看，丁已成为户口登记的基础和要素，户口统计完全失去了真正的意义。有些县已不记口数而明确说明为人丁数，如滋阳县嘉靖四十四年（1565年）至隆庆五年（1571年）有户9513，丁14 135，而多数州县为遵奉沿用多年的户口登记方法，还是按户口分列的。邹县万历十五年（1587年）载籍户10 535，口18 303丁，即谓口数，又用丁作单位，可知作者对此现象的熟视无睹①。

除标准混乱造成人口统计从内部产生不少误差外，大量的逃户与流民也降低了明代人口统计数据的质量。明中期，随着土地兼并的加剧和赋役的加重，逃户和流民队伍日益庞大，"其人户避徭役者曰逃户。年饥或避兵他徙者曰流民"②，二者往往杂在一起，无法截然分开，他们都能造成户口数的降低。明中期山东各地流徙现象逐渐增加，正统时"山东、陕西流民就食河南者二十余万"③。政府为防止户口流失、赋役无着落，积极采取措施加以遏制。正统六年（1441年）编造"逃户周知册"，督其回籍，次年发布"挨勘流民令"，并在山东各地特设抚治流民之官④。尽管政策特别严厉，却依然无法阻挡人们逃徙的步伐，正统十二年（1447年）"诸城一县逃移者一万三百余户……续又逃亡二千五百余家，地亩税粮动以万计，请暂停征"⑤，"兖州府沂州累岁旱涝，民饥逃移者五千五百余户"⑥，一州一县逃户超过五千甚至一万足可造成该地十室九空。成化六年（1470年）政府见严厉勒令还籍的措施成效不大，便开始采用优惠条件招抚流民归籍，凡"流民愿归原籍者有司给印信文凭，沿途军卫有司每口给粮三升，其原籍无房者有司设法起盖草房四间，仍不分男妇每大口给与口粮三斗，小口一斗五升，每户给牛二只，量给种子，审验原业田地给与耕种，优免粮差五年，仍给

---

① 以上两节所用人口数据资料皆源自万历《兖州府志》卷23《食货部·户口》，明万历元年（1573年）刻本与万历《兖州府志》卷15《户役志》，明万历二十四年（1596年）刻本。
② 《明史》卷77《食货志》，北京：中华书局，1974年，第1878页。
③ 《明史》卷170《于谦传》，北京：中华书局，1974年，第4544页。
④ （清）陈梦雷编纂、蒋廷锡校订：《古今图书集成》卷16《食货典·户口部汇考·明》，北京、成都：中华书局、巴蜀书社，1985年，第21—25页。
⑤ 《明英宗实录》卷152"正统十二年四月戊申"条，台北："中央研究院"历史语言研究所，1962年，第2982页。
⑥ 《明英宗实录》卷155"正统十二年六月丁卯"条，台北："中央研究院"历史语言研究所，1962年，第3026页。

下贴执照"①。各地方官把招民复籍作为主要事务，弘治间李棨知莱州府，"招来流民数千人"②。尽管如此，正德以后，居民逃移现象仍然越来越严重，嘉靖年间，赵锦见"直隶淮安府至于山东充（兖）州府一带地方人民流窜，田地荒芜，千里萧条鞠为茂草，其官吏则相与咨嗟叹息，或遂弃职而逃"③。隆庆时山东等处"土旷民贫，流移日众"④，万历四年（1576年）刑科给事中郭四维言"山东百姓流移，有一邑而逃数十社者"⑤。虽然此时仍然实行优抚流民、借贷牛具种子的政策，各地方官也大力召集流民充实户口以垦荒生产，但只能补救于一时，无法改变因居民流亡而造成的户籍混乱与户口严重失额的局面。

同时，各地普遍流行隐丁与并户的做法以部分地减轻其赋役负担。嘉靖时，夏津县县令于时中论当时情形说："如即审户言之，则其过于纵者，则以实在为逃亡，强壮为老幼，固不能察民之奸。"⑥虽然明政府于景泰二年（1451年）严申除丁换户之禁，但无论如何也无法完全堵塞户口统计中的隐瞒漏洞。

受以上因素的影响，明中后期的户口统计并未包括当时的全部人口，都较实际户口数偏低，不过偏低的程度在中期和后期各有不同。明中期正统到正德年间，主要受逃户和流民的影响，在某些地方也有妇女与儿童统计不完全的现象，其载籍数据虽不足以作为定量分析的依据，却能反映出人口增长的趋势。正德六年（1511年），刘六、刘七领导的农民军"自畿南达山东，倏忽来去，势如风雨"，战火波及济南、东昌、兖州、青州、莱州五府地区，日照、海丰、寿张、阳谷、丘县、宁阳、曲阜、泗水、黄县等十城被攻破⑦，给各地户籍统计带来很大影响。如青州府安丘县自正德遭

---

① （清）陈梦雷编纂、蒋廷锡校订：《古今图书集成》卷16《食货典·户口部汇考·明》，北京、成都：中华书局、巴蜀书社，1985年，第21—25页。

② 乾隆《莱州府志》卷9《宦绩》，民国二十八年（1939年）铅印本。

③ （明）陈子龙等：《明经世文编》卷340《赵侍御文集·计处极重流移地方以固根本事》，北京：中华书局，1962年，第3648页。

④ 《明穆宗实录》卷7"隆庆元年二月戊申"条，台北："中央研究院"历史语言研究所，1962年，第213页。

⑤ 《明神宗实录》卷47"万历四年二月壬午"条，台北："中央研究院"历史语言研究所，1962年，第1070页。

⑥ 嘉靖《夏津县志》卷2《食货志·户口》，明嘉靖十九年（1540年）刻本。

⑦ （清）谷应泰：《明史纪事本末》卷45《平河北盗》，北京：中华书局，1977年，第667页。

此战乱，"户乃脱额，故嘉靖以来黄册户口率多伪增，非实数"①。而且此后不久，各地也有以丁额代替口数者，更使载籍人口"有绝不可信者"，地方官吏统计人口，"仅儿戏耳"②。因此，当时山东各地漏报人口很多，周火鼎万历间知曹州，"严行保甲，未几增户五百余"③，这当然仅是隐漏人口的小部分而已。《商河县志》作者论明代户口统计时说："国家承平二百余年，休养生息，户口之增视国初奚啻百倍，及按籍而较，（隆）庆（万）历之数无异弘（治）正（德）之间，非民不加多也，缘迩来赋役繁重，游惰逃入锱黄，末作窜入流寓，即土著之民亦有隐匿不上尺籍者。"若政府官员能严加查核，"商河一邑可得数万口"④，一县隐漏数万虽不足代表山东全部州县，却可说明当时户口统计的严重失实。

知道了明中后期山东人口统计可能产生的误差，再来分析其载籍人口数据，以期推测出明代山东人口的发展变化。表3-4开列了洪武二十四年（1391年）、弘治四年（1491年）、正德七年（1512年）、嘉靖五年（1526年）与嘉靖二十一年（1542年）、万历六年（1578年）共六个年份关于山东全省人口的官方统计数据。明初洪武二十四年（1391年）的数据基本准确，而明中期弘治、正德年间的数据虽然显示了一定程度的增长，如弘治、正德口数较洪武二十四年（1391年）分别增加了108万与194万有余，其间年增长率分别约为1.76‰与2.4‰。不过，如前所述，明中期载籍人口并没有包括当时的全部人口，如以正德年间载籍人口较实际偏低10%计，则正德七年（1512年）山东人口在838万左右，与洪武二十四年（1391年）比较，121年间增长了很多。明后期三年份的载籍口数除嘉靖二十一年（1542年）口数较正德载籍数稍有增加外都是偏低的，尤其是万历六年（1578年）口数竟下降了195万有余，六十多年间不但没有增长，还下降如此之多，是与历史事实不符的。同时，此年每户平均仅有4.1口，与其他年份每户平均七八口相差悬殊，说明了是年数量尤其偏低。嘉靖二十一年（1542年）口数是山东明代载籍人口数的最高峰，较洪武二十四年（1391年）

---

① 万历《安丘县志》卷8《赋役考》，明万历十七年（1589年）刻本。
② （明）王世贞：《弇州史料后集》卷6，明万历四十二年（1614年）刻本。
③ 《嘉庆重修大清一统志》卷182《曹州府·名宦》，北京：中华书局，1986年。
④ 民国《商河县志》卷3《乡区志·户口》引明志，民国二十五年（1936年）铅印本。

至少增加了204万人，151年间平均年增长率约为2.4‰，这也是偏低的。有明一代近300年，除明末及建文正德时期的四五十年间，因饥荒战乱影响，人口出现负增长外，其余两百多年时间内人口基本是正增长的。故有明一代整个山东的人口似乎翻了一番，这与何炳棣先生认为明初"到万历二十九年中国北方人口至少已经翻了一番"的结论基本相近[①]。明朝初年的山东人口是个未知数，只知洪武二十四年（1391年）的口数，按4‰的年增长率计算，到万历三十年（1602年）的211年时间内，山东人口能达到约10 460 169人。明代山东最高人口数字似乎已经突破1000万大关。

表3-4　明代山东载籍人口数

年代	户数	口数	每户口数	较上年次增加口数	期间年增长率
洪武二十四年（1391年）	720 282	5 672 543	7.9		
弘治四年（1491年）	770 555	6 759 675	8.8	1 087 132	1.8‰
正德七年（1512年）	878 491	7 618 660	8.7	858 985	5.7‰
嘉靖五年（1526年）	826 204	7 442 610	9.0	−176 050	−1.7‰
嘉靖二十一年（1542年）	837 342	7 718 202	9.2	275 592	2.3‰
万历六年（1578年）	1 372 204	5 664 099	4.1	−2 054 103	−8.6‰

资料来源：梁方仲：《中国历代户口、田地、田赋统计》，上海：上海人民出版社，1980年，第202页；（清）陈梦雷编纂、蒋廷锡校订：《古今图书集成》卷16《食货典·户口部汇考·明》，北京、成都：中华书局、巴蜀书社，1985年

（二）耕地的扩展

1. 明中后期的土地清丈

明初山东省各地田额既已确定，而额外荒田垦成熟地又永不起科，洪武朝核天下田"各有定额，安丘畇田，得一万二千二百二十三顷九十五亩有畸。已复令山东等处额外荒田尽力开垦不起科"[②]，也就没有必要进行土地的清丈，基本都是维持明初的土地定额。因此，记载明中期山东省耕地的史志很少，即使有个别校籍耕地数据，这些数据非但没能较明初有一定增加，反倒随着地主隐报与贫民的逃徙而逐渐有所减少，弘治十五年

[①]（美）何炳棣著、葛剑雄译：《1368—1953年中国人口研究》，上海：上海古籍出版社，1989年，第261页。

[②]（清）顾炎武撰，华东师范大学古籍研究所整理，黄珅、严佐之、刘永翔主编：《顾炎武全集》第14册《天下郡国利病书·山东备录下·安丘县志》，上海：上海古籍出版社，2011年，第1740页。

（1502年）山东省载籍耕地 542 938 顷，较明初载籍数少了一大截①，这根本不能反映随人口增加荒地得到大量垦殖的历史实际。

明中期以后，山东人口持续增长，额外所开荒田数目逐渐扩大，地税不均使永不起科法令越来越难维持，需要大量升科，而"飞洒""诡寄"等弊端百出，隐地增多又使纳税田额减少，如安丘县嘉靖没丈田前"田地飞诡者众，故赋多脱额，当事者不稽查，正征外，仍令倍出，名带征，民颇苦之"②。农民负担沉重，大批逃亡，迫使地方当局不得不采取措施，于是丈田活动在各地陆续展开。只是嘉靖年间的丈田，多数地方是为了平均地税和保证政府的税收，而多用其原来亩积标准量地，耕地数仅足原额而已。如兖州府滋阳县明前中期"原额官民地二十四万五千五百零二十亩，东大南等二十社每亩七百二十步，南辛王等三社每亩二百四十步，后被积年奸书通同富家权势，止存见在地十九万亩有零……嘉靖四十三年滋阳县李之茂奉巡抚都御史张公鉴兖州知府曹子朝贴委丈量地亩，遂选委祭官丁惠仁等老人谭文进等分投领岔，治段逐亩丈量，地复原数，三辛庄每亩增添一百四十四步半，共地每亩三百八十四步半"③，乐陵县也是如此，"土田原额官民征粮地五十七万九千六百亩，嘉靖七年丈量如数"④。夏津县的例子更加典型，其洪武二十四年（1391年）有民粮地 463 188 亩，而嘉靖八年（1529年）均地量过白地 910 071 亩，因超过原额，故"每白地一亩九分五厘一毫三丝四忽科粮一亩，共科粮地四千六百八十三顷八十四亩"，其多出之数"盖共前没官地折作民地而通计之矣"，采取折亩的方法以保持原额之数⑤。滕县嘉靖二十七年（1548年）由沂州卫经历石仲义丈田，用原亩计之，民颇称便，后县丞刘芳重丈，小其弓步，引起反对，于是不得不复用旧田之制⑥。曲阜县丈田并不受原额的限制，而且也有改用标准亩积者。定陶县"成化至嘉靖三十年原额官民地共十万一千一百二十一亩零，自嘉靖

---

① （明）李东明等撰、（明）申时行等重修：《大明会典》卷17《户部·田土》，扬州：广陵书社，2007年，第301页。
② 万历《安丘县志》卷1《总纪》，明万历十七年（1589年）刻本。
③ 万历《兖州府志》卷24《食货部·田制》，明万历元年（1573年）刻本。
④ 顺治《乐陵县志》卷3《食货志·明田亩》，清顺治十七年（1660年）刻本。
⑤ 嘉靖《夏津县志》卷2《食货志·土田》，明嘉靖十九年（1540年）刻本。
⑥ （清）顾炎武撰、华东师范大学古籍研究所整理，黄珅、严佐之、刘永翔主编：《顾炎武全集》第14册《天下郡国利病书·山东备录上·滕县志》，上海：上海古籍出版社，2011年，第1656—1657页。

四十三年新均地亩始得二十九万亩余"①。恩县明前中期额田42万亩,嘉靖三十九年参政张鉴丈田得实在熟地122万亩,增长幅度都很大②。

总之,嘉靖年间山东省有不少州县进行了土地的丈量,而且多是实地测量的,但是全省统一标准的丈田活动并没有展开,多数丈田仅是恢复耕地原额以保障税收,这就失去了土地丈量的真正意义。因此,嘉靖《山东通志·田赋》记载全省耕地5735万亩,比明初实际耕地数稍大,没有反映出明中期土地垦殖的成效。青州府洪武二十四年(1391年)官民田1339万亩,嘉靖三十年(1551年)才1361万亩③;莘县"国(明)朝初人稀小,多荆棘,至永乐间渐次开辟,故田地加多,自此以后再无增减";武城县的情况也是一样④;济阳县"原额征粮地六千六百顷有奇,画为定制",直到万历初年都没改变⑤;宁海州及所属文登县嘉靖二十一年(1542年)耕地数,都与明初原额相同⑥。由此看到,明初直到嘉靖年间的载籍耕地较实际耕垦之地都有偏差,仅能说明其各地纳税地亩的多少,对研究土地垦殖水平全无用途。

神宗万历初年,张居正在全国范围内主持进行了土地的清丈活动,山东省积极响应,当时政府号召统一以240步为亩的官亩为准,认真进行实地测量,而且是"但有田土,尽数报官纳粮当差"⑦。既无遗漏,也不受原额大小的束缚,与嘉靖时的丈量相比,更能体现出田地丈量的真正意义。当然,因为折亩的普及、弓尺大小的变化及荒地计入等因素的影响,丈量结果较实际耕地面积仍有一定距离。不过,只要我们认真分析,弄清其折隐与浮增的大致比率,是能够基本得到明末耕地的真实数据的。

2. 万历丈田数据的修正

万历初年丈田的结果使山东载籍耕地数额大增,据万历九年(1581年)

① 万历《兖州府志》卷24《食货部·田制》,明万历元年(1573年)刻本。
② 万历《恩县志》卷3《贡赋·田赋》,明万历二十六年(1598年)刻本。
③ 嘉靖《青州府志》卷7《田赋》,明嘉靖四十四年(1565年)刻本。
④ 正德《莘县志》卷2《贡赋》,明嘉靖年间增刻本;嘉靖《武城县志》卷2《田赋志·地亩》,明嘉靖二十八年(1549年)刻本。
⑤ 乾隆《济阳县志》卷3《田赋》,清乾隆三十年(1765年)刻本。
⑥ 嘉靖《宁海州志》卷上《民赋·地亩》,明嘉靖二十六年(1547年)刻本。
⑦ (明)张居正:《答山东巡抚杨本菴》,(明)陈子龙等:《明经世文编》卷328《张文忠公集》,北京:中华书局,1962年,第3519页。

山东巡抚何起鸣奏，"奉旨清丈通省军民屯粮地，民地原额七十六万三千八百五十八顷，丈出地三十六万三千四百八十七顷零，屯地原额三万六千九百一十五顷，丈出地二千二百六十八顷"①，丈出民屯地共3657万亩，合原额得山东官民地总面积为11 665万亩，这是丈田后直接的汇报，应该属实。不过，当时有些县未及折亩，如济阳县"邑令均地分上中下三等，以二百四十步为亩，共得地一万四千余顷，缘升任未及折亩，因沿为奸，一遇加编兵饷，率以亩数为则，殊为偏苦"②，这种因素使其数额偏高。崇祯七年（1634年）有人称山东额地10 770万亩③；而到清朝建立，耕地多以明末册籍数目为原额，据查山东省原额耕地10 218万亩，可能因为有些地册散失遗漏，载籍数偏低④；又宣统《山东通志·田赋》所载山东省各府州县原额耕地合计为10 947万亩，也可代表明末载籍耕地。上述明末山东省耕地的四种载籍数据，笔者更趋向于用10 947万亩作为万历丈田后的数额，因为它不受外部导致其偏高偏低的限制因素的影响，又有各府州的细数，更便于我们深入地进行对比研究。

由于万历初年丈田时计入了一些非耕地亩，而有些地区为了均税又进行了折亩，其丈田后所得的10 947万亩田额，并不能视为山东全省的实际耕地面积。下面将分析导致其产生偏差的原因及偏差的大致程度。

首先，我们来分析导致载籍耕地偏高的诸因素。笔者认为导致其浮增的最大因素是大量非耕地的丈量计入。万历初年，张居正当政，"疑郡邑土田有未登版籍者，诏下海内，履亩而丈尺之，无论穷山僻谷，尺寸俱籍有司"⑤，而地方"执事者欲邀福于相公，多生枝叶，其所开宅舍、园圃、高下、淤沙、平坂、山石、潟卤诸名色，以令乡鄙之民。乡鄙之民，冥然不啻对胡越而言侏僚，此为里书立弊薮，奚止凿三窟也"⑥。由于项目繁多，

① 《明神宗实录》卷116 "万历九年九月乙亥" 条，台北："中央研究院" 历史语言研究所，1962年，第2190页。
② 乾隆《济阳县志》卷3《田赋》，清乾隆三十年（1765年）刻本。
③ （清）张履祥：《扬园见闻录》，道光《观城县志》卷5《赋役志·田赋》，清道光十八年（1838年）刻本。
④ （清）陈梦雷编纂、蒋廷锡校订：《古今图书集成》卷185《职方典·山东赋役考》，北京、成都：中华书局、巴蜀书社，1985年，第26—30页。
⑤ 道光《观城县志》卷5《田赋》，清道光十八年（1838年）刻本。
⑥ （清）顾炎武撰，华东师范大学古籍研究所整理，黄珅、严佐之、刘永翔主编：《顾炎武全集》第14册《天下郡国利病书·山东备录上·滕县志》，上海：上海古籍出版社，2011年，第1657页。

各地执行起来也不统一，多有把宅舍、园林地及沙碱、山岭地等项核入田亩数额之中者，如陵县"凡宅基地多每亩承粮"，宅基地与上等耕地纳税相等，故计入丈田数据之中[1]；莱阳县山岭地亩也被丈量升科，其计算亩积特别宽大，"其山岭地亦有不用弓步，公同估计，谓之眼看亩"[2]；恩县丈量时仅除"官路、铺舍、义冢、寺庙、河口、古堤、教场、坛场、城壕、官园、旧县城墙、烟墩、水坑、官屯、官仓、大街地一千九百零五亩"，数目如此之少，应该仅是政府机关及公共设施占地，而广大的私人所用宅基、坟墓、树林、果园等都在丈量之列，连硝碱地都以4.5亩科粮1亩，有主久荒地以10亩科粮1亩的标准计入了垦熟耕地范畴[3]。新城县田地是"万历九年淄川令王公九仪奉旨均丈，小民多为增以避严罚……河渠道路皆在征粮之数，贻害至今"[4]。历城县丈田时，其"杂项、教场、坡、房基、宅基皆视民田金地"记入田额[5]。夏津县丈田时连堆沙都折亩计入纳粮地数，故其县志作者感叹道："壤有白有黑，有沙有碱，且有不犁者，不为区别，而堤岸蹊径之处一切兴科，则亦未免为少失其均者。"[6] 宅基、山岭、堆沙、硝碱、沟渠、道路、树林、果园等非耕垦之地都被计入丈量范围，人们耕垦的沙碱、低洼、高阜等瘠薄土地更不能幸免，当时有人以为："山东濒海之地，一望卤泻，不可耕种，徒存田地之名耳。每见贫皂村氓，问其家，动曰有地十余顷，计其所入，尚不足以完官租也。余尝谓，不毛之地，宜蠲以予贫民而除其税可也。"[7] 大量非耕地的计入必然会导致载籍耕地较实际浮增，至于浮增多少很难计算，估计会使载籍耕地数高于实际地亩的25%。

弓尺的减缩也是导致载籍耕地浮增的原因之一。滕县"旧俗相沿，以二百四十步为一亩，以三尺五寸为一步，每一尺抵周尺一尺五寸。先均时用旧尺，后均时减旧尺分数，每步只为三尺二寸；是先均一亩，为后均一

---

[1] 民国《陵县续志》卷2《赋役志·粮地》，民国二十四年（1935年）铅印本。
[2] 民国《莱阳县志》卷3《礼俗·财产交易》，民国二十四年（1935年）铅印本。
[3] 万历《恩县志》卷3《贡赋·田赋》，明万历二十六年（1598年）刻本。
[4] 天启《新城县志》卷4《食货志·土田》，明天启四年（1624年）抄本。
[5] 乾隆《历城县志》卷4《地亩》，清乾隆三十八年（1773年）刻本。
[6] 嘉靖《夏津县志》卷2《土田》，明嘉靖十九年（1540年）刻本。此为嘉靖八年丈田的原则，后来志书并未记万历初年丈田标准，笔者以为万历丈田时不会改变此例。
[7] （明）谢肇淛：《五杂俎》卷4，上海：上海书店出版社，2001年，第79—80页。

亩二分，新旧之数所以不同者此也"①。这种缩小弓步的做法绝非一地独有，据张履祥《扬园见闻录》记载，万历年间丈田时山东省都是"减上田弓制以量之，郡县故弓四尺为步，杀其五之一，以三尺三寸之弓量之，郡县咸有溢田，吏胥因缘为奸利，民间扰扰思乱，江陵既殁，有司争言加额之困民"②。直到乾隆时山东仍有 120 弓为一亩，远较官方亩积为小的现象③。当然，这种现象实际也许并不如张氏所说的那么普遍，即以全省 1/4 的州县有弓步之减计，已可使山东载籍耕地虚增 5% 左右。

万历年间的山东载籍耕地数据不仅有浮增的现象，还有隐降的现象，导致其数额下降的主要原因是折亩制在山东的流行。明前期尽管山东个别州县有折亩的实施，如诸城县后来也改为等则起科，"不复用准折法"④。当时山东各地普遍流行大亩制度，如荣成县洪武初计 1200 步为亩⑤。德州"田税之法，观之大约以四亩五亩为率"，"大率北地亩科五升有奇，或以三亩作一亩，甚则五亩并之，民间私称官亩为小亩，私亩为大亩"⑥。大概因为山东系明初移民垦殖地区，拨给荒田多照大亩以便垦熟时足额。洪武初年赐孔府祭田即"因系荒田创垦，俱照旧例，以七百二十步做一亩"⑦，明中期赐给各藩王庄田时也是以大亩计算。这种大亩制影响深远，嘉靖时实行一条鞭法，"曹县每小亩四亩八分作一大亩，编银七分一厘；定陶每小亩三亩六分作一大亩，编银五分二厘；曹州每小亩二亩七分作一大亩，编银四分三厘"⑧，仍然以大亩作为标准，直到清代，大亩制还在不少州县与官方标准亩并存。

---

① （清）顾炎武撰，华东师范大学古籍研究所整理，黄珅、严佐之、刘永翔主编：《顾炎武全集》第 14 册《天下郡国利病书·山东备录上·滕县旧志》，上海：上海古籍出版社，2011 年，第 1651 页。每一旧尺等于 1.5 周尺，则每步为 5.25 周尺，明官亩以 240 步，每步 5 周尺为准，则旧亩较标准亩大 5%，而更改后的新亩较官亩小 4%。

② 道光《观城县志》卷 5《田赋》附，清道光十八年（1838 年）刻本。

③ 宣统《山东通志》卷 81《田赋后序》，民国四年（1915 年）铅印本。

④ （清）顾炎武撰，华东师范大学古籍研究所整理，黄珅、严佐之、刘永翔主编：《顾炎武全集》第 14 册《天下郡国利病书·山东备录下·诸城县志》，上海：上海古籍出版社，2011 年，第 1726 页。

⑤ 道光《荣成县志》卷 3《田赋》，清道光二十年（1840 年）刻本。

⑥ 嘉靖《德州志》卷 2《田赋》，明嘉靖七年（1528 年）刻本。

⑦ 中国社会科学院近代史研究所中华民国史研究室、山东省曲阜文物管理委员会：《孔府档案选编》上册，北京：中华书局，1982 年，第 103 页。

⑧ （清）顾炎武撰，华东师范大学古籍研究所整理，黄珅、严佐之、刘永翔主编：《顾炎武全集》第 14 册《天下郡国利病书·山东备录上·条鞭总论》，上海：上海古籍出版社，2011 年，第 1673 页。

　　明代末期，尤其是万历年间，山东省各地丈田多以官方小亩为准，致使田额倍增，当事者又恐亩数增多，取骇于上而贻害于民，乃折成大亩纳税以符原额；万历初年丈量时，大量洼下沙碱瘠薄地清丈入额，它们很难与良田美壤完纳同等的税粮，于是也用几小亩折作一亩纳税之法。如商河县"万历九年，复下均地之令，酒用官岔量之，地视原额加倍，上地每亩征粮，中地加半，下地倍折，期不失原额"①。

　　宣统《山东通志·田赋》记载其原额数字时都注明了该县是"三则""五等"，或是"一则""不分等则一例大粮地"，我们可以得到全省实行折亩州县的完整统计，各府州折亩州县数分列在表3-5中。当然有些地方折亩制度也有反复，如上述诸城县，明初即"计亩准折"但没有制度化，明后期改为等则制。明末登州府各州县有福山、黄县实行折亩制，而到道光时，登州府"折亩者惟文登、黄县、招远三县"，是清代福山县已改为等则制，而文登、招远两县却又折亩了②。笔者认为，这是胶东折亩制度并不盛行的特殊现象，鲁西南与鲁西北平原广大地区并无此反复现象。由表3-5可知，山东省折亩州县63个，约占所有州县数的58%，但各地折亩比率并不是均衡的。东昌、临清、济宁、曹州四属共29个州县，折亩者26个，约占90%，比率最高；其次为济南、泰安、兖州、沂州四府共40个州县，折亩者24个，占60%；而武定、青州、莱州、登州各属总州县38个，折亩者13个，约占34%。如以明代行政区划统计，则东昌府折亩州县18个，占所属州县的全部；兖州府折亩者19个，约占所属27个州县的70%；济南府折亩者14个，约占所属30个州县的47%；莱州府折亩者3个，约占所属7个州县的43%；青州府折亩者5个，约占所属15个州县33.3%；登州府折亩者2个，占所属10个州县的20%。总体来看，无论明代还是清代山东省折亩现象都是鲁西沿运河平原最为普遍，越向东折亩的州县比率越低。

表3-5　山东各府州折亩州县统计　　　　　（单位：个）

府别	所属州县	折亩州县	府别	所属州县	折亩州县
东昌府	10	10	武定府	10	3

① 民国《商河县志》卷4《赋役志·田赋》，民国二十五年（1936年）铅印本。
② 顺治《登州府志》卷9《田赋》，清顺治十七年（1660年）刻本；道光《招远县志》卷6《赋役》，清道光二十六年（1846年）刻本。

续表

府别	所属州县	折亩州县	府别	所属州县	折亩州县
临清州	4	4	青州府	11	3
济宁州	4	3	莱州府	7	3
曹州府	11	9	登州府	10	4
以上合计	29	26	以上合计	38	13
济南府	16	9	全省总计	107	63
泰安府	7	4			
兖州府	10	6			
沂州府	7	5			
以上合计	40	24			

资料来源：宣统《山东通志》卷79—80《田赋》，民国四年（1915年）铅印本；光绪《馆陶县志》卷6《田赋》，清光绪十九年（1893年）刻本；顺治《登州府志》卷9《田赋》，清顺治十七年（1660年）刻本；道光《招远县志》卷6《赋役》，清道光二十六年（1846年）刻本

山东各地折亩的原则标准远不如其分布状况这样明确。据张履祥《扬园见闻录》记载，张居正丈田时，山东省"赋以上田准，中田上地一亩三分准一亩，下田中地一亩五分准一亩，下地二亩算一亩"，似乎全省实行了统一的折算比率。其实不是那么简单，一是因为各地折率也随时代的推移而改变，张居正死后，地方官皆"变通其意，分三等，上地视旧额，中地三亩而当一，下地四亩而当一"，折率变大了[1]。夏津县有白地910 071亩，嘉靖时每1.95亩白地折粮地一亩，共科粮地46万余亩，而万历时折成不分等则一例地84万余，拿白地总数计算则1.08亩白地折粮地一亩，折算比率小了许多[2]。海丰县的折率也有变化，见表3-6。二是各地折率标准多样，并无统一的尺度。如东昌府茌平县有三等地，"曰上地，曰下地，曰下下地。下地一亩准上地六分二厘余，下下地一亩准上地三分一厘余"，是以下地1.6亩、下下地3.2亩折上地即大粮地一亩[3]；济南府陵县"地与它县不同，县西境以二百四十步为一亩（一步属四尺，尺大小与他县亦异），每亩

---

[1] 道光《观城县志》卷5《赋役志·田赋》附，清道光十八年（1838年）刻本。
[2] 嘉靖《夏津县志》卷2《土田》，明嘉靖十九年（1540年）刻本；宣统《山东通志》卷80《田赋》，民国四年（1915年）刻本。
[3] 嘉庆《东昌府志》卷8《垦田》，清嘉庆十三年（1808年）刻本。

大半以一四承粮，即购地一亩四分承一亩粮也，间有一三承粮者，更有每亩承粮者即每购地一亩承粮一亩，凡宅基地多每亩承粮；东境以六百步为一亩，名曰六亩，购一亩承粮一亩七分或一亩八分"[①]。

  山东省总共有 14 个州县可以计算出其实际耕地与载籍粮地之间的折率，统计列入表3-6。由表3-6可知，各地折率有大有小，最大者超过5，最小者小于1，平均为1.91。这样看来，像胶州那样因折亩使载籍耕地数据浮增的现象也许还有一些，但一定是折亩州县中的极少部分，绝大多数州县折亩后会导致载籍数字低于实际耕地面积，虽然我们不能利用上述平均折率去衡量全省，但是表3-6所列14个州县的折亩年代无一例外地都在明代末年，由此可知明代末期折亩制度在山东各地迅速流行开来。

表 3-6 明代山东各地折亩比率的计算

区别	时代	比率	原始资料
济阳县	万历	2.17	以三百六十步为亩，将原均上地 551 086 亩，每亩折征粮地五分九厘一毫六丝；中地 758 199 亩，每亩折征粮地四分一毫六丝；下地 126 721 亩，每亩折征粮地二分四厘一毫
长清县		1.83	长清皆系中地，均以 360 步为亩；又折为大粮地八二折，每亩折八分二厘，不知始于何地
齐河县		2.27	民地中亩（360 步）一亩按六六成粮，官亩按四四成粮
济南卫青州卫屯地		2（1.52 或 2.34）	总地 35 047 亩，折成上等成粮地 17 529 亩（每 2 亩屯地折一税亩），其中青州左卫则全照中地例以 1.5 亩作一亩，济南卫地有三等，折率为2.34
滕县	万历	1.33	万历年间均丈小亩地 2 680 807 亩，折成一例征粮地 2 015 845 亩
观城县		1.0006	原额二等地共 318 360 亩，内以中地 2176 故折成上地 1088 亩，其折就不分等则一例地 317 172 亩
夏津县	嘉靖	1.95	嘉靖八年均地，量过白地 910 071 亩，每白地一亩九分五厘一毫……科粮一亩
海丰县	万历	5.22	二百四十弓步，上则税粮地一亩四分，中则二亩三分，下则四亩六分折大地一亩，明万历上中下三则地 1 169 409 亩，折税粮地 224 178 亩
	崇祯	3.65	余；崇祯年间一则税粮地 340 485 亩，清顺治四年清查如崇祯额
鱼台县	万历	1.22	万历均丈时小亩地共 1 223 624 亩，折成一例征粮地 1 002 898 亩
商河县	万历	1.60	万历九年均丈征粮地 1 021 612 亩。其中上地 210 670 亩，中地 406 143 亩，折征粮地 300 107 亩；下地 1 021 685 亩，折征粮地 510 842 亩

[①] 民国《陵县续志》卷 2《赋役志·粮地》，民国二十四年（1935年）铅印本。其尺大小与他县异，无法计算出税粮亩积。

区别	时代	比率	原始资料
兰山县	崇祯	1.124	万历九年（1581年）清丈以240步为亩，计地30 173顷，又开垦额外荒田206 149亩，共计四等征粮地3 223 492亩，崇祯年间不分等则一例地2 868 584亩
文登县	明末	2.77	原额万历年间清丈五等地1 930 147亩，而顺治年间田额为622 042亩，查宣统《山东通志·田赋》谓其原额一例地共696 495亩
招远县	崇祯	1.435	原额万历年间清丈过四等地共564 199亩，崇祯间折成一例征粮地393 052亩
胶州	崇祯	0.84	万历三年（1575年）知州王炎清丈地480 000亩，万历十年（1582年）改折地1 235 356亩（明田制648步为亩至此改240步为亩，故数如此），崇祯年间不分等则一例地1 474 598亩

资料来源：乾隆《济阳县志》卷3《田赋》，清乾隆三十年（1765年）刻本；民国《长清县志》卷5《食货志·田赋》引旧志，民国二十四年（1935年）铅印本；民国《齐河县志》卷13《赋役》，民国二十二年（1933年）铅印本；（清）陈梦雷编纂、蒋廷锡校订：《古今图书集成》卷225《职方典》，北京、成都：中华书局、巴蜀书社，1985年；万历《兖州府志》卷14《田赋》，明万历元年（1573年）刻本；道光《观城县志》卷5《田赋》，清道光十八年（1838年）刻本；嘉靖《夏津县志》卷2《土田》，明嘉靖十九年（1540年）刻本；民国《无棣县志》卷4《税法》，民国十四年（1925年）铅印本；民国《商河县志》卷4《田赋》，民国二十五年（1936年）铅印本；乾隆《沂州府志》卷8《田赋》，清乾隆二十五年（1760年）刻本；民国《临沂县志》卷5《地粮》，民国六年（1917年）刻本；顺治《登州府志》卷9《田赋》，清顺治十七年（1660年）刻本；顺治《招远县志》卷6《赋役》，清顺治十七年（1660年）刻本；民国《增修胶志》卷19《财赋》，民国二十年（1931年）铅印本

　　各地折亩标准既不统一，要求出因实施折亩而影响载籍耕地数据的偏低程度就很困难，只有用山东省最有代表性的州县进行大致的推算。一般都认为山东历城县的折亩原则比较标准整齐，"民地之上者曰金地，以二百四十步为亩；次者曰银地，以二百八十步亩；又次者曰铜地，以三百六十步为亩；下者曰锡地，以六百步亩；最下者曰铁地，以七百二十步为亩。自银地以下皆递加其步以当金地，乃一例起科也。军屯地之上者视民田金地，亩二百四十步；中者视民田铜地，亩三百六十步；下者视民田铁地，亩七百二十步；杂项教场、坡、房基、宅基皆视民田金地，以地之肥硗定步之多寡，亦《禹贡》九等定赋之遗意与"[1]。因此它成为其他州县的榜样，如济阳县万历三十六年（1608年）就是"照历（城）章（丘）起科"，折亩定税的[2]；齐河县裁并卫地时上等者比照民田金地，每亩征粮，中等者

---

① 乾隆《历城县志》卷4《赋役志》，清乾隆三十八年（1773年）刻本。
② 乾隆《济阳县志》卷3《田赋》，清乾隆三十年（1765年）刻本。

比照铜地，下等地比照铁地折亩承粮①，也是遵循历城标准的。那么，我们参照张履祥所记万历初年比较苛刻的折亩标准，可以大致推定，山东省基本的折亩标准如下：上地每亩承粮，而中地1.5亩，下地2亩折上地一亩承粮。下面来分析山东省上中下三等田地的比例，济阳县万历年间上等地占总耕地的38.4%，中地占52.8%，下地占8.8%②。而到20世纪20年代，根据卜凯的调查资料，北方小麦区一等土地占总耕地的42.3%，二三等土地占47%，四五等土地占10.7%③，假如把二三等土地看作中等土地，把四五等土地看作下等土地，则二者之间表现出一种趋同性。因此，笔者估计明万历年间山东省土地等级标准为上地占总耕地的40%，中地占50%，下地占10%。结合上述折亩比率的分析，则可知载籍耕地仅相当于实际耕地总面积的74%，也就是说因为折亩，导致载籍耕地数据偏低了26%④。这样一来，就可以求出明末因折亩而使山东耕地载籍数据偏低的大致程度，明末山东省约有58%的州县行折亩，受其影响，全省载籍耕地较实际耕地下降了15%左右。

综上所述，山东省明末载籍地数据由于计入非耕地及减小步弓的影响，较实际之数偏高了约25%，而折亩的流行却使其偏低了约15%，两相抵消，载籍耕地数仍高于实际垦殖之地约10%，则明末山东省实际耕地是万历丈田所得10 947万亩的90%，即约为9852万亩，折合9192.5万市亩⑤。

3. 明中后期耕地的扩展

明初山东省移民垦殖高潮以后，垦殖额外荒田永不起科的法令没废止，有人认为："景泰六年六月丙申，户部尚书张凤等奏：'山东、河南、北直隶并顺天府无额田地，甲方开荒耕种，乙即告其不纳税粮。若不起

---

① 民国《齐河县志》卷13《赋役志》，民国二十二年（1933年）铅印本。
② 民国《济阳县志》卷4《赋役志·田赋》，民国二十三年（1934年）铅印本。
③ （美）德·希·珀金斯著、宋海文等译：《中国农业的发展（1368—1968年）》，上海：上海译文出版社，1984年，第312页。
④ 这个结果是建立在颇具代表性的典型分析基础上的，与德·希·珀金斯得出的载籍耕地仅为实际耕地的70%—80%的估计基本一致，有一定的准确性。但它仍然仅是一种大概的标准，假如把上述折率与土地等级标准稍做调整，就会得出另一种结果。
⑤ 在万历初年的丈田活动中，山东省首先报完，共查出册外地3657万亩，接近原额的1/2，在全国仅次于湖广。河南省明末也有许多不起科之田，而仅清丈出80万亩，无法与山东相比，可见山东万历丈田之苛。同时，各州县志书也以万历初年田地溢额大大超过实有耕地数目而抱怨不休，由此可证万历初年载籍耕地的偏高。

科，争竞之涂修终难杜塞。今后但告争者，宜依本部所奏减轻起科则例。"① 似乎景泰六年（1455 年）后，山东不起科地有升科者，其实不然。嘉靖初兵科给事中夏言说得很明白："至正统六年，则令北直隶开垦荒田，从轻起科，实于祖宗之法略有背戾。至景皇帝寻亦追复洪武旧例，再不许额外丈量起科，至今所当遵行。"② 实际仅北直隶有升科者，"其宣（德）（正）统间，北直隶比洪武时山东、河南例，民开荒田无论多寡永不起科者及洼下硗薄无粮者后皆核入赋额，数溢于旧"③。山东省则直到嘉靖初年，额外新垦荒地仍没有起科征粮，《滕县志·赋役志》即明确记载："国初地有起科、不起科之分，嘉靖初犹然。"④ 嘉靖二年（1523 年），夏言仍建议："山东河南等处奉例开垦之地，多被奸徒投献王府及诸势家，宜一体差官查勘禁革。"⑤ 可见在山东仍然有额外开垦荒田永不起科之令。这项地亩非少数，如有起科定会有大规模的清丈活动，也会使田额有一定幅度的增长，而明代中期山东根本没有土地的清丈，而且田额数量又逐渐减少，这些历史事实都有力地证明了永不起科的法令在明中期并未废止。

明代中期，农业劳动生产力趋向充足，额外荒田既然可以不赋税，广大农民垦殖的积极性一定很高，如小清河流域"泊地未尝税亩，或田连数十里而租不数斛，民多利之，率濒河为堤以自涸"⑥。正德年间，原赏衡王白埠泊庄田附近"有未税地四百八十余顷"，即是围垦湖泊河滩开辟的额外荒田⑦，可见这种永不起科令下开辟出来的耕地数量不少。

明中期农民流徙日渐增多，政府积极采取各项措施，命其回籍复业，同时添设官员专职劝农，实行贷给耕牛、种子的优惠政策，"景泰二年二月

① （清）顾炎武著，黄汝成集释，栾保群、吕宗力校点：《日知录集释》卷10《开垦荒地》，上海：上海古籍出版社，2006年，第591页。

② （明）夏言：《勘报皇庄疏》，（明）陈子龙等：《明经世文编》卷202《夏文愍公文集》，北京：中华书局，1962年，第2107页。其所计年代略有不同。

③ （清）陈梦雷编纂、蒋廷锡校订：《古今图书集成·食货典》卷58《明食货志·田制附屯田》，北京、成都：中华书局、巴蜀书社，1985年，第681册，第35—39页。

④ （清）顾炎武撰，华东师范大学古籍研究所整理，黄珅、严佐之、刘永翔主编：《顾炎武全集》第14册《天下郡国利病书·山东备录上·滕县志》，上海：上海古籍出版社，2011年，第1656页。

⑤ 《明世宗实录》卷23"嘉靖二年二月乙亥"条，台北："中央研究院"历史语言研究所，1962年，第652页。

⑥ 民国《重修新城县志》卷2《方舆志·山川》，民国二十二年（1933年）铅印本。

⑦ 《明武宗实录》卷37"正德三年四月甲午"条，台北："中央研究院"历史语言研究所，1962年，第890页。

诏畿内及山东巡抚官举廉能吏专司劝农，授民荒田，贷牛种"①。成化元年（1465年），添设山东布政司参政一员，各府同知一员，专职"提督人民栽种耕耘及预备仓粮籴卖劝借"②。

嘉靖万历时，随着丈田均税运动的展开，各地官员更加积极地招抚流民，加意垦荒发展生产。嘉靖八年（1529年）山东巡抚请于东三府负山濒海荒芜之区特设垦田，得到皇上的嘉许，"设法召民开垦，贫者官为给钱，以市牛种，仍量免科差三年"③。万历时仍然今"沿边一带荒芜田土，委官清查招佃垦耕"，而且成效很大，据山东巡抚调查，"（万历）四十四年分（份）共开过额内荒地四千一百八十五顷零，开过额外荒地一百七十六顷三十九亩零"④。各地官吏也努力招民垦荒，寿光知县高邦佑、黄县县令杨果、莒州知州侯国安都在劝垦方面做出了很大成绩⑤。有些农民缺乏生产资料耕牛，只能"父子兄弟挽耕"，效率低下。针对此，地方官员多置买牛具，以助贫民。如博兴县"置官牛五百头"⑥，新泰县也有"官牛百四十只"⑦，恩县有"官牛三百五十九只，分给固境贫户耕作"⑧，嘉靖四十二年（1563年）开垦沂费等处荒地时"官发耕牛给之，价直（值）三千两"⑨。

尤其值得提出的是，各地设置的官庄对于招民垦荒发展农业做出了很大贡献。万历九年（1581年），邹县县令许守恩因"官庄之制，垦荒招亡，他邑皆称便"，始于其境设尚义等76庄，而后县合皆有续建，王一祯建兴隆等26庄，梁州彦建章安等21庄，胡继先不仅整修了以上各庄而且又创立永安等23庄，前后共建146庄⑩。同时期设置官庄见于文献记载的还有诸城县

① 宣统《山东通志》卷78《田赋》，民国四年（1915年）铅印本。
② 万历《兖州府志》卷24《田赋》，明万历元年（1573年）刻本。
③ 《明世宗实录》卷98"嘉靖八年二月癸未"条，台北："中央研究院"历史语言研究所，1962年，第2313页。
④ 《明神宗实录》卷565"万历四十六年正月"条，台北："中央研究院"历史语言研究所，1962年，第10640—10641页。
⑤ 《嘉庆重修大清一统志》卷171《青州府·名宦》，北京：中华书局，1986年；《嘉庆重修大清一统志》卷178《沂州府·名宦》，北京：中华书局，1986年。
⑥ 民国《重修博兴县志》卷12《宦绩·明》，民国二十五年（1936年）铅印本。
⑦ 光绪《新泰县乡土志·政绩录·兴利》，清光绪三十四年（1908年）石印本。
⑧ 万历《恩县志》卷1《舆地·招垦》，明万历二十六年（1598年）刻本。
⑨ 《明世宗实录》卷522"嘉靖四十二年六月乙卯"条，台北："中央研究院"历史语言研究所，1962年，第8541页。
⑩ 山东邹县地方志编纂委员会办公室：《邹县旧志汇编》第二章，内部资料，1986年，第5页。

45庄，高密县32庄，恩县21庄，其余如新泰等地也有创置①，可见明末山东设立官庄的现象比较普遍。对入庄之民不仅拨给荒地，而且助其打井建房，"给以牛种，免其杂役。俟二年后始征之"②。恩县所建21庄，"通建草房八百三十三间，绥辑窭民一千三百零，垦治荒田任其力为，给官牛一百二十五，甃砖井、置碾磨庄各一"③。而诸城县"准贫民陈告，创立官庄四十五处，专以垦荒为主。其法于凡荒田不拘年之浅深、地之远近、主之有无，通令贫民押帖开耕，遂为己业，庐舍井灶，即立于其所，名曰官庄，若谓官设之也，而人不敢贸易争夺之焉。一时贫民，胥悦而安之"④。官庄既以招民垦荒为宗旨，措施也很得力，取得的成绩就很可观，如邹县最后建立的23庄即招民"复业者凡四百二十一户，带回男妇凡一千二百三十六丁，垦荒六十余项"，全县146庄的招民垦荒数量更大。诸城县设官庄数年，"境内荒田开垦殆遍，山腰岭顶，五谷并殖，岂非官庄之立，劝民力穑之心乎？"⑤由此可知，"垦荒之法至立官庄而良未加也"⑥。

明代中后期，人口的增加为农业生产提供了较充足的劳动力，而政府又采取各项措施劝民垦殖，于是促使山东各州县荒地大量开垦，连低洼的湖泊边缘或硗瘠的山岭坡地都出现了不少耕地，阳谷县北周迴二十余里的鹅鸭陂"潦则蓄水，涸则成田"⑦，东平州附近的安山湖明初为运河减水汇渚，水面辽阔，后逐渐淤塞，为居民占垦，嘉靖二十年（1541年）"清复"，不久于隆庆四年（1570年）"复为民田"，南旺湖也与其一样，因居民佃种期间，日就湮没，大小清河流域的居民在近水筑堤叠堰以围垦造田⑧。位于山区的费县，其民山居谷汲，生活艰难，万历时"有贤长吏加意垦辟，

---

① 诸城、恩县出处见后，高密县见光绪《高密县乡土志·乡社》，清宣统元年（1909年）石印本；新泰县见天启《新泰县志》卷4《食货志·地亩》，明天启年间刻本。
② 山东邹县地方志编纂委员会办公室：《邹县旧志汇编》第二章，内部资料，1986年，第5页。
③ 万历《恩县志》卷1《舆地·招垦》，明万历二十六年（1598年）刻本。
④ （清）顾炎武撰，华东师范大学古籍研究所整理，黄珅、严佐之、刘永翔主编：《顾炎武全集》第14册《天下郡国利病书·山东备录下·诸城县志》，上海：上海古籍出版社，2011年，第1727页。
⑤ （清）顾炎武撰，华东师范大学古籍研究所整理，黄珅、严佐之、刘永翔主编：《顾炎武全集》第14册《天下郡国利病书·山东备录下·诸城县志》，上海：上海古籍出版社，2011年，第1727页。
⑥ 山东邹县地方志编纂委员会办公室：《邹县旧志汇编》第二章，内部资料，1986年。
⑦ 万历《兖州府志》卷33《山水志》，明万历二十四年（1596年）刻本。
⑧ （清）顾祖禹撰，贺次君、施和金点校：《读史方舆纪要》卷3《山东·东平州》，北京：中华书局，2005年，第1555页。

化为沃土，他邑民就食其中，赴之如市，盖岩邑也"①；莱芜县的大步岭、马家庙岭、白龙岭明末皆垦出不少熟田②；邹平县西南的大峪山"高广幽深，中多良田"③。明初未垦的所谓额外荒田已经基本得到垦殖，万历时给福王赐田时，山东已无可赐之闲田，"闲田既尽，势不得不取之于民间"，遭到很多人的反对④。万历三年（1575年），山东巡抚郑璧汝"请开登州海州北长山诸岛田"⑤，万历三十三年（1605年），长庐巡盐御史报告，"山东岛田开垦成熟已计万余"⑥，垦殖范围扩展到了海岛之上。由此看来，山东省明中后期耕地面积是不断增大的。不过，因为新垦田地很少清丈起科，故载籍耕地数据无法反映这种增长的过程。在笔者所检明代资料中，只有曹州一地记载了此期的耕地增加，正统十一年（1446年），曹州有原额官民地13万亩余，景泰三年（1452年）增至17万余亩，天顺六年（1462年）又增至20万亩⑦，前后亩积皆系大亩，故所增7万亩耕地应是明中期此州土地垦殖的结果。山东全省耕地明末已经增加到9852万亩，接近亿亩大关，相当于洪武末年的1.79倍，使山东农业生产力发展达到了一个新水平。

第二节　明代山东人口与耕地的区域特征

有明一代，山东全省人口在各个时期基本上都有一定程度的增长，具体到各个地区来说，因为历史基础与自然经济条件的不同，其增长速度或高或低，从而形成了明代农业生产力在山东省内部的区域差异。

一、人口与耕地增长的区域差异

明代初期，鲁西北广大地区地广人稀，不仅接收了大量的外省移民，

---

① 万历《兖州府志》卷4《风土志》，明万历二十四年（1596年）刻本。
② （清）陈梦雷编纂、蒋廷锡校订：《古今图书集成》卷192《职方典·济南府山川考·莱芜县》，北京、成都：中华书局、巴蜀书社，1985年，第78册，第6—11页。
③ （清）顾祖禹撰，贺次君、施和金点校：《读史方舆纪要》卷31《山东·济南府》，北京：中华书局，2005年，第1468页。
④ 民国《重修新城县志》卷24《艺文志·请减福王赡田疏》，民国二十二年（1933年）铅印本。
⑤ 宣统《山东通志》卷78《田赋》，民国四年（1915年）铅印本。
⑥ 张君约：《历代屯田考》下册《明之屯田》，上海：商务印书馆，1939年。
⑦ 万历《兖州府志》卷24《食货部·田制》，明万历元年（1573年）刻本。

还从东南青登莱三府迁民垦殖。不过，此区地形以冲积平原为主，可耕地较多且土壤肥沃，发展农业的自然条件在山东省较为优越，故在社会秩序相对稳定的有明近三百年时间内，人口与耕地的增长速度较鲁东南丘陵山区为快。

东昌府明代人口增长速度在山东省最快。该府所属夏津、恩、武城三县明代载籍人口数据统计如表3-7。由表3-7可知，夏津县永乐十年（1412年）人口较洪武二十四年（1391年）增多4倍有余，增长如此之快，主要是因为接纳了外来移民。其后该县人口继续增长，到嘉靖元年（1522年）达到39 287人，约比明初增加了3.5万人，131年间平均年增长17.1‰。从永乐十年（1412年）到嘉靖元年（1522年），人口增长了1.6万多人，年均增长5‰。恩县与武城县的情况也差不多，由于迁入移民，永乐年间的人口都相对洪武二十四年（1391年）显示了猛烈的增长，而且有明一代人口的自然增长速度较快。恩县从洪武二十四年（1391年）到万历十五年（1587年），人口约增加4.3万人，年均增长7.1‰，即以永乐十年（1412年）到万历十五年（1587年）的175年计算，人口约增长3.2万人，年均增长仍达4.7‰[①]。

表 3-7 东昌府属夏津、恩、武城三县明代户口统计

年代	夏津县		恩县		武城县	
	户	口	户	口	户	口
洪武二十四年（1391年）	687	4279	3135	14 284	522	3020
永乐十年（1412年）	3683	22 597	3839	25 419	2470	13 788
天顺五年（1461年）	3300	26 379			2499	26 082
天顺六年（1462年）			4327	32 035		
正德十年（1515年）	3676	37 431			2861	27 470
嘉靖元年（1522年）	3679	39 287	5837	43 794		
嘉靖二十一年（1542年）					2884	28 230
万历十五年（1587年）			6231	57 324		
万历二十五年（1597年）			22 817	42 667		
万历二十七年（1599年）	3579	26 397				

资料来源：嘉靖《夏津县志》卷2《食货志·户口》，明嘉靖十九年（1540年）刻本；乾隆《夏津县志》卷4《食货志·户役》，清乾隆六年（1741年）刻本；万历《恩县志》卷3《贡赋·丁赋》，明万历二十六年（1598年）刻本；嘉靖《武城县志》卷2《户赋志·户口》，明嘉靖二十八年（1549年）刻本

[①] 万历《恩县志》卷3《贡赋·丁赋》，明万历二十六年（1598年）刻本。此资料没有注明洪武年间人口数统计的确切年代，这里只能用约数。

武城县从洪武二十四年（1391年）到正德十年（1515年），人口增加了约2.4万人，年均增长18‰。总体来看，东昌府在明初洪永时期因接纳了大量移民，人口有成倍的增长；明中后期因有大量荒地可以垦殖，人口自然增长速度仍然很快。表3-8列出了东昌全府明朝各代人口的载籍数据，由表3-8可知，洪武二十四年（1391年）该府人口仅有约2.4万人，永乐年间增长到约11万人，增多3.5倍有余。其后到正德年间已达约57.9万人，不到130年时间人口增加了约23倍。其后载籍人口略有下降，而且多年不变，因此不够准确，据笔者的估计，东昌府明末最高人口数量似乎有155万。

表 3-8　东昌府明代户口统计

年代	户数	口数	口数相对洪武二十四年（1391年）
洪武二十四年（1391年）	2270	24 134	1
永乐年间	24 029	110 291	4.57
天顺年间	54 239	424 494	17.59
正德年间	65 774	579 540	24.01
嘉靖年间	67 536	578 804	23.98
隆庆年间	67 536	578 804	23.98

资料来源：嘉庆《东昌府志》卷2《食货·户口》，清嘉庆十三年（1808年）刻本

明朝时兖州与济南二府的人口也有较快的增长，它们都在明初接收了一定的外来移民，而且明中后期人口自然增长速度也快。如兖州属济宁州，洪武二十四年（1391年）人口为34 166人，至隆庆五年（1571年）增到125 803人，在180年间增加了约9.2万人，年均增长约7.3‰。而且这个增长率较实际还是偏低的，因为隆庆五年（1571年）该州载籍人口中男子77 647人，妇女仅48 156人，妇女数量明显偏低。巨野县人口也有成倍的增长，据载该县人口洪武时1.4万人，成化时增至5.0万人，弘治时高达5.6万人，百余年增加到原有人口的4倍[①]。洪武年间兖州府原编里数862人，其后增至1110人，共增248个，约占同时期全省增加372里的2/3，可知兖州府明代人口增长速度超过了一般水平[②]。从其内部来看，曹州、沂州、滕县、曹县、阳谷、费县、郯城等属里数比原编增加较多，增加数都在14个

① 万历《兖州府志》卷23《食货部·户口》，明万历元年（1573年）刻本。
② 梁方仲：《中国历代户口、田地、田赋统计》，上海：上海人民出版社，1980年。

以上，其中曹州增加了45个，是原编29里的1.6倍左右，说明这些州县人口有较大的增长①。

济南府属德州洪武二十四年（1391年）人口为28 899人，永乐十年（1412年）增至42 259人，在21年间增长1.3万人，年均增长约18.3‰，所增人口应有一定的外来移民。其后载籍人口虽有增加，至万历元年（1573年）增至50 130人，但161年间平均年增长仅1.1‰，估计偏低不少②，因为明代中后期济南府人口持续增长，年均增长一般在5‰以上。如表3-9所示，商河县弘治五年（1492年）人口约为7.9万人，而十年后达约9.9万人，净增2万人，可能有清查出来的部分隐漏人口，故其年均增长率高达22.6‰。其后到嘉靖元年（1522年）年增长率均在5‰以上，嘉靖至万历年间年均增长率仅为1‰。但这是据载籍人口计算而得，实际万历时商河县隐民很多，据说当时官吏若能严加查核，商河一邑可得数万口。由此可知，明后期商河县人口的自然增长率也应与中期相近，应在5‰以上。

表3-9　明中后期商河县户口统计

年代	户数	口数	较上一统计年份增加口数	其间年增长率
弘治五年（1492年）	8111	79 890		
弘治十五年（1502年）	9896	99 896	20 006	22.6‰
正德七年（1512年）	9634	110 090	10 194	9.8‰
嘉靖元年（1522年）	9936	115 835	5745	5.1‰
万历十五年（1587年）	11 314	123 986	8151	1‰

资料来源：民国《商河县志》卷3《乡区志·户口》，民国二十五年（1936年）铅印本

鲁东南青登莱三府的人口增长速度相对缓慢，登州府属宁海州，明初人口76 871人，弘治年间仅增11口人，正德年间又增12口人，嘉靖时却减至76 863口人，明中后期载籍人口变化不大③。莱州府洪武时载籍人口76万人，而万历时78万人，二百余年仅增长2万人④，即以嘉靖《山东通志·户口》所载88万口计也仅增12万人，增长也不太明显。青州府洪武二十四年

① 万历《兖州府志》卷1《沿革》，明万历二十四年（1596年）刻本。
② 民国《德县志》卷5《政治志·户口》，民国二十四年（1935年）铅印本。
③ 嘉靖《宁海州志》卷上《民赋·户口》，明嘉靖二十六年（1547年）刻本。
④ 万历《莱阳府志》卷3《乡社·户口》，民国二十四年（1935年）铅印本。

（1391 年）人口 168 万人，嘉靖三十一年（1552 年）载籍人口减少了 16 万人，仅有 152 万人[①]。从载籍人口数量分析，东三府有明一代人口增长甚微，且有日渐减少者。这是不确切的，应该看到明中后期户口登记标准和方法的改变及流民的增多，使载籍人口较实际偏低，当时也有人说其户口"不应减耗若是"[②]。实际上，东三府人口在明代也是有一定程度增加的，如莱州府平度州，洪武时人口 10.9 万人，到万历时达 19.6 万人，增长了 8.7 万人，是洪武朝人口的 79.5%。而且莱州全府的户数万历时为 13.3 万，相当于洪武时期 9.9 万户的 1.34 倍，假如前后户均口数相同，则人口将增长 34%[③]。而明末期载籍户数较实际仍有不少隐漏，如以东三府人口在明中后期 200 年间增加 40% 计算，则平均年增长率为 2‰，与西三府相比，人口增长速度缓慢许多。

有明一代，位于鲁西南与鲁西北平原的东昌、兖州、济南三府人口增长速度较快，而鲁东南丘陵山区的青登莱三府人口增长速度相对缓慢，这也可以从各府所编里数的变化中得到证明。如表 3-10 所示，明初山东 6 府原编 5618 个里，其后增加到 5990 个里，净增 372 个里，全为西三府增加，而东三府有所减少。虽然明中后期百姓逃徙日众，里甲制度遭到破坏，此统计不足以进行定量分析，却反映了明代人口地理变化的趋势。

表 3-10　山东各府明代里数变化　（单位：个）

府别	《明一统志》里数	《读史方舆纪要》里数	后者较前增减
济南府	1414	1513	99
兖州府	862	1110	248
东昌府	400	462	62
青州府	1726	1716	−10
莱州府	673	664	−9
登州府	543	525	−18
合计	5618	5990	372

资料来源：梁方仲：《中国历代户口、田地、田赋统计》，上海：上海人民出版社，1980 年

① 嘉靖《青州府志》卷 7《户口》，明嘉靖四十四年（1565 年）刻本。
② 嘉靖《宁海州志》卷上《民赋·户口》，明嘉靖二十六年（1547 年）刻本。
③ 万历《莱州府志》卷 3《乡社·户口附》，民国二十八年（1939 年）铅印本。

在传统农业社会里，人口的高速增长必然会带来耕地的急剧扩展。明代东昌府的耕地即随其人口成倍地增长，永乐时全府官民田地166万亩，而据嘉靖《山东通志》记载，嘉靖时起科田地已达597万亩，翻了两倍，而其不起科额外垦殖成熟田地及王府庄田仍有很多。至万历初年重新丈田，结果该府田额猛增到1609万亩，加上东昌府籽粒地45万亩，共1654万亩。根据笔者的修正，明末东昌府实际耕地1630万亩，相当于明初的10倍[①]。兖州府明末实有耕地约3306万亩，约为嘉靖年间耕地835万亩的3.96倍，增长如此之多，除与其府原来多实行大亩制有关外，也可以看出明末此府土地垦殖的发展。济南府新城县有王府籽粒地11万亩，已占该县万历丈田后官民田地额的1/5，这些都是开垦的荒田地[②]。与鲁西南与鲁西北平原三府明代垦殖速度较快相比，明初垦殖程度较高的东三府明中后期耕地增长相对缓慢，但各地仍有不少荒地被开辟出来，如青州府属安丘县人们额外开垦不超科的耕地较原额"可得田四分之一"[③]。

二、人口与耕地分布的区域差异

明初山东人口稠密地区为鲁中南山地东北麓及胶莱平原地区，即青州府东北大部及整个莱州府，这里人口相对过剩，有西迁者。而鲁西南与鲁西北平原广大地区人口密度却很小，尤其是东昌府及其附近的济南、兖州两府部分地区，是移民垦殖的重心区域。经过有明二百余年的发展，鲁西南与鲁西北平原地区得到大规模开发，人口增长速度很快。相反，鲁东南地区人口增长相对缓慢。到明代末年，山东省人口分布的地理格局发生了重大变化。

山东省明末人口已经达到1043万人，但各地人口分布状况却很难探求，笔者运用了两种方法来计算明末山东各地人口的分布，第一是根据嘉靖《山东通志》所载各府人口数，假设载籍人口较实际人口偏低程度相同，则明末修正数较载籍人口数740万大0.41倍，各府明末实际人口数较原

① 嘉庆《东昌府志》卷8《垦田》，清嘉庆十三年（1808年）刻本。
② 民国《重修新城县志》卷8《田赋》，民国二十二年（1933年）铅印本。
③ （清）顾炎武撰，华东师范大学古籍研究所整理，黄珅、严佐之、刘永翔主编：《顾炎武全集》第14册《天下郡国利病书·山东备录下·安丘县志》，上海：上海古籍出版社，2011年，第1740页。

有数字增加0.41倍即可求得。第二是根据各府实际耕地数，假设各府每口平均拥有的耕地数量相等，则全省1043万人总共拥有耕地9852万亩，平均每人9.45亩[①]，以此标准去衡量各府明末修正耕地数所能承载的人口即可求得。两种方法求得的结果却大相径庭，具体见表3-11。据载籍人口数所求人口密度最高的为济南府，其次为青州、莱州两府，较低者为兖州、东昌两府，最低者为登州府，人口分布的中心偏于东部，仍带有明初的人口地理特征。仔细考察即可知道，嘉靖载籍人口数据并不是统一标准与时间下统计得出的，如青州府户口数即为洪武二十四年（1391年）的统计[②]。据其求出的人口分布状况不能反映明末实际情况。在正德年间，因为东三府"地无穷而人力有限"，已有抚院某人建议徙西三府贫民来居住，开垦荒田以尽地利，说明此时人口的分布重心已经发生了逆转。明末耕地修正数量建立在万历初年土地丈量的基础上，偏差相对较小，所得结果是鲁西南与鲁西北平原人口密度较大，也与明代二百余年人口发展的区域性一致。因此，第二种方法计算出的结果可靠一些。

表 3-11　用两种方法求得山东各府明末人口修正数

府别	据嘉靖《山东通志》口数所求结果			据明末耕地修正数所求结果		
	载籍口数	修正口数	人口密度	修正耕地顷数	修正人口数	人口密度
济南	2 102 935	2 965 138	87.9	202 350	2 143 538	63.5
兖州	1 702 376	2 400 350	59.1	308 191	3 264 735	80.5
东昌	578 804	816 113	56.8	146 715	1 554 184	108.1
青州	1 689 946	2 382 823	79.4	137 910	1 460 911	48.7
登州	447 142	630 470	36.7	62 580	662 923	38.5
莱州	881 371	1 242 733	72.3	96 023	1 021 521	59.4

　　据明末耕地修正数求得的结果可知，明末山东省人口分布格局发生了重大变化，明初人口数量较稀少的东昌府到明末期发展成为人口最稠密的地区，鲁西南的兖州府、鲁北平原的济南府处于中等水平，而东三府人口密度已经落于最后，人口分布重心西移到沿运平原地带。

　　明末各府耕地实际数量不仅容易求得，而且结果可靠得多，据宣统

---

① 据考证，明末山东省耕地约为9852万亩。
② 嘉靖《青州府志》卷7《户口》，明嘉靖四十四年（1565年）刻本。

《山东通志·田赋》原额数据，参照各地浮增与折隐的具体情况即可求出，结果如表3-12所示，同时明亩与今市亩大小稍异，以每明亩等于0.933市亩的标准折成市亩，并求出各地的垦殖系数。

表 3-12 明末山东各府耕地面积及垦殖系数

类别 府别	宣统《山东通志》原额田顷数	修正耕地顷数	折成市制顷数	垦殖系数
济南	231 999	202 350	188 793	40.3%
兖州	330 677	308 191	287 542	47.2%
东昌	163 017	146 715	136 885	63.5%
青州	164 850	137 910	128 670	28.6%
登州	75 580	62 580	57 387	22.6%
莱州	11 421	96 023	89 589	34.7%
山东省	1 094 738	985 264	919 251	40.0%

由表3-12可知，明末山东全省垦殖系数为40.0%，开垦程度较高，各地垦殖水平也有差异，其中垦殖系数最高者为东昌府，达到63.5%，其次为兖州府的47.2%与济南府的40.3%，也略高于全省平均数，处于中等垦殖水平，莱州府的34.7%已经低于全省平均数不少，而青州与登州两府垦殖系数较低，都没到30.0%。总体来看，鲁西南与鲁西北平原的土地垦殖水平明显高于鲁东南丘陵山区。东昌府的垦殖系数如此之高，可能会令人怀疑，因为它在明初乃是满目荒凉之区，但其实这种怀疑大可不必，因为在六府之中只有东昌府完全位居平原，可垦耕地比例最高，而且明代二百余年，东昌府的土地垦殖发展很快，万历丈田时载籍耕地已达165 415顷，高于宣统《山东通志·田赋》所载原额田数，而且本区普遍折亩，折隐地亩很多[1]。

山东农业生产力布局在明代发生了根本性的转变，明初尚保持一定生产规模的青登莱三府，在明后期农业经济"连年凋敝，人户多逃，本额之征，十欠四五，每岁山东以督粮拖违降调停俸率多三府之官"[2]，而明初一片荒凉的鲁西南与鲁西北平原东昌、兖州、济南三府发展成为农业经济的发达地区，嘉靖时已有人认识到这一点，以为"国家承平百余年，休养生

---

[1] 嘉庆《东昌府志》卷8《垦田》，清嘉庆十三年（1808年）刻本。
[2] （明）陈子龙等：《明经世文编》卷344《王敬所集》，北京：中华书局，1962年，第3703页。

息，济南、东（昌）、兖（州）颇称殷实，而登莱二郡、沂济以南土旷人稀，望尚多荒落"①。

第三节　清代山东土地垦殖的阶段特征

一、清代前期的土地复垦

明末清初二三十年天灾人祸接连不断，山东各地人口损失严重，耕地也大量抛荒，农业经济残破不堪。崇祯末年连年大旱，使齐鲁大地一片凋零，济阳明末有耕地66万亩，崇祯"十三年大饥，民殍地荒，止遗熟地二千余顷"，抛荒了三分之二②，夏津县"迨崇祯庚辰岁大荒，人相食，民仅存十分之一，地因荒芜，迄今三十年一望平沙，草莱不生"③。清朝军队多次入关攻明，其中两次深入山东，鲁西北主要城镇临清、济南、兖州等皆被攻陷，连偏处鲁东南丘陵的诸城县也不能幸免，清军烧杀之外，还大量掳掠人口押往关外，有一次即俘获人口36.9万，牲畜32万，财物无算④，所过之处"县无官，市无人，野无民，村巷无驴马牛羊，城中仕宦屠毁尽矣"⑤。其后农民起义军与清军先后占据山东，而且当此改朝换代之际，兵荒马乱，土寇猖獗，济南府、临清州、青州府、范、滕、东阿、济宁、菏泽等地皆有流贼发生。顺治三年（1646年），梅勒章京觉善"进剿山东土寇，斩首一万六千有奇，俘获无算"⑥。山东各地人民遭受了极其深重的灾难。兖州府原额户丁99万，顺治四年（1647年）仅存22万余，损失了77.8%以上⑦，其田地荒芜程度大致相当，据载本府原额照万历年间均丈过耕地共3464万亩，顺治四年（1647年）除荒地2679万亩，约抛荒了77.3%。济南府明末耕地2136万亩，顺治四年（1647年）至顺治六年（1649年）间抛荒846万亩，

---

① 嘉靖《山东通志》卷7《形势》，明嘉靖十二年（1533年）刻本。
② 乾隆《济阳县志》卷3《田赋》，清乾隆三十年（1765年）刻本。
③ （清）陈梦雷编纂、蒋廷锡校订：《古今图书集成》卷249《职方典·东昌府山川考》，北京、成都：中华书局、巴蜀书社，1985年，第38—44页。
④ 汤纲、南炳文：《明史》下册，上海：上海人民出版社，1985年，第1062—1063页。
⑤ （清）丁耀先：《出劫纪略·航海出劫始末》，清顺治十三年（1656年）刻本。
⑥ 《清实录·世祖实录》卷29"顺治三年十一月十八日"条，北京：中华书局，1985年，第241页。
⑦ （清）陈梦雷编纂、蒋廷锡校订：《古今图书集成》卷219《职方典·兖州府户役考》，北京、成都：中华书局、巴蜀书社，1985年，第31—34页。

约抛荒了39.6%。青州府明末原额人丁41万，清初逃亡了15万，占原额的36.6%以上，其清初抛荒地663万亩，约占明末原额的41%①。清初山东各地人口损失与耕地荒芜现象十分严重，顺治二年河道总督杨方兴称"有一户之中止存一二人，十亩之田止种一二亩者"②。

清军入主中原后为恢复农业经济，屡申垦荒之令，"助以牛种，宽其征输，或悬爵赏以励招徕，或给投诚以资养赡，或遣部员以课耕获，区划周详"③。具体到山东省则有以下几点。

（一）除豁荒田减免钱粮以与民休息

各地所征钱粮除尽行豁除明末三饷加派恢复万历则例以外，还额外减免三分之一。不过，当时荒多丁少，如以万历原额派征，仍会"以荒地累熟地，逃丁累见丁，是有蠲之名无蠲之实"，因此顺治二年（1645年）开始，"将见在熟地，或免一或免半，其抛荒之地不论有主无主尽行蠲免。俾民受实惠，而后民志固，民生遂矣"④。当时的荒地由政府委派的察荒御史查核，分为有主与无主两种。无主荒地既很难垦复，即使有主荒地也因多年战乱，主人家业荡然，不仅丧失了耕牛、农具等生产资料，连起码的生活资料也难以自给，要他们立刻开垦荒地，几乎是不可能的，于是被称作"有主无力耕种抛荒"，都在豁免之列。钱粮的大量蠲免在一定程度上减轻了农民的负担，对于稳定民心、加快垦荒进程有巨大的促进作用。

（二）用各种优惠政策鼓励人民垦殖荒田

察荒御史清查出来的荒田地除豁以后，还积极劝民垦殖复额，对各"州县卫所荒地无主者，分给流民及官兵屯种；有主无力者官给牛种，三年起科"⑤，同时逐步延长新垦荒地起科年限，清初以三年起科为定例，康熙

① （清）陈梦雷编纂、蒋廷锡校订：《古今图书集成》卷224《职方典·兖州府田赋考》，北京、成都：中华书局、巴蜀书社，1985年，第49—51页；（清）陈梦雷编纂、蒋廷锡校订：《古今图书集成》卷196《济南府赋役考》，北京、成都：中华书局、巴蜀书社，1985年，第29—34页；（清）陈梦雷编纂、蒋廷锡校订：《古今图书集成》卷264《青州府户口考》与《青州府田赋考》，北京、成都：中华书局、巴蜀书社，1985年，第1—3页。
② 《清实录·世祖实录》卷13"顺治二年正月初五日"条，北京：中华书局，1985年，第119页。
③ （清）陈梦雷编纂、蒋廷锡校订：《古今图书集成》卷51《食货典·田制部·皇清》，北京、成都：中华书局、巴蜀书社，1985年，第6—9页。
④ 《清实录·世祖实录》卷13"顺治二年正月初五日"条，北京：中华书局，1985年，第119页。
⑤ 《清实录·世祖实录》卷7"顺治元年八月二十日"条，北京：中华书局，1985年，第81页。

十年（1671 年）准三年后再宽一年，康熙十一年（1672 年）令宽至六年以后，次年又考虑到"小民拮据开垦，物力艰难，恐催科期迫，反致失业，以后各省垦荒者，再加宽限，通计十年方行起科"①。这就可使农民在垦荒中得到一定的实惠，调动其开荒生产的热情。山东各州县明代藩王庄田总数不少，据顺治十年（1653 年）户部尚书噶达洪题奏，"济南之德府，兖之鲁府，青之衡府，原封及私置王庄不下万余顷遗产"②，这个数字并未包括三府庄田的全部。明朝灭亡后，这些田地多归农民所有，而清政府初时搜刮民财要求农民出价购买，多数农民无钱支付，只好抛荒，因此，藩王庄田的抛荒率远比大粮地为高。康熙八年，清政府改弦更张，诏今明藩王庄田产"给与原种之人，改为民户，号为更名地，永为世业"③，与民田一例输粮，这就承认了农民对这部分土地的合法占有，促进了荒地的垦殖。政府令各地官吏以招民垦荒、恢复经济为中心工作，并以垦荒的多寡为考成的基础，顺治十四年（1657 年）规定，一年内督抚垦荒二千顷以上、道府垦荒一千顷以上、州县官垦荒地一百顷以上者按数量分别给予记录加升的奖励④。康熙元年（1662 年），重申地方官垦荒劝征之例，而且限期五年，命其垦完所辖地的荒地，对于垦荒不力官员进行处罚，"州县卫所荒地，一年内全无开垦者，令督抚题参，其已垦而复荒者，削去各官开垦时所得加级记录，仍限一年督令开垦，限内不完者分别降罚。前任官垦过熟地，后任官复荒者亦照此例议处"⑤。政府也积极鼓励各地绅衿地主放手垦荒，顺治十四年（1657 年）诏"有殷实人户能开垦二千亩以上者，照辽阳招民例录用"⑥，次年山东巡抚耿焞奏报曲阜生员唐佐臣于顺治十三年（1656 年）、顺治十四年（1657 年）分别垦过汶上无主荒田 2245 亩、2002 亩，为此申请予以优奖⑦。康熙十年（1671 年）重申垦荒嘉奖，"民人垦地二十顷

① （清）陈梦雷编纂，蒋廷锡校订：《古今图书集成》卷52《食货典·田制部，皇清》，北京、成都：中华书局、巴蜀社社，1985年，第10—14页。
② 故宫博物院明清档案部：《清代档案史料丛编》第四辑，北京：中华书局，1979年，第155页。
③ （清）托津等：《钦定大清会典（嘉庆朝）》卷1《食货》，台北：文海出版社，1990年。
④ 《清实录·世祖实录》卷109 "顺治十四年五月壬未"条，北京：中华书局，1985年，第854页。
⑤ 《清朝文献通考》卷2《田赋》，杭州：浙江古籍出版社，1988年，第4683页。
⑥ （清）陈梦雷编纂，蒋廷锡校订：《古今图书集成》卷51《食货典·田制部·皇清》，北京、成都：中华书局、巴蜀社社，1985年，第6—9页。
⑦ 彭雨新编著：《清代土地开垦史》，北京：农业出版社，1990年，第42页。

以上，试其文义通者以县丞用，不能通晓者以百总用；一百顷以上文义通顺者以知县用，不能通晓者以守备用"①，充分发挥地主有生产资料的这种优势进行垦荒生产。

（三）开展屯田垦荒

顺治十年（1653年）正月，山东省设置兖青和济东两个兴屯道，进行屯田垦荒，"凡属荒地，原耕者官府拨地，量助牛种官分籽粒三分之一，三年后永为己业，当年各屯额过屯本银一万六千二百三十四两"②。这次屯垦后来因弊病丛生，三年后即行废止，但垦荒成绩很大，据说"自十年兴屯以来，十一十二年二次奉文清丈，至十三年丈完，三次共清出首报垦地一十六万五千余顷，俱经题明按年照例征粮，核入则例征解在案"③。顺治十三年（1656年），"覆准山东无主荒地每五里设一官庄，借给屯本，三年偿还后，照熟地例起科"④，康熙六年（1667年）令山东等地"见驻投诚官兵开垦荒地，自康熙七年始，每名给五十亩，预支本年俸饷，以为牛种，次年停给，三年后照例起科"⑤，这都带有屯田的性质。

针对人口逃亡这种社会现实，政府在招抚流民方面做了许多工作，顺治初清政府责令各州县编审人丁"备造清册送部，如有隐匿丁壮捏报逃亡者，依律治罪"⑥。对于流亡农民多就地安置，顺治六年（1649年），"定地方官广加招徕各处逃民，不论原籍别籍编入保甲，开垦无主荒田，给以印信、执照，永准为业"⑦。顺治十年（1653年），"北直（今河北）被水诸处，见今流离万民扶老携幼泥首涂足就食山东……该州县等官即照单安置，或自食其力，或代佃人田，或愿作屯户者，按口分地给种"⑧。清兵入关之初，在京师附近大规模圈地占田，农民赖以生存的耕地被夺，不得不

---

① 《清朝文献通考》卷2《田赋考·田赋之制》，杭州：浙江古籍出版社，1988年，第4865页。
② 《户部抄档·地丁题本——山东（四）》顺治十一年十二月七日，山东巡抚耿焞上疏。
③ 《户部抄档·地丁题本——山东（四）》顺治十五年十一月初七日，巡抚山东兼理屯田监察御史缪正心题。
④ （清）陈梦雷编纂、蒋廷锡校订：《古今图书集成》卷51《食货典·田制部·皇清》，北京、成都：中华书局、巴蜀书社，1985年，第6—9页。
⑤ 《清实录·圣祖实录》卷23"康熙六年七月己卯"条，北京：中华书局，1985年，第324页。
⑥ 《顺治朝题本·户口类》顺治十年十月，蔡士英奏《编审人丁事》。
⑦ （清）陈梦雷编纂、蒋廷锡校订：《古今图书集成》卷51《食货典·田制部·皇清》，北京、成都：中华书局、巴蜀书社，1985年，第7页。
⑧ 嘉庆《长山县志》卷12《艺文志·奏疏》，清嘉庆六年（1801年）刻本。

流亡他乡，其中部分南徙山东，加入山东垦荒大军的行列，直到康熙二十五年（1686年）以后，齐河县仍然不断招抚"流徙北民"，总共新增291丁①。对本地居民和流民的编审安置，促使山东人丁增加，顺治十八年（1661年）山东人丁总共175万，至康熙二十四年（1685年）增至211万，年均增长率超过7.8‰②，此增长率似乎较实际人口增长率偏小，但足以反映清初山东人口的迅速增加。

清初山东垦荒成绩很大，济南府属30州县，康熙初已有523万亩的抛荒地被垦成熟田，此外还起科新垦邹平县老荒地10 336亩；兖州府27州县到康熙二十三年（1684年）共有熟地2610万亩，较顺治四年（1647年）除荒后的784万亩增加了1826万亩；青州府顺治十二年（1655年）到康熙十二年（1673年），"察荒御史查出并开垦劝垦自首丈出共地二百五十九万亩"③。从山东全省范围看，康熙四年（1665年）开垦荒地32.3万亩④，康熙六年（1667年）开垦荒地12 660亩⑤，康熙七年（1668 年）报垦11 574亩，复垦屯田3192亩⑥。实际上，每年垦荒数量似远较此为大，据《古今图书集成》记载，康熙十五年（1676年）山东省有熟地8005万亩，其中包括逾额垦殖老荒地30万亩，与顺治十六年（1659年）的6881万亩相比，17年时间共增1124万亩，每年平均垦荒66.1万亩⑦。又据《清朝文献通考》记载，顺治十八年（1661年）山东省田地总数7413万亩，康熙二十四年（1685年）增至9252万亩⑧，24年间耕地数额增1839万亩，平均每年垦荒76.6万亩。虽然这两组数据之间有一定的偏差，但每年递增的数量比较接近，所以笔者认为每年垦荒60万—80万亩似能代表清初山东的一般水平。

---

① 民国《齐河县志》卷12《户口志》，民国二十二年（1933年）铅印本。
② 《清朝文献通考》卷19《户口》，杭州：浙江古籍出版社，1988年。
③ （清）陈梦雷编纂、蒋廷锡校订：《古今图书集成》卷196《职方典·济南府赋役考》，北京、成都：中华书局、巴蜀书社，1985年，第49—51页；（清）陈梦雷编纂、蒋廷锡校订：《古今图书集成》卷224《职方典·兖州府田赋考》，北京、成都：中华书局、巴蜀书社，1985年，第29—34页；（清）陈梦雷编纂、蒋廷锡校订：《古今图书集成》卷264《职方典·青州府田赋考》，北京、成都：中华书局、巴蜀书社，1985年，第1—3页。
④ 《清实录·圣祖实录》卷19"康熙五年八月初四日"条，北京：中华书局，1985年，第276页。
⑤ 《清实录·圣祖实录》卷27"康熙七年十一月初一日"条，北京：中华书局，1985年，第377页。
⑥ 宣统《山东通志》卷78《田赋》，民国四年（1915年）铅印本。
⑦ （清）陈梦雷编纂、蒋廷锡校订：《古今图书集成》卷185《职方典·山东赋役考》，北京、成都：中华书局、巴蜀书社，1985年，第26—30页。
⑧ 《清朝文献通考》卷1至卷2《田赋之制》，杭州：浙江古籍出版社，1988年。

　　山东省顺治到康熙二十四年（1685年）总共有四个年份的耕地数据，见表3-13。其中顺治十六年（1659年）与康熙十五年（1676年）的数据为《古今图书集成》所载，皆记为是年山东省行粮并各州县逾额开垦的熟地总数；而顺治十八年（1661年）与康熙二十四年（1685年）的数据为《清朝文献通考》所载，比较而言，两个系统之间缺乏一致性，如顺治十八年（1661年）较两年前高出约532万亩，似乎每年增额高达266万亩，但这是不可能的。笔者认为，《古今图书集成》所载耕地数据比较接近山东起科田数，而《清朝文献通考》所载数据相对偏高。主要依据是清初山东省抛荒率特高，据宣统《山东通志·田赋》记载，山东各府州县清代除豁抛荒地总数为5946万亩，约占原额10 947万亩的54.3%，其中包括乾嘉年间的水冲沙压碱废等地，也有光绪初年挖河修堤占用之地，但绝大部分应是清初顺治四年（1647年）至顺治六年（1649年）等年除豁的抛荒数额。假如清中后期的除豁额比例以4.3%计[1]，则明末清初山东省抛荒率高达50%，除豁荒地后的山东省起科耕地仅及原额的一半，即为5473.5万亩。政府豁除抛荒后对于有主荒地多命原主认种，如乐陵县抛荒地总计423 944亩，其中"顺治十一年责令原补花户认种编入熟地派征"三等地共133 373亩，于是史籍就堂而皇之地记作"顺治十一年奉文开垦有主荒三等地133 373亩"[2]，于是，导致升科田额增加10.8%。像乐陵县这样除荒后责令认垦派征，会使升科田额迅速增加，但一般仅为原额的1/10左右，故田额增加仍然不能像《清朝文献通考》所载那么迅猛。因此，笔者接受《古今图书集成》的载籍耕地数，认为顺治十六年（1659年）山东共有起科粮地6881万亩左右，较刚除豁的升科田额已增加1834万亩，康熙十五年（1676年）增至8005万亩，照此速度计算康熙二十四年（1685年）可达8601万亩。

表 3-13　清代前期山东载籍耕地数及其修正

年代	载籍耕地亩数	修正数	折成市制亩	复垦率
顺治十六年（1659年）	68 813 533	65 372 896	62 757 941	68.3%

---

[1] 《古今图书集成》的资料表明济南、兖州与青州三府清初抛荒率分别为39.6%、77.4%与41%；而据宣统《山东通志》所载与三府对应地区的抛荒率分别为40.1%、81.4%与44.9%，都没有大于4%，因此这个估计并无大的偏差。

[2] 顺治《乐陵县志》卷3《食货志·田亩》，清顺治十七年（1660年）刻本。

续表

年代	载籍耕地亩数	修正数	折成市制亩	复垦率
顺治十八年（1661 年）	74 133 665			
康熙十五年（1676 年）	80 059 017	76 056 066	73 013 823	79.4%
康熙二十四年（1685 年）	92 526 840	82 896 066	79 580 223	86.5%
雍正二年（1724 年）	99 258 674	99 258 674	95 288 327	103.7%

注：（1）康熙十五年数据包括有更名地等 2 014 129 亩。（2）复垦率系对明代最高耕地数 91 925 100 市亩之比。

资料来源：（清）陈梦雷编纂、蒋廷锡校订：《古今图书集成》卷 185《职方典·山东赋役考》，北京、成都：中华书局、巴蜀书社，1985 年；《清朝文献通考》卷 1 至卷 2《田赋考》，杭州：浙江古籍出版社，1988 年

　　上面论证的清初载籍耕地与实际耕地面积之间仍有一定的差距。清初政府登记土地要求以明末原额为基准，一面承认大量失额，宣布豁除荒地，另一面要求逐步补足原额。与此相关的除豁升科虽是在察荒御史的监督下进行的，但清丈之法屡议不行，并没有进行新的土地清丈，而是由农民自己呈报，于是出现了"有势豪以熟作荒，有兴屯以荒作熟"的现象，鉴于此，兵科给事中王命岳在顺治十五年（1658 年）建议进行实地测量，履亩清丈[1]。次年，"始遣御史诣东督率州县履亩清丈，勿苛责，并令明藩田产所谓更名田向以五百四十步为一亩者概照民地以二百四十步为一亩，丈量绳尺不得任意盈缩"，用新颁弓步亩制进行统一测量，但这次丈田开始不久，朝廷"忧其扰民，未尽丈而罢，旋改民自首"[2]。以当时的技术条件和办事效率，要重新进行全省性的土地测量可能得耗费数年甚至更多时间，既要动用大批人员，又要支付大量款项，这在统治未稳、经济残破的清代初年，人力物力方面都是很难办到的。

　　清初既沿用明末耕地原额，又没能重丈土地，就无法改变明代田亩的大小标准和折亩制度。首先，亩制标准方面，清初政府虽有新的规定，但各地仍多用旧制，直到乾隆初年重申伸缩弓尺之禁时，山东省仍没法按新标准执行，"部议，山东等省或以三尺三寸至七尺五寸为一弓，或以二百六十弓至一百二十弓为一亩，若令概用部弓，大于旧则多缺额，小于旧必按

---

[1]《清实录·世祖实录》卷 119 "顺治十五年七月二十八日"条，北京：中华书局，1985 年，第 926 页。
[2] 宣统《山东通志》卷 81《田赋后序》，民国四年（1915 年）铅印本。

亩加征，仅定嗣后新垦田照部颁弓尺，然终具文而已"①。即使清初进行过重新清丈的州县亩积大小也并不一致，如傅镇邦知泰安州，"顺治中清量地亩，步弓颇无定额，镇邦以土瘠民贫力争，声色俱厉，卒定以四尺，邑至今食其利"②。这样看来，明代步弓减缩造成载籍耕地浮增的现象依然存在。其次，折亩制度基本维持明末规模，仅登州府福山县改为等则起科，但因招远县清初改行折亩，该府清代折亩县数不变，全省折亩州县仍为62个。因此，如果各地折率不变，清代山东省折亩导致载籍耕地较实际耕地下降的幅度仍在15%左右。

当然，经过清初大量的抛荒豁除与垦荒升科，清代载籍地与实际耕地之间的偏差程度并不完全与明代相同。清初豁荒时"凡水冲沙占碱废之田即予永除额赋"③，把明末丈入的沙碱不毛之地从大粮地中基本清除了；农民呈报时，非但不会把非耕荒芜之地无故添于自己名下，反倒会以熟作荒来减少税额，如顺治十五年（1658年），潍县等处查出欺隐废藩田900余顷④，顺治九年（1652年），新泰知县躬亲履亩逐段丈量，结果"计增人丁一千一百有奇，增地亩五百七十三顷有奇"⑤。同时，明末产生的一些包荒地也在此时一并开除了，如济南府"莱芜等县恭报包荒等事除豁包荒地"13.5万亩⑥。青州府属莒州"在地丁虚赋杂征等事案内奉旨除豁荒地"21.3万亩，也属同类性质⑦。不过，并不能因此而认为清初豁荒后就完全没有非耕地的计入了，明末起科的坟基、宅基等地就没有免除，而且清初有促使其载籍耕地浮增的新因素产生。清初以垦荒的多少为地方官考成的重要依据，各地官吏对有主荒地多责令原主认种，不管其垦熟与否都编入熟地征收，如乐陵县仅此一项即导致田额上升10.8%，更有甚者故意捏造垦荒的田地，然后飞洒于全县地亩之中，这就导致了升科田额较实际数字出现偏高，

① 宣统《山东通志》卷81《田赋后序》，民国四年（1915）铅印本。
② 光绪《泰安县乡土志·政绩录》，清光绪三十三年（1907）铅印本。
③ 宣统《山东通志》卷81《田赋后序》，民国四年（1915）铅印本。
④ 《清实录·世祖实录》卷122"顺治十五年十二月十五日"条，北京：中华书局，1985年。
⑤ （清）卢纮：《新泰丈量记》，（清）贺长龄、魏源等：《清经世文编》卷31《户政·赋役》，北京：中华书局，1992年，第778页。
⑥ （清）陈梦雷编纂、蒋廷锡校订：《古今图书集成》卷196《职方典·济南府赋役考》，北京、成都：中华书局、巴蜀书社，1985年，第29—34页。
⑦ （清）陈梦雷编纂、蒋廷锡校订：《古今图书集成》卷264《职方典·青州府田赋考》，北京、成都：中华书局、巴蜀书社，1985年，第1—3页。

如栖霞县"素称僻小，前令捏报垦田，民受赔累，失业者多"[1]；高密县的田地"民间买卖以三百六十号为亩，弓较部颁弓盈一尺有半强，折赋役地二亩有奇，而输粮则以二亩五分为额，缘清初有劝垦优擢之令，邑令某虚报垦田二千顷，赋浮于地，故定此例"[2]；而章丘县"从前地方官捏报垦荒，以致粮无抵补"，缺额粮银竟达3900余两，直到乾隆时才被开除[3]。一县虚报可达二千顷，而且这种现象清初并非一地独有，可知由此致使载籍耕地浮增幅度也不会太小。

总体来看，清初载籍耕地较实际耕地仍有一定程度的浮增，但程度不会如明末那么大，假如减少弓步、虚报垦荒及非耕地的计入等因素导致载籍耕地浮增20%，则除去15%的折隐，清初载籍耕地比实际耕地偏高5%左右。按照清代1亩等于0.96市亩计算，顺治十六年（1659年）山东实有耕地约6537万亩，折成6275.5万市亩，占明末实际耕地总数9852万亩的66.4%。康熙二十四年（1685年）山东实有耕地约8289万亩，折为7957.4万市亩，占明末实际耕地9852万亩的84.1%，复垦率已经很高。

康熙二十四年（1685年）以后，清朝进入了持续的和平发展时期，康熙帝重农爱民，令各地兴修水利，广积仓储，并且定期报告各地的气候状况与庄稼长势，偶遇灾荒，地方当局朝请夕应，立即予以蠲缓赈贷，官吏若讳灾捏报皆有处分，如"康熙中饥馑，东抚未即上闻，言官纠劾，被严谴"[4]。即使正常年份也多次优免，如康熙四十三年（1704年）至康熙四十四年（1705年）两年全免山东税粮。各级官吏受其影响，不仅廉洁清明，而且非常同情百姓，爱惜民力。在这种有利的社会环境之下，山东省各地的土地复垦速度一定很快。康熙四十一年（1702年），山东有前明废藩荒基地可垦者三顷四十八亩，政府让老百姓开垦输租，"给以印贴俾为恒业"[5]，宅基已成为垦殖的对象。康熙五十一年（1712年），"山东民人往来口外垦

① （清）钱仪吉纂、靳斯校点：《碑传集》卷12《徐元文行状》，北京：中华书局，1993年，第300—324页。
② 民国《高密县志》卷16《杂稽·志余》，民国二十四年（1935年）铅印本。
③ 《清实录·高宗实录》卷24"乾隆元年八月十一日"条，北京：中华书局，1985年，第555页。
④ 宣统《山东通志》卷81《田赋后序》，民国四年（1915年）铅印本。
⑤ 《清朝文献通考》卷2《田赋考》，杭州：浙江古籍出版社，1988年。

地者，多至十万余"①，可知山东大部分地区已经无荒可垦。于是人们开始垦殖低洼与山地老荒，康熙末年掖县"民间垦山坳石隙尺寸地，为杜告计，不丈量入税"②，雍正元年（1723年），河道总督齐苏勒奏："昭阳湖因昔年黄河水淤，积有肥土，尽为豪户占种；安山、南旺等湖原有堤界，近因附近居民垂涎湖地，或私种，或开垦，亦与昭阳无异。"③这说明康熙五十年（1711年）前后，山东省的土地复垦过程基本完成了。雍正二年（1724年）山东省载籍耕地9925万亩，除折亩外，还有不少零星新垦耕地被欺隐起来未曾起科，以折隐与浮增数额基本相等计，则雍正二年（1724年）山东全省载籍耕地9925万亩，折9528万市亩，已经超过明代山东最高垦田数额了，清初六七十年的时间走完了明代二百多年走过的历程。

二、清中期的人口压力与垦殖深化

（一）乾嘉以来的人口压力

清代前期仅编审人丁，确切的户口资料根本没有，从明末清初耕地荒芜将近半数的情形来看，人口损失也不会少于40%。不过，也有不少流徙逃隐的人口在社会局势安定以后会归籍就耕，因此，笔者估计顺治十六年（1659年）山东全省人口有700万人，相当于明代最高人口数量的70%左右。经过康熙前期几十年的休养生息，社会经济得到迅速恢复和发展，康熙三十年（1691年）左右山东省人口已经基本恢复到明代最高水平，达1000万人左右。康熙四十六年（1707年），康熙帝"巡行边外，见各处皆有山东人，或行商或力田，至数十万人之多，而该抚并未尝奏称彼处纳粮人少者，于此可以知小民生息之繁"④，此时山东已有不少过剩劳力向外输出。康熙五十一年（1712年）实行嗣后"盛世滋生人丁永不加赋"的政策，雍正年间又把丁银全部摊入田亩中征收，按人丁摊派的丁税从此取消，这也促使了山东人口的急剧膨胀。乾隆初年停止编审人丁，通过农村基层保甲机构进行全面的人口统计时，山东省人口出现了一个惊人的数

---

① 《清实录·圣祖实录》卷250 "康熙五十一年五月二十日"条，北京：中华书局，1985年，第478页。
② 乾隆《掖县志》卷3《宦绩》，清乾隆二十三年（1758年）刻本。
③ 《清实录·世宗实录》卷9 "雍正元年七月二十四日"条，北京：中华书局，1985年，第176页。
④ 《清实录·圣祖实录》卷230 "康熙四十六年七月二十八日"条，北京：中华书局，1985年，第303页。

字，据记载乾隆十四年（1749年）上报人口总数达2401万人，乾隆二十二年（1757年）达2474万人，乾隆二十七年（1762年）达2529万人，乾隆三十二年（1767年）达2564万人[①]。本期内没有人口大量迁入山东，这么高的人口增长率是自然增长情况下很难达到的，由此，笔者认为这几年的数字偏高。还有数据记载了乾隆五十一年（1786年）至乾隆五十六年（1791年）的山东省人口数，这六年都在2247万—2359万，六年平均为2297万人，这比前一组数据少了许多，以乾隆五十二年（1787年）2256.5万人与康熙三十年（1691年）比较，96年间人口增长了1256.5万人，年均增长率是8.5‰，这似乎更能反映山东人口发展的实际。其后到嘉庆二十五年（1820年），山东总人口达到2952.2万人，33年间年均增长率达8.2‰，增长速度仍较快，再后人口增长速度逐渐缓慢，道光三十年（1850年）以后每年增长再没有超过3‰，见表3-14。

表 3-14　清代山东人口与耕地的增长情形

年代	人口总数（千人）	人口年均增长率	耕地总数（千市亩）	耕地年均增长率	人均耕地（市亩）
顺治十六年（1659年）	7000		62 757		9.0
康熙三十年（1691年）	10 000	11.2‰	82 357	8.5%	8.2
乾隆五十二年（1787年）	22 565	8.5‰	108 095	2.8%	4.8
嘉庆二十五年（1820年）	29 522	8.2‰	114 803	1.8%	3.9
道光三十年（1850年）	33 127	3.8‰	120 903	1.7%	3.6
光绪六年（1880年）	35 998	2.8‰	120 903	0	3.4
光绪二十八年（1902年）	38 248	2.8‰	120 903	0	3.2

资料来源：梁方仲：《中国历代户口、田地、田赋统计》，上海：上海人民出版社，1980年；全汉升、王业键：《清代的人口变动》，台北：联经出版事业公司，1961年

清代前中期，山东人口增长很快，康雍两朝年增长率可达15‰，乾隆之际年增长率仍在10‰以上，而作为生产的基础和生活资料基本来源的耕地在乾隆以来虽有一定程度的增加，但远远落后于人口增加的速度，因而使每人占有耕地数量持续下降，这么有限的耕地已经难以满足人们基本的

[①] 梁方仲：《中国历代户口、田地、田赋统计》甲表78，上海：上海人民出版社，1980年，第258页。

衣食温饱之需。山东属北方旱作农业区，有明一代人均占有耕地都在8—9亩，尽管如此，仍有不少农民为饥寒所迫，流亡他乡。清代农业生产力水平较明略有提高，据推算，清中期每市亩耕地每年约产粗细原粮140斤，除去纳税留种子饲料30斤外，每亩可给人们提供110斤的粮食消费，以每人平均每年需用原粮500斤计，则至少要有4.5亩耕地才能保证供应。因此，笔者认为"约得4.5亩便可维持生计"这个比例常数比较符合清中期山东农业生产力的实际①，以此标准衡量，乾隆时山东人口基本饱和，嘉庆以后山东人口已经超过其总耕地的盛载能力，处于超饱和状态，耕地已经无法供应全部人口的衣食之需。具体分析各地实际土地占有情况则更可明了土地严重不足的社会现象。由于土地兼并，大地主占有了多数良田，"绕郭良田万顷余，大都归并富豪家"②，而破产的农民只得承种地主的田地。孔府档案数据表明，泗水县魏庄有成熟地2255大亩，承种的佃户竟多达966户，平均每户2.3大亩，折6.6官亩；而滋阳县吴寺庄有耕地257大亩，由129户佃农领种，每户也仅有6官亩。也许这些佃户本人还有一小块土地或再承领其他地主的田地，但他们的耕地一定不会很多，耕作如此少量的田地，可以想象他们怎样艰难地生活。鲁东南丘陵山区的情况也与此类似，如黄县"地狭人稠，有田者不数家，家不数亩，养生者惟贸易为计"③，失去了生产资料——土地。土地的缺失促使农民更多地加入了闯关东的队伍。

耕地严重不足必然会引起粮食短缺，在北方各省中，山东的农业自然条件相对较好，明代及清前期正常年份都有一定的余粮供应辽东及京津缺粮地区。不过，乾隆以后情况发生了变化，鲁东南青登莱与武定四府，因人多地少，粮食不足，多仰给辽东之高粱，偶遇暂停海运，这些地区市集粮价异常昂贵，"穷民逃荒乞食，望粟甚殷"④，由东北向鲁东南各地的粮

---

① 清时也有人推算过这种人地比率，如清中期的著名学者洪亮吉以为在南方的耕作区"率计一岁一人之用约得四亩，"见（清）洪亮吉：《洪北江诗文集》卷1《意言·生计篇》，上海：商务印书馆，1935年。北方相对南方农业生产力较低，每人所需耕地要更多一些。清末有人认为莱州府"供一人生活所需的地亩数为5亩"，而青州府的益都县却是"一人一亩田，巴巴结结过一年"，此亩系大亩，1亩等于3官亩，即益都只需要3亩地即可维持生活，见李文治：《中国近代农业史资料第一辑（1840—1911）》，北京：生活·读书·新知三联书店，1957年，第646页。不过，这是清末期产量稍微提高时的情形，而且3亩地维持的生活水平是很低的。
② （清）郑板桥：《郑板桥集·潍县竹枝词》，上海：上海古籍出版社，1962年，第202页。
③ 同治《黄县志》李蕃序，清同治十年（1871年）刻本。
④ 《清实录·仁宗实录》卷257"嘉庆十七年五月二十五日"条，北京：中华书局，1986年。

食贩运规模越来越大。

　　清中期以后，全国多数地方尤其是传统农业地区都出现了人多地少、耕地不足的现象。相对而言，山东的情形比较严重，山东不仅在"北五省"①中人均拥有耕地最少②，而且与农业生产力较高的南方江浙诸省相比，山东省的人口密度在清中后期总是高居全国诸省之首，由此可知山东省人口对土地的巨大压力。

（二）土地垦殖的深化

　　康熙末年，山东复垦过程完成后，多数容易种植的土地基本得到开发利用，康熙帝说："今太平已久，生齿甚繁而田土未增……或有言开垦者，不知内地实无闲处。"③他对垦殖土地并不持积极态度。雍正帝上台后，认识到当时"生齿日繁，土地所出仅可赡给"的社会现实，感受到了人口增多带来的压力，以为"惟开垦一事最有裨益"④，于是开始了垦辟边缘土地的尝试。雍正元年（1723年）"户部议山东等处闲旷之地，令各州县卫所查如有未垦荒地，有无从前种地之人，劝谕开垦，有力者令自备牛种，无力者官借牛种，秋收后还官，起科以后，官给执照，永为世业"⑤，同时"定垦田起科之制——水田六年，旱田四年"⑥，对于开垦荒地采取了比较优惠的政策。但在具体执行时出现了不少问题，据称："雍正元年部议山东多闲旷土，州县确查上意在赡养贫民，严旨敦促，而官吏误会，河督王士俊与东抚岳浚皆奋督有司，年余已报垦二十七万二千二十余亩，养贫民四千八百九十余户……其时济南东昌莱州各府属报垦多失实。"⑦而且后来雍正帝过高地估计了山东隐地的数额，于雍正五年（1727年）发布了限年首报隐地令，"先是户部议准山东开垦官民隐匿未报者勒限一年，令其自行出首，续经山东巡抚奏首报地一千七百四十余顷，雍正五年入额征解，故有是

---

① "北五省"，清代的地理概念，指北方直隶、山西、河南、陕西、山东五省。
② 据《清代的垦田与丁口的记录》所载的耕地数与《清朝文献通考·户口》所载人口数据，计算出乾隆三十二年（1767年）北方直隶、山西、河南、陕西、山东五省的人均耕地分别为4.7、5.2、4.8、4.1、3.9亩，低于4亩的仅有山东一省。
③ 《清实录·圣祖实录》卷268"康熙五十五年闰三月壬午"条，北京：中华书局，1985年，第629页。
④ 《清实录·世宗实录》卷5"雍正元年四月乙亥"条，北京：中华书局，1985年。
⑤ 宣统《山东通志》卷78《田赋》，民国四年（1915年）铅印本。
⑥ 民国《高密县志》卷1《总记》，民国二十四年（1935年）铅印本。
⑦ 宣统《山东通志》卷81《田赋后序》，民国四年（1915年）铅印本。

谕，明年又展令限六个月"①。

据文献记载，雍正各年都报垦不少荒地，有些年份报垦数高达千顷甚至两千顷以上，据表3-15不完全统计，雍正年间山东已报垦580 627亩余，这与康熙五十七年（1718年）至雍正元年（1723年）全省陆续报垦仅3000亩相比，垦荒速度快得多。不过，实际垦殖成效并非如此理想，乾隆帝以为"各督抚欲以开垦见长，地方官即以升科迎合上司之意，其实不过将升科钱粮飞洒于现在地亩之中，名为垦荒，实则加赋"②。雍正十二年（1734年）报垦地217 709亩，乾隆二年（1737年）山东巡抚查明不堪开垦无粮地共86 498亩，约占报垦总数的39.7%③；又雍正十二年（1734年）邹平等州县报垦旱田各项共地113 638亩，乾隆九年（1744年）经巡抚报查不能成熟地47 992亩，约占报垦数的42.2%④，以上共豁除雍正十二年（1734年）报垦地134 490亩，约占原额数的40.6%，这是对雍正朝垦荒中浮夸现象的纠正，也可说明雍正朝报垦荒地中有40.6%是不堪开垦或无粮包荒之地，结果欲速则不达，雍正朝垦殖边缘土地的尝试以失败告终。

表 3-15　雍正年间山东报垦田地统计表

地区	开垦年份与数量	资料来源
济宁等十五州县	开垦雍正二年（1724年）田地95顷	《清实录·世宗实录》卷43"雍正四年四月二十日"条
济宁等九州县	开垦雍正三年（1725年）田地59顷	《清实录·世宗实录》卷53"雍正五年二月二十日"条
邹平等五县	开垦雍正五年（1727年）田地2385顷	《清实录·世宗实录》卷63"雍正五年十二月十一日"条
邹平等六县	开垦雍正四年（1726年）田地34顷	《清实录·世宗实录》卷66"雍正六年二月十一日"条
东阿等五县卫	开垦雍正九年（1731年）田地72顷	《清实录·世宗实录》卷128"雍正十一年二月二十六日"条
德州等一一五州县卫	开垦雍正十二年（1733年）田地2000顷	《清实录·世宗实录》卷158"雍正十三年七月二十三日"条

① 《清朝文献通考》卷3《田赋考》，杭州：浙江古籍出版社，1988年。
② 宣统《山东通志》卷81《田赋后序》，民国四年（1915年）铅印本。
③ 《户部抄档·地丁题本—山东（四）》，乾隆二年（1737年）三月二十六日山东巡抚法敏题本。
④ 《户部抄档·丁题本—山东（四）》，乾隆十一年（1746年）二月二十二日户部尚书题本。

续表

地区	开垦年份与数量	资料来源
邹平等六十八州县卫	开垦雍正十一年（1733年）田地 115 127 亩	《清实录·高宗实录》卷8 "雍正十三年十二月十二日"条
	雍正十二年（1734年）垦旱田地10顷	《清实录·高宗实录》卷28 "乾隆元年七月二十一日"条

当然并不是说雍正一朝就没有垦殖成功之例，雍正十年（1732年），陈留武知临清州，"劝民间垦荒百余顷，尽成沃壤"①，雍正十一年（1733年），魏希尚为新泰县"开羊村湖田数百亩，给牛种，邑民至今思之"②，他们都在开垦上做出了成绩。

雍正帝驾崩后不久，大学士朱轼即上书，请求停止各地的首报与垦荒升科，内容主要有两点：一是应该承认土地开垦已达饱和程度，在如今生齿日繁状态下"断无可耕之地而任其荒芜者"，不应对现有荒地作不切实际的估计；二是山田硗瘠，随垦随荒，江岸河边，坍涨无常，因而新垦田地未及升科，或瘠薄土地数亩只纳一亩之粮，并不能视作欺隐，不要括之太苛，这些都得到了乾隆帝的首肯③。清中期，垦殖的对象已与前期复垦抛荒地不同，主要是山头地角、水滨河滩的多年老荒，美国籍学者何炳棣把这类土地称为"边缘土地"④。边缘土地既难垦辟，开垦以后生产力不太高，又容易遭灾重新抛荒，收成很不稳定，而且各地分布零星，如果还实行报垦后限期升科纳粮的政策，农民得不到实惠，垦殖的目的就无法达到。雍正朝垦政的失败使乾隆帝清楚了这一点，他在乾隆五年（1740年）说，现在的荒地多属畸零，"往往任其闲旷不肯致力者，或因报垦则必升科，或因承粮易致争讼，以致愚民退缩不前"⑤，于是乾隆初年不仅很快纠正了雍正报垦的浮夸弊端，还制定了一系列新的垦殖措施，促使了清中期山东土地垦殖的深入发展。

第一，发布畸零地免升科条例。乾隆六年（1741年）议定山东省"嗣

---

① 《嘉庆重修大清一统志》卷184《临清州·名宦》，北京：中华书局，1986年。
② 光绪《新泰县乡土志·政绩录》，清光绪三十四年（1908年）石印本。
③ 彭雨新编著：《清代土地开垦史》，北京：农业出版社，1990年，第67页。
④ （美）何炳棣著、葛剑雄译：《1368—1953中国人口研究》，上海：上海古籍出版社，1989年。
⑤ 《清朝文献通考》卷4《田赋考》，杭州：浙江古籍出版社，1988年。

后山头地角、河滨溪畔等地，在中则以上、一亩以外者即令劝垦升科；其不足一亩之零星地亩，及下则以下、地属瘠薄，虽在一亩以外亦免升科"①，零星荒地允许农民自由开垦，而且大片荒地可以免税。

第二，对于开垦的沙碱瘠薄土地即使起科征粮也是减则低征。乾隆二年（1737年）"宁阳、临清沙瘠地亩减等起科"②，乾隆二十二年（1757年），因武定府属海丰县"地既瘠薄，若仍用旧则，恐输纳维艰，势必复多逋欠，著该抚遴委妥员勘明洼下地亩，其粮税并照下则征收"③，对既垦大粮地减则起征，对新垦老荒地更是优惠。以乾隆二十七年（1762年）各县报垦地为例，总共惠民等15州县是年报垦旱地19 951亩，共征银439两余，平均每亩征银二分一百八毫，另共征米四石八斗七升④，而乾隆十八年（1753年）山东田额9710万亩，赋银334万余两，粮50余万石，平均每亩征银三分四厘，粮0.52升⑤。两相比较，前者偏低不少。又乾隆三十四年（1769年）胶州和福山县报垦旱地4255亩，经委员丈勘实在熟地2732亩，应征银60两，每亩平均二分二厘二毫⑥。额外新垦之地既用低则起科，故各州县志书记载时就把它单列一项。

第三，借贷垦殖资金，并对湖泊低地不起科，采取收租的灵活方式。乾隆十七年（1752年）因"东省各属地方劝谕开垦，贫乏之户牛具籽种多无所出。应令各州县按所垦地亩，借给赁牛制具银，更有认垦无力者，并予酌借牛价"，为垦户解决生产资料不足的问题⑦。乾隆初年应巡视南漕监察御史都隆额之请，将不能蓄水济运的安山湖地给民耕种，以资养赡，后经东平州详查，因征银轻减，民间虽愿升科，但常遭水患，秋禾易遭危害，故请"将升科改为征租，并照直隶淀泊河滩地亩分季征收之法……官地民种，应征应免，可以随宜办理"⑧，考虑到湖泊低地的实际，将报垦之湖地并不起科，而仅于干涸之年按季收租。

① 《清实录·高宗实录》卷143 "乾隆六年五月二十二日"条，北京：中华书局，1985年，第1057页。
② 《清实录·高宗实录》卷41 "乾隆二年四月二十三日"条，北京：中华书局，1985年。
③ 《清实录·高宗实录》卷536 "乾隆二十二年四月初九日"条，北京：中华书局，1986年，第765页。
④ 《户部抄挡地丁题本——山东（四）》，乾隆二十七年（1762年）五月四日山东巡抚阿尔泰题。
⑤ 《清朝文献通考》卷4《田赋考》，杭州：浙江古籍出版社，1988年。
⑥ 《户部抄档·地丁题本——山东（四）》，乾隆四十四年（1779年）十月五日管理户部事务于敏中题。
⑦ 《清实录·高宗实录》卷429 "乾隆十七年十二月三十日"条，北京：中华书局，1986年，第615页。
⑧ 《清实录·高宗实录》卷283 "乾隆十二年正月三十日"条，北京：中华书局，1985年，第697页。

　　第四，把兴修水利与垦殖低洼老荒结合起来。乾隆二十四年（1759年）到乾隆二十六年（1761年），山东兴起了大搞农田水利基本建设的高潮，小清河流域新城、高苑、博兴及潍河下游潍县等地皆开沟筑塍，将多年积洼老荒改垦成稻田几百顷，成就很大①。乾隆二十九年（1764年），因开通了荆山河与伊家河，济宁、鱼台被水淹没地三千余顷，"已涸出十之七八……其可种涸地，饬地方官借给贫民牛力籽种，明岁征还"②。乾隆三十九年（1774年），莱州府属高密县有百脉湖"因开挑引河两道，引水入胶莱河归海，其湖内之地亩，半已可耕"，于是令民深浚引河，耕垦湖田③。乾隆四十一年（1776年），"山东等省所属滨河地亩荒废颇多，今已逐经涸出，饬有司多方劝谕，其未经涸出更宜加意设法疏泄，以收地利"④。

　　在乾隆帝积极垦荒减免起科的正确垦荒政策的倡导和鼓励下，清中期山东省的土地垦殖无论在深度上还是广度上都有了新的进展。由表3-16可知，乾隆朝各年皆有一定的报垦，乾隆三十五年（1770年）莱芜一县报垦旱地1.8万多亩，数量不少。不过，这种统计是不完全的，乾隆十七年（1752年），有人从载籍资料上进行了统计，以为新城等五州县首报已垦未升科地3900余亩，而全省"从前原有老荒地亩经前督臣王士俊清查后，节年详报升科不下十万亩，除山头地角下则地土不及一亩者例免升科，余俱随垦随报"⑤。故表3-16所列数据仅是其省报垦的一部分，而报垦仅占实际垦殖的极小比例。

表 3-16　乾隆年间山东报垦田地统计

年份	报垦地区及田数	资料来源
乾隆三年（1738 年）	各属报垦旱地4215亩	《清实录·高宗实录》卷 115 "乾隆五年四月十四日"条
乾隆四年（1739 年）	肥城县报垦旱地1880亩	《清实录·高宗实录》卷 66 "乾隆四年四月初七日"条
乾隆六年（1741 年）	金乡等18州报垦旱地5000亩	《清实录·高宗实录》卷 187 "乾隆八年三月十七日"条

① 《清实录·高宗实录》卷639 "乾隆二十六年六月二十九日"条，北京：中华书局，1986年，第144页。
② 《清实录·高宗实录》卷715 "乾隆二十九年七月二十九日"条，北京：中华书局，1986年，第982页。
③ 《清实录·高宗实录》卷957 "乾隆三十九年四月十六日"条，北京：中华书局，1986年，第966页。
④ 宣统《山东通志》卷78《田赋》，民国四年（1915年）铅印本。
⑤ 《清实录·高宗实录》卷415 "乾隆十七年五月二十九日"条，北京：中华书局，1986年，第440页。

续表

年份	报垦地区及田数	资料来源
乾隆八年（1743 年）	莱燕等四州县卫报垦田 1719 亩	《清实录·高宗实录》卷 238 "乾隆十年四月初一日"条
乾隆十七年（1752 年）	新城等五州县报垦地 39 亩	《清实录·高宗实录》卷 423 "乾隆十七年九月二十一日"条
乾隆十八年（1753 年）	各属开垦旱地 36 624 亩，水田 1510 亩	《实录·清高宗实录》卷 482 "乾隆二十年二月初五日"条
乾隆十九年（1754 年）	商河等州县报垦旱地 8626 亩	《清实录·高宗实录》卷 514 "乾隆二十一年六月初五日"条
乾隆三十五年（1770 年）	莱燕县报垦旱地 18 888 亩	《清实录·高宗实录》卷 855 "乾隆三十五年三月二十三日"条
乾隆四十六年（1781 年）	乐安县垦复荒地 1211 亩	《清实录·高宗实录》卷 1133 "乾隆四十六年闰五月十七日"
乾隆五十二年（1787 年）	胶州收并灵山卫垦田 4930 亩	《清实录·高宗实录》卷 1295 "乾隆五十年十二月十八日"条

　　嘉庆道光两朝继续执行乾隆帝的劝垦政策，嘉庆二十五年（1820 年）题准"山东可以经理水田之处，饬劝谕农民次第修举"，道光十二年（1832年）重申山东零星土地永不起科法令①，因此山东的土地垦殖继续深入地发展。嘉庆十八年（1813 年），"胶州开垦海滩田六十七顷三十三亩，照例升科"②。至道光十七年（1837 年），山东省官员"查东省地土瘠弱，除沙碱不毛外小民计及锱铢，并无旷闲之地"，凡有可以种植之处，"久已争先恐后"，山东省土地垦殖水平达到了史无前例的新高度③。多数湖泊河洼盐碱荒滩及滨海斥卤之地得到了不同程度的开垦，山冈丘陵林地也被耕种起来。当时，"兖州、济宁境内，如南旺、马塌、蜀山、安山、马场、昭阳、独山、微山、稀山等湖，皆运道资以蓄泄，昔人谓之'水柜'。民乘涸占种，湖身渐狭"④，安山湖放垦以后，"堤内垦种如鱼鳞，无隙地矣"⑤，连黄河"河滩地亩，尽皆耕种麦苗，并多居民村落"⑥，农民的占垦逐渐影响到运

---

① 宣统《山东通志》卷 78《田赋》，民国四年（1915 年）铅印本。
② 《清实录·仁宗实录》卷 266 "嘉庆十八年二月初七日"条，北京：中华书局，1986 年，第 607 页。
③ 《清实录·宣宗实录》卷 297 "道光十七年五月初七日"条，北京：中华书局，1986 年，第 607 页。
④ 《清史稿》卷 310《齐苏勒传》，北京：中华书局，1977 年，第 10620 页。
⑤ 光绪《东平州志》卷 4《漕渠志》，清光绪七年（1881 年）刻本。
⑥ 《清实录·高宗实录》卷 1147 "乾隆四十六年十二月戊子"条，北京：中华书局，1986 年，第 377 页。

河水柜及河道行水，于是才有乾嘉道时期的屡次申禁。人们在与水争地之外，也向山陵高地进军，道光时曲阜县枣林尽被砍伐以耕种粮食，其余种桑植柞之处也不能幸免①。咸丰初年，沂水县的岭地"本属荒山不宜五谷，近来贪利愚民沿山开垦"，山场地"从前皆种梓椤，近已刨挖净尽，虽种杂谷，一遇旱年，颗粒不收"，这种"有山必开地"的做法造成了严重的水土流失，给自然环境带来了很大的破坏，"即硗确坡陀亦必多方开种，最为害事，山水甚骤，赖有草根护持不致淤刷，一经开种，则本山之沙土随水而下，近山之地先受其害，久而山河尽淤，山水暴涨，势不能容，必将横决，平原近河之地无不受其害"②。

乾嘉道三朝是山东土地垦殖的深入发展时期，但载籍耕地数据没反映出耕地增长的历史事实。表3-17开列了清中后期各朝山东省的载籍耕地数据。由表3-17可知，乾隆九年（1744年）全省耕地92 491 670亩，与雍正十三年（1735年）相比反而减少了6 954 237亩，这是乾隆初年大量豁除水冲沙压碱废地亩所致。乾隆元年（1736年），乾隆帝令山东巡抚核查郯城、兰山二县水冲沙压之田，以便据实豁免，据查郯城等28州县所有沙压地13.6万亩，"实系积年废弃，人力难施"，其粮银全部题免③，此前虽有废弃耕地，却绝无开除先例，乾隆帝考虑到"地既不毛，粮从何办？"④ 开始大量除豁抛荒地亩。乾隆二年（1737年），除豁德州、临淄、高唐、郯城沙碱地亩⑤，又开除临清等6州县黄运河堤占用地亩1453亩，东平等9州县堤压地亩12 936亩，商河县碱地21 055亩，荒地779亩⑥。乾隆三年（1738年）巡抚奏称，"雍正八年冲压地亩，前司详题豁，各邑实在尚有未尽，万难垦复，应请题豁"，共26 322亩⑦，由这些不完全的记载来看，除豁数量不少，自然会使载籍耕地大量失额。其后继续实行确系抛荒随即豁除的政

---

① 中国社会科学院历史研究所：《曲阜孔府档案史料选编》第三编《清代档案史料》第九册《租税（一）》，济南：齐鲁书社，1983年，第321页。

② 吴树声：《沂水桑麻话》，《山东史志丛刊》1991年第4期。

③ 《清实录·高宗实录》卷24 "乾隆元年八月初十日"条，北京：中华书局，1985年，第554页。

④ 《清实录·高宗实录》卷13 "乾隆元年二月甲申"条，北京：中华书局，1985年，第381页。

⑤ 《清实录·高宗实录》卷41 "乾隆二年四月二十三日"条，北京：中华书局，1985年，第737页。

⑥ 《清实录·高宗实录》卷45 "乾隆二年六月二十九日"条，北京：中华书局，1985年，第787页；《清实录·高宗实录》卷57 "乾隆二年十一月二十八日"条，北京：中华书局，1985年，第930页。

⑦ 《户部抄档·地丁题本——山东（四）》，乾隆三年（1738年）五月二十四日山东巡抚法敏题本。

策，乾隆二十四年（1759 年）"豁除山东济宁州、鱼台县水深难涸地"
97 664 亩，乾隆二十五年（1760 年）"豁免山东河丰、利津、霑化、阳信、
乐陵、冠县等县被水冲压荒地"98 200 亩①。乾隆三十六年（1771 年），"临
清州，及陵县，有经水冲漫沙压盐碱地一千余顷，屡年试种无成，不能垦
复，农民完赋无资……概予豁除，以示体恤民隐至意"，当年除免临清州沙
压盐碱地 101 322 亩②。嘉庆七年（1802 年），"除山东曹单二县沙压田地八
百三顷有奇历年额赋"③。道光四年（1824 年），"除山东西由场被淹灶地"
1595 亩，单县沙压地 55 289 亩④。这样就可以解释为何乾嘉之际与咸丰元年
的山东载籍耕地数据相比，非但没有上升，反倒略微下降。

表 3-17　清中后期山东载籍耕地及其修正表

年代	载籍耕地数量（亩）	修正数（千亩）	折市制（千亩）
雍正二年（1724 年）	99 258 674	99 258	95 288
雍正十三年（1735 年）	99 445 907	101 587	97 523
乾隆九年（1744 年）	92 491 670	103 493	99 353
乾隆十八年（1753 年）	99 347 263	105 822	101 589
乾隆三十二年（1767 年）	98 914 900	108 363	104 028
嘉庆十七年（1812 年）	98 634 511	117 893	113 177
咸丰元年（1851 年）	98 472 844	125 941	120 903
同治十二年（1873 年）	98 472 844	125 941	120 903
光绪十三年（1887 年）	125 941 301	125 941	120 903

　　资料来源：宣统《山东通志》卷 78《田赋》，民国四年（1915 年）铅印本；乾隆《大清一统志》，清
乾隆五十五年（1790 年）刻本；孙毓棠、张寄谦：《清代的垦田与丁口的记录》，《清史论丛》1979 年第 1
辑；梁方仲：《中国历代户口、田地、田赋统计》，上海：上海人民出版社，1980 年

　　随着土地垦殖的深化，也有一定数量的荒地报垦升科，会促使田额的

---

① 《清实录·高宗实录》卷 601 "乾隆二十四年十一月十九日"条，北京：中华书局，1986 年，第 739
页；《清实录·高宗实录》卷 621 "乾隆二十五年九月二十八日"条，北京：中华书局，1986 年，第
984 页。
② 《清实录·高宗实录》卷 880 "乾隆三十六年三月十一日"条，北京：中华书局，1986 年，第 791 页；
《清实录·高宗实录》卷 897 "乾隆三十六年十一月初七日"条，北京：中华书局，1986 年。
③ 《清实录·仁宗实录》卷 101 "嘉庆七年七月十八日"条，北京：中华书局，1986 年，第 349 页。
④ 《清实录·宣宗实录》卷 69 "道光四年六月初一日"条，北京：中华书局，1986 年，第 90 页；《清实
录·宣宗实录》卷 69 "道光四年六月初七日"条，北京：中华书局，1986 年，第 93 页。

上升。不过，当时政府实行零星土地概免升科的鼓励垦荒政策，对新垦地的申报，从上到下都不会积极主动，各州县耕地面积的统计仅仅满足于保持一定的税收数额以保持原额税收的平衡。乾嘉道三朝的土地垦辟成果并没能在统计资料中表现出来，致使其载籍耕地数据与实际耕地相差太远，根本无法用载籍地数反映当时的实际垦殖水平。光绪十三年（1887年），据奏销册统计山东省民田达到12 360万亩，加上228万亩的屯田，5万亩的学田免科地，总计全省实在耕地数猛增至12 593万亩[①]，较咸丰元年增加了约2746万亩，把它解释为咸丰以后各朝的新垦数是说不通的，因为咸丰五年（1855年）黄河改道东北，主要经行山东，无岁不泛滥，造成了耕地的大量损失，而且太平天国北伐军与捻军横行鲁西南各地，给农业生产带来了极大的危害，根本不会有大量耕地的增加。因此，笔者认为，这个数额应该是乾隆至道光年间开辟而土地统计没有表现出来的那部分耕地。光绪十三年（1887年）奏销册数据如何而得原文并没说明，笔者认为它不是建立在全省大规模土地丈量的基础上，因为未闻在此期间有大规模的丈田活动，康熙帝曾经说过："丈量田地关系甚大，天下隐匿田地亦不少，但不可搜剔尔。"[②]雍正帝更明确地说："劝民首报可行，清丈则不可轻举，尚经理不善，扰累民间，督抚之罪不可逭。"自是上下官吏再无敢轻言清丈者[③]，这种轻徭薄赋不事更张的思想影响很深。虽然光绪十三年（1887年）山东耕地数的来源已不可知，但其后山东多以此为准，说明其定有所本。因此，笔者认为它更能代表道光末年的山东垦殖水平，以其为道光三十年（1850年）山东实际耕地面积，而且清中期乾嘉道各朝垦殖速度相等，则修正各年次实际耕地数见表3-17。由表3-17可知，由雍正二年（1724年）到咸丰元年（1851年），山东省耕地增加了约2668万亩，相当于雍正二年总额的26.9%，这就是清中期各朝土地垦殖的成果。

三、清后期土地垦殖的缓滞

咸丰以后，山东省在天灾人祸的频繁侵袭下，土地垦殖基本处于停滞

---

① 光绪《钦定大清会典》卷17《户部》，清光绪二十五年（1899年）重修本。
② 《清实录·圣祖实录》卷245 "康熙五十年二月戊辰"条，北京：中华书局，1985年，第431页。
③ 宣统《山东通志》卷81《田赋后序》，民国四年（1915年）铅印本。

的状态。首先，黄河在铜瓦厢决口东北行，"水由曹、濮归大清河入海，经历五府二十余州县。漫口一日不堵，则民田庐舍一日不能涸复"，给鲁西南与鲁西北平原广大地区带来了巨大的灾难①。其次，旱蝗、沙、碱等自然灾害也连年不断，由表3-18可知，清末山东省每年都有40—70个州县受到自然灾害的威胁，农业的自然条件不断恶化。最后，除遭受频繁的天灾以外，兵乱战祸的影响也很严重，尤其是咸同之际太平军与捻军骚扰最广，杀戮最多。据统计，咸丰朝11年间共有132个州县受到兵乱骚扰，平均每年受扰州县达12个，同治年间稍少，每年被兵乱骚扰的州县仍有6.3个。

表3-18　山东省清末各朝天灾人祸情形表

朝代	自然灾害			战乱人祸		
	统计年次	受灾州县（个）	每年平均（个）	统计年次	受害州县（个）	每年平均（个）
咸丰	5	220	44	11	132	12
同治	6	411	68.5	13	82	6.3
光绪	32	1999	62.5	34	25	0.7
宣统	2	102	51	3	3	1

资料来源：李文治：《中国近代农业史资料第一辑（1840—1911）》，北京：生活·读书·新知三联书店，1957年，第733—736页；张玉法：《中国现代化的区域研究——山东省，1860—1916》，台北："中央研究院"近代史研究所，1982年，第112页

在此天灾人祸的打击下，人们为饥寒所迫大量迁徙，咸丰时，雷以诚奏"经过茌平、东平、东阿、汶上等州县，途间饥民纷纷求食，至滋阳、邹县及滕县、峄县、邳州等处，男妇老幼十百成群，攀辕乞丐"②，光绪二年（1876年），"山东各处亢旱已久，荒象已成，田既无收，人因鲜食，故□扶老携幼，结队成群，相率逃荒于奉锦各属……一日之至牛庄者已有八千余名，其余之至他处马（码）头者尚属日日源源不绝"③。

在上述社会环境下，山东省的土地垦殖一定会有较大的倒退。不过，光绪朝以后，这种情况似有改观，一是捻军起义被彻底平定，社会秩序逐

① 水利部黄河水利委员会《黄河水利史述要》编写组：《黄河水利史述要》，北京：水利电力出版社，1984年，第351页。
② 《清实录·文宗实录》卷87"咸丰三年三月初九日"条，北京：中华书局，1986年，第155页。
③ 李文治：《中国近代农业史资料第一辑（1840—1911）》，北京：生活·读书·新知三联书店，1957年，第935页。

渐稳定；二是山东省人口多，虽有一定数量流失，但仍可提供足够的农业
生产劳动力以迅速垦殖荒地，恢复生产。清代末年的垦殖主要表现在以下
几个方面。

（1）复垦战乱造成的抛荒。同治二年（1863年），政府制定山东被扰地
方移民认垦荒田政策，"其有原业主者，著各地方官查明给领"，实系逆产
及无主荒田一律入官，"至曹州府连年黄水漫溢处所，沿河两岸各州县被灾
穷民，无业可归者，人数不少……饬该地方官出示晓谕，如愿迁移认垦，
即赴各该州县报明，由曹州府移运兖州等府，发交县县安置，照户丁多
寡，拨给田亩，开垦认种"①，当年除"邹、曲、泗、滕、费五县，未经认
领荒田三百三十二顷余亩"外，主要的抛荒地已认垦完毕②。总体来看，由
于人口众多，这种复垦过程比较迅速。

（2）开垦济宁、兖州一带的湖田。黄河改道东北而且运河中部受阻不
畅，导致南四湖不断干涸缩小，湖周退出大片可耕之地，于是光绪二十八
年（1902年）济宁州实行湖田放垦征租政策，"于二十九年先就南牛头河地
方灾区之部，援照江南圩田办法圈筑围堤，工长五千八百余丈，护田二百
九十九顷七十五亩，工程告峻，岁经二稔，春麦秋稻，有收必丰"。光绪三
十二年（1906年）设湖田局分南北两路继续放垦③，当然垦殖湖田最大的力
量是各地迁来的农民，他们自己组织湖团，结伙围垦，发展很快。

（3）开垦东部山荒与沿海滩涂。光绪二十九年（1903年），山东巡抚周
馥设垦务总局，"招垦登莱青三府沿海荒田"④，次年委员赴莱阳一带调查
官荒地，得5.2万亩，收契价12万余串⑤，是年栖霞县也放垦2000余亩⑥。
光绪三十二年（1906年），青州马赓熙欲招股四万两，开垦黄县、莱阳、栖
霞、福山等地山荒海涂⑦。垦地成就最大的是位于黄河新淤滩地的利津、乐
安两县，此区滨海之地原多盐场，不堪种植，自黄河改道由此入海，浊流

---

① 《清实录·穆宗实录》卷74 "同治二年七月三十日"条，北京：中华书局，1987年，第507—508页。
② 《清实录·穆宗实录》卷89 "同治二年十二月二十五日"条，北京：中华书局，1987年，第882页。
③ 民国《济宁县志》卷2《法制略·济宁告沉地沿革历史》，清光绪三十一年（1905年）石印本。
④ 《清实录·德宗实录》卷529 "光绪三十年四月十七日"条，北京：中华书局，1987年，第49页。
⑤ 《各省农桑汇志》，《东方杂志》1904年第8期，第123页。
⑥ 《各省农桑汇志》，《东方杂志》1906年第5期，第55页。
⑦ 《各省农桑汇志》，《东方杂志》1904年第3期，第82页。

横决，多被淤高，各县人民争先垦殖，初时仅由县署发给领单，每亩收价甚微，旨在提倡垦务。垦务总局设立后，派员前往整理，按上中下三等征收地价，垦民踊跃，乐安县于1904年放垦各等地36 273大亩，又续垦下下淤地15 517亩①，利津县到1908年招垦农户已达10万，共垦地260 797亩②。

清末社会秩序基本恢复后，政府号召农民积极复垦抛荒地，并且有组织地向新淤湖地山荒及沿海滩涂招垦开发，山东省的土地垦殖迅速恢复到清中期的最高水平，其实际耕地面积似与道光末期相等，在12 090万市亩上下。

第四节　清代山东土地垦殖的区域特征

清代山东省的土地垦殖不仅在时间上有恢复、深化与缓滞的发展过程，而且在各个发展阶段有其区域差异性，从而导致清代山东各地垦殖水平的高低不同。

一、垦殖发展的区域差异

清初山东除豁抛荒比率很大，全省平均为50%，但具体到各地有不少差异。宣统《山东通志》开列了全省各属原额及抛荒地数，假如乾隆以后水冲沙压碱废地的豁除比例相同，则可知，兖州、曹州、沂州三府清初抛荒耕地最多，都占原额的65%以上；其次是济宁、泰安、东昌三属也超过了全省的平均数；临清、济南、武定、青州等属抛荒较少，具体见表3-19。这说明明末清初鲁西南与鲁西北平原及中南山地广大地区遭战乱影响非常严重，而胶东丘陵破坏较轻。

表 3-19　清代山东省各府州豁荒率及复垦率

府州	原额（顷）	豁荒额（顷）	豁率	新垦额（顷）	复垦率
济南府	116 247	50 013	43.0%	41 617	83.2%
泰安府	50 862	32 912	64.7%	21 422	65.1%
武定府	82 080	28 079	34.2%	20 261	72.2%

---

① 民国《续修广饶县志》卷1《疆域·垦务》，民国二十四年（1935年）铅印本。
② 《奏报东省垦荒情形》，《顺天时报》光绪三十四年（1908年）三月一日。

续表

府州	原额（顷）	豁荒额（顷）	豁率	新垦额（顷）	复垦率
兖州府	100 745	90 042	89.4%	64 619	71.8%
济宁州	39 220	25 677	65.5%	19 732	76.8%
沂州府	119 379	86 147	72.2%	37 245	43.2%
曹州府	156 430	128 229	82.0%	119 357	93.1%
东昌府	95 457	57 171	59.9%	51 988	90.9%
临清州	33 058	16 227	49.1%	13 630	84.0%
青州府	114 259	46 859	41.0%	37 034	79.0%
登州府	75 580	12 111	16.0%	6 872	56.7%
莱州府	111 421	21 138	19.0%	17 388	82.3%
山东省	1 094 738	594 605	54.3%	451 169	75.9%

注：豁率是豁荒数与原额之比，复垦率为新垦数与豁荒额之比

资料来源：宣统《山东通志》卷78—80《田赋》，民国四年（1915年）铅印本

　　在破坏严重的鲁西南与鲁西北地区，仍有一些州县在清初二三十年即垦复到了原有田额。如济南府的平原县"虽曾除抛荒，已于顺治八年开垦复额"，可称垦复最早的一处，德州于顺治四年（1647年）开除荒地11万余亩，"嗣于顺治十三年全开垦讫"，而长清县"虽曾除豁荒地，已于顺治十二等年开垦复额，又额外康熙十五年劝垦、十八年起科大粮一例地四十三亩"，较原额又有增辟①。应该指出这种复额现象的实质乃是恢复全部赋税，而很难说是抛荒地的完全复垦，不足以为各地定量分析的基础。但是，用这些载籍耕地资料进行区域差异的对比研究似乎并没有太大的问题，也就是说复额较早或复额比例高的地区清前期复垦速度较快。

　　表3-19还开列了清代山东各地开垦耕地数额，虽然其中有清中期以后的新垦地，但绝大多数应是清代前期复垦的耕地，以之与清初抛荒地比较，全省有75.9%的抛荒地得到了重新垦殖。这种没有经过修正的数据虽然无法用来说明垦复的实际数量和程度，但可用以说明各地垦荒程度上的差异。由表3-19可知，沂州府新垦耕地还不到清初抛荒额的一半，复垦率仅为43.2%，复垦程度最低，说明其垦荒速度最慢；其次是登州、泰安、兖州、武定四府复垦率都低于全省平均水平，其复垦速度相对比较慢；而曹

---

① （清）陈梦雷编纂、蒋廷锡校订：《古今图书集成》卷196《职方典·济南府赋役考》，北京、成都：中华书局、巴蜀书社，1985年，第29—34页。

州、东昌二府都高于90%，复垦程度如此之高，足证其复垦速度很快；莱州、济宁、青州、济南、临清各地复垦率也都超过了全省平均水平，复垦速度相对较快。

曹州府的情形最值得注意，首先是豁荒比率大。如表3-20所示，全府豁除荒地118 459顷，约占原额的84%，各州县中除单县豁荒率较小仅占原额37%外，其余多数地方除荒数都占原额的90%以上，最高可达100%，如范县。其次，复垦的比率也很高。原书记载为顺治年间到乾隆十年的复垦升科耕地数，全府共112 214顷，约占抛荒额的95%。各州县中濮州、郓城、单县均完全复额，复垦率高达100%，其余州县复垦比率也很高，足证其复垦速度很快。清初以万历原额为准，而万历山东丈田时又特别苛刻，故载籍耕地一般很难恢复到原额，像曹州府这样豁荒极高、复垦率也极高的情况在山东是少有的，可能在全国也是罕见的。

表3-20　清前期曹州府各地豁荒率及复垦率

地区	原额田（顷）	豁荒额（顷）	豁率	复垦额（顷）	复垦率
范县	6 743	6 743	100%	6 672	99%
濮州	12 807	12 706	99%	12 706	100%
观城	3 171	3 125	99%	3 023	97%
朝城	7 865	7 738	98%	7 629	99%
菏泽	16 549	16 130	97%	14 868	92%
定陶	10 017	9 346	93%	8 356	89%
城武	11 725	10 508	90%	9 290	88%
巨野	15 636	13 627	87%	12 756	94%
曹县	25 227	21 216	84%	19 561	92%
郓城	13 402	10 956	82%	10 958	100%
单县	17 175	6 364	37%	6 390	100%
曹州府	140 317	118 459	84%	112 209	95%

注：各州县细数相加与原书数额略有出入，现以相加数为准

资料来源：乾隆《曹州府志》卷7《户口·田赋》，清乾隆二十一年（1756年）刻本

其余各府除东昌府复垦成效显著，复垦率超过90%外，复垦水平都不太高。不过，清代前期很快复垦原额的州县也不乏其例，如上文提到济南

的平原、德州、长清三属，此外该府历城、陵县、德平都在康熙初年开垦复额①。兖州府的滋阳县"万历年间均丈一例地六千六百九十四顷余，顺治初年承明兵荒仅存熟地四千九百五十顷，节年劝垦，至康熙十五年额内全熟"，曲阜、宁阳、鱼台清初也有大量抛荒地，到康熙二十年（1681年）左右全部开垦复额了，说明这些州县清初复垦速度较快②。相比之下，清初青州府的复垦则进展缓慢，全府豁除荒地 66 332 顷，至康熙十二年（1673年）仅复垦抛荒的 39.1%，实在荒芜地尚有 40 396.2 顷，各州县也无一县能垦复原额③。

　　综上所述，清初遭战乱严重的鲁西南与鲁西北平原豁荒比率最高，清前期复垦工作进展也很快；鲁中南山地的沂州府各地抛荒数多而复垦的速度相对缓慢；鲁东丘陵地带的青、登、莱三府抛荒率既不太高，复垦速度也不快。

　　康熙末年各地复垦过程基本完成后进入了深化垦殖阶段，此期山东土地垦殖的中心已由清前期的鲁西南与鲁西北平原转移至鲁中南山地丘陵区域。乾隆《大清一统志》所载各府州县数据是乾隆九年（1744年）以前的规制④，而《嘉庆重修大清一统志》所记为嘉庆二十五年（1820年）各地田额。两相对比，兖州、曹州、武定、东昌四府的嘉庆田额较前分别下降了60万亩、36万亩、25万亩与8万亩，说明鲁西南与鲁西北平原广大地区乾嘉之际垦荒升科地亩较少，而除荒数较多；位于鲁中南山地丘陵区的沂州、青州、泰安三府的嘉庆田额却较前分别增加了93万亩、7万亩与4万余亩，说明丘陵山区的垦殖速度相对较快。乾隆二十七年（1762年）各州县报垦额外荒田地数额可以为此结论作一合理的解释：是年山东有15个州县报垦额外荒田地 19 951 亩，其中有10个州县位于鲁东南丘陵山区，而且报垦数额也大，高密县 5693 亩，数额最大，胶州 4139 亩，其余安丘、峄、平

①（清）陈梦雷编纂、蒋廷锡校订：《古今图书集成》卷196《职方典·济南府赋役考》，北京、成都：中华书局、巴蜀书社，1985年，第29—34页，康熙《陵县志》卷7《赋役志·田赋》，清康熙十二年（1673年）刻本。

②（清）陈梦雷编纂、蒋廷锡校订：《古今图书集成》卷224《职方典·兖州府田赋考》，北京、成都：中华书局、巴蜀书社，1985年，第49—51页。

③（清）陈梦雷编纂、蒋廷锡校订：《古今图书集成》卷264《职方典·青州府田赋考》，北京、成都：中华书局、巴蜀书社，1985年，第1—3页。

④宣统《山东通志》卷78《田赋》，民国四年（1915年）铅印本。

度、莱阳等县报垦数也不少，总计报垦 15 098 亩，约占全省的 75.7%。而鲁西南与鲁西北平原广大地区除惠民县报垦 4448 亩，数额较大外，其余多在 200 亩以下[1]。嘉道时期，平原地区无地农民多流亡山区，先是为人佃种，其后自己开关山荒，如沂水县就接纳了不少此类流民，"久而流民之室家亦就食……生聚日多，地土日狭，种山开荒，大抵皆此辈"[2]。

清朝末期，山东土地垦殖的对象主要是涸出的湖地、胶东丘陵山荒及沿海滩涂，于是鲁西南四湖附近、鲁东丘陵及沿海地带成为山东省垦殖的中心。

二、垦殖水平的区域差异

这里选择两个平面论述山东各地的垦殖水平，一是复垦过程完成不久的雍正二年（1724 年），它代表清前期复垦抛荒的成果；二是深入垦殖最后阶段的道光三十年（1850 年），它是山东清代土地垦殖的最高水平。

第一，雍正二年（1724 年）各地的垦殖程度。是年有全省的耕地总数，却没有各府州细数，所幸乾隆《大清一统志》载有各府州的耕地面积，而宣统《山东通志》谓其为乾隆九年（1744 年）以前规制，与雍正二年（1724 年）时间接近，因此以其为底数，充分考虑各地浮增与折隐的实际情况后求出雍正二年（1724 年）各地的实际耕地面积并计算出垦殖系数，结果填入表 3-21。由表 3-21 可知，当时山东全省垦殖水平对比，垦殖系数为 41.4%，其中鲁西平原的东昌、曹州、临清三属垦殖水平最高，所有土地面积的 60%—70% 被垦成耕地，垦殖系数特高；济宁、济南、兖州、青州、武定五属垦殖水平稍低，垦殖系数一般在 40% 上下，登州府只有 25.1%，沂州府更在 20% 以下。

表 3-21　雍正二年（1724 年）山东各地耕地面积及垦殖系数

地区	载籍耕地数量（亩）	修正数（亩）	折成市制（市亩）	垦殖系数
济南府	10 979 397	11 266 370	10 815 715	48.7%
兖州府	9 721 302	10 073 018	9 670 097	47.3%
东昌府	9 405 931	9 688 109	9 300 584	71.8%
青州府	10 287 287	9 757 864	9 367 549	39.0%
登州府	6 848 603	6 729 574	6 460 391	25.1%

[1]《户部抄档·地丁题本——山东（四）》，乾隆二十七年五月初四日山东巡抚阿尔泰题。
[2] 吴树声：《沂水桑麻话》，《山东史志丛刊》1991 年第 4 期。

续表

地区	载籍耕地数量（亩）	修正数（亩）	折成市制（市亩）	垦殖系数
莱州府	10 948 460	11 051 374	10 609 320	41.8%
武定府	7 338 470	7 014 403	6 733 827	37.8%
沂州府	6 071 319	6 476 795	6 217 723	18.0%
泰安府	4 133 548	4 251 471	4 081 412	25.9%
曹州府	14 815 191	15 259 646	14 649 260	70.4%
济宁州	2 736 065	2 944 963	2 827 162	50.3%
临清州	3 068 503	3 058 219	3 367 890	67.8%
山东省	96 354 076	97 571 806	94 100 930	41.4%

第二，道光三十年（1850年）各地的垦殖情形。是年没有全省各府州的耕地数据，但如上所述，宣统《山东通志》所载光绪十三年（1887年）全省耕地及各府州细数，似可代表山东省土地垦殖的最高水平。本书即以其为基础，参照各地清中期的垦殖速度及折隐的具体情况，求出道光末年各府州的实际耕地面积及垦殖系数，结果见表3-22。

表3-22　道光三十年（1850年）山东各地耕地面积及垦殖系数

地区	载籍耕地数量（亩）	修正数（亩）	折成市制（市亩）	垦殖系数
济南府	10 873 184	14 190 466	13 622 837	61.3%
兖州府	8 324 164	10 970 081	10 531 277	51.5%
东昌府	9 335 669	11 191 599	10 743 935	80.0%
青州府	10 459 106	12 617 645	12 112 939	50.5%
登州府	5 813 000	7 066 747	6 784 077	26.7%
莱州府	6 454 590	8 286 402	7 954 946	49.6%
武定府	8 232 240	10 007 769	9 607 458	53.9%
沂州府	7 050 743	10 953 829	10 515 675	30.5%
泰安府	4 115 197	5 547 182	5 325 295	33.8%
曹州府	14 159 073	17 153 405	16 467 268	79.1%
济宁州	3 327 586	4 555 289	4 373 086	77.7%
临清州	3 046 189	3 990 507	3 830 887	77.1%
山东省	91 190 741	116 530 921	111 869 680	52.5%

　　由表3-22可知清代山东垦殖水平最高时，有半数以上的土地被垦成耕地，垦殖系数高达52.5%。具体分析到各地区差异也很大。其中东昌、曹州、济宁、临清四属垦殖水平很高，有70%—80%的土地得到耕种利用，这些地区全属平原，没有山地丘陵的限制，土地利用率最高；济南、武定二属也以平原为主，垦殖系数也都高于全省平均数，处于中等偏下的水平；泰安、沂州两府大部分处于鲁中南山区，可以耕作的土地相对较少，因而垦殖水平较低，一般有30%的土地被垦殖利用起来，而偏处胶东丘陵的登州府垦殖水平最低，垦殖系数为26.7%，故清末成为开垦荒山的重点地区。

　　总体来看，到清代中后期山东省各地都得到了充分的开发，无论是平原还是丘陵山区，垦殖程度都很高，其鲁西南与鲁西北平原的垦殖系数高于鲁东南丘陵山区主要是自然条件的影响。

第四章 粮食作物的产量、结构、分布与流通

学术界普遍认为明清时期北方旱地农业发展缓慢，除引进和传播玉米、番薯等域外高产作物以外，传统粮食作物结构内部变革不大。其实不然，笔者在利用曲阜孔府档案、地方史志等资料大致匡算出各类粮食作物播种面积在明清各时期山东各地区占总耕地的比率以后，发现其传统粮食作物在结构上发生了重大的调整变化，小麦、高粱的播种面积比率不断增加，粟的地位下降，夏播复种大豆得到推广和普及，从而促使复种指数逐渐上升，提高了粮食的单产和总产。这当然不是山东一省的特殊情况，而是代表着整个北方旱地农区农业生产能力通过内部结构的合理调整向纵深发展的总特征。

第一节 明清山东粮食作物的亩产量

一、粮食亩产研究相对薄弱的原因

粮食亩产与耕地面积同是衡量一个地区农业生产水平的主要标志，但学术界对历代耕地面积的考证比较深入细致，而对历代粮食亩产量的研究相对薄弱。这种情况的出现除历史文献中有关作物产量的资料笼统、稀少以外，更多的还是受到下列复杂因素的困扰。

（一）耕地亩积标准的紊乱及地力的差异

中国亩制向以尺计步，以步定亩，周制六尺为步，一百步为一亩；秦汉时改为二百四十步为一亩；唐以后改为五尺为步，亩仍二百四十步，各个朝代都有标准定量的地亩面积。但这仅是政府规定的亩积，一般称作"官亩"或"标准亩"。而各地实际运用的亩积与其相差很大。由于耕地的肥沃贫瘠不同，按官亩缴纳等量的赋税就会负担不均，唐两税法后虽有三等九则的大原则，但多数人民仍然强烈要求折亩定税。山东实行折亩始于王安石的方田均税，到明万历年间大规模清丈土地时推广到全省大部分州县。据统计，明清时山东省有 62 个州县进行了折亩，占全省州县总数的58%，其中鲁西南平原地区折亩尤其普遍，州县折亩率达到80%[①]。各地折亩比率很不一致，有以二百八十步为亩者，有以三百六十步为亩者，有以六百步为亩者，有以七百二十步为亩者[②]，甚至有"约计一千二百步作一亩，名之曰上，以当他邑二百四十步之一亩"者[③]。因此，虽同称亩，折亩后载于赋役全书的地亩与标准的官亩之间，每亩面积有相差三四倍者，而其间折算比率又没有统一的标准。中国土地统计方面的这种混乱，造成无法准确地进行地亩单位的统一，给计算粮食亩产造成了极大的困难。

山东省地貌形态多样，农垦历史悠久，因而造成了土地类型的多样化，除平原农田外，还有低洼的涝地、湖地与高亢的石田、岭地。由于自然肥力的差异，不同类型的耕地单位面积产值也不可能相同。涝地一旦"雨水微多，颗粒无收"，而山田"虽出粮食，收成甚薄"，都无法与土厚水肥的平原大田相提并论[④]。即使同是平原地区的耕地，由于土质或沙或淤或碱，粮食单产也有多寡之别。而且外部的自然与人为因素也会造成同一块地收成的年际变化，如风调雨顺之年，所获必高于先旱后涝之年。因此，如何判明土地的类型、等级及外界偶发因素影响，也是我们考察历史时期粮食亩产量的难题。

---

① 宣统《山东通志》卷79—80《田赋》，民国四年（1915年）铅印本。东昌府的馆陶与登州府的蓬莱、黄县、荣成、福山五县原资料不明确，据光绪《馆陶县志》卷3《田赋》、道光《荣成县志》卷3《田赋》及顺治《登州府志》卷9《田赋》可知馆陶、荣成、福山三县已折亩。
② 乾隆《历城县志》卷4《田赋》，清乾隆三十八年（1773年）刻本。
③ 道光《荣成县志》卷3《田赋》，清道光二十年（1840年）刻本。
④ 吴树声：《沂水桑麻话》，《山东史志丛刊》1991年第4期。

（二）粮食量器标准的紊乱及其品色的差异

古人交租纳税计算粮食产额恒用升斗之量器，历代统治者为征收赋税的方便，都曾统一量制，颁行官斗于天下。但实际上各地仍是官斗和私斗同时并用。明末清初，"北方之量，乡异而邑不同，至有以五斗为一斗者，一巷之市，两斗并行"[①]。康熙年间，淄川县斛斗（即官斗）、市斗、大斗三器兼行，市斗"每斗较官斛（斗）出二升五合"，而"一斛斗止大斗之二升七八合耳"[②]。以官斗每斗小麦161斤计，则每市斗为20斤，每大斗58斤左右。清末，烟台一市斗小麦重38斤，兖州一市斗小麦重100斤[③]。滕县人视斤半为筒，十筒一升，则一升几近一官斗的16斤，俗语所谓"南人适北，视升为斗"是真有实例的[④]。量器如此混乱，则古人所谓"斗""石"的容量就很模糊，从而极大地制约了计算粮食亩产量的正确性。

同样标准的一斗，由于粮色不同，其重量亦有不少差异。谷黍带壳原粮与其去壳后的净粮每斗重量相差三分之一。乾隆四十一年（1776年），户部议定北方的小麦、粟米、黄豆一官石抵算南方白米一石，重160斤，而北方的杂粮包括高粱、谷子、黍、大麦等一官石折120斤[⑤]。其实这仅是笼统的分法，因为同是无壳的粟米、麦、豆，每斗的重量也不相同。例如，烟台一市斗小麦38斤，粟米40斤，小豆38斤，绿豆39斤，高粱35斤，而在兖州一市斗小麦10斤，绿豆108斤，高粱80斤[⑥]。山东盛产各种杂粮，由斗折算成斤既有不同的比率，在计算粮食产量时就不得不弄清。

（三）接茬作物与复种指数的使用

亩产量是总产与亩数之比，正确计算亩产量，弄清楚总产与亩数是必要的，但并不是充分的。有时亩数仅是播种面积，则所求只为单季作物亩

① （清）顾炎武著，黄汝成集释，栾保群、吕宗力校点：《日知录集释》卷10《斗斛丈尺》，上海：上海古籍出版社，2006年，第584页。
② 蒲松龄纪念馆编、盛伟辑注：《聊斋佚文辑注》，济南：齐鲁书社，1986年，第17页。
③ （日）东亚同文会：《支那省别全志》第四卷《山东省》第十编"度量衡·量"，东京：东亚同文会，1917年。
④ （日）东亚同文会：《支那省别全志》第四卷《山东省》第十编"度量衡·量"，东京：东亚同文会，1917年；吴承洛：《中国度量衡史》，上海：上海三联书店，2014年，第57页。
⑤ 光绪《大清会典事例》卷189《户部·积储》，清光绪二十五年（1899年）重修本。
⑥ （日）东亚同文会：《支那省别全志》第四卷《山东省》第十编"度量衡·量"，东京：东亚同文会，1917年。

产，要求得每亩耕地的年产量则应该正确地考证出接茬作物与复种指数。

黄冕堂先生利用孔府档案资料研究曲阜农田的标准亩产量时，"按一年两收的惯例"，把麦粟两季的单产累加起来，得出雍正三年（1725年）齐王庄农田亩产171.7斤的结论[①]。这种方法值得商榷，结论也不准确。首先，一年两收并非惯例，原引档案记载是年齐王庄分收租耕地共54亩，总播种面积80亩，复种指数实乃148%，而不是一年两季的200%。此处所谓惯例可能是指孔府的麦地一般收麦豆两季地租，实际上，麦地不一定能全部复种，是年麦地321亩，只复种248亩，麦地复种率为77%，而且除麦豆地外，尚有大量春地一年只能一收。清代山东大部分农田两年可收三季，因有部分麦地来不及复种或晒垡以养地，实际复种指数一直徘徊在130%—140%。其次，麦后接种的主要作物不是粟，而是豆类，这不仅从孔府麦地租收取麦豆得到证明，而且查档案原件，在种豆的38人中全为种麦者，其中2家豆地与麦地数量完全相等，其余都少于麦地，这绝不是偶然的巧合[②]。再查乾隆年间汶上县美化庄春秋总账，特别说明了每年的麦茬复种作物，其中豆类占80%以上，荞麦、粟、黍三种作物合计不到20%，而且晚粟亩产多年平均只有91斤，不及早粟的半数[③]。早粟亩产不仅高于晚粟，而且高于豆类，以之与麦合计核算全年亩产量，当然会使其结论虚增了。最后，黄先生认为"曲阜的斗桶如顾炎武所说是以五斗为一斗的，一斗麦子合七十斤，一斗谷子合六十斤"[④]，其实并不准确。孔府收租之斗自成体系，与官斗、市斗都有区别，姑称之为"府斗"，档案中也有自称"收斗"者。档案中明确记载府斗数量："麦子每斗数量老秤六十四斤……谷子每斗数量老秤五十六斤。"[⑤]

总之，黄先生把复种指数148%的农田全看作按200%的复种指数计算，又把单季种植较为高产的谷子当作麦茬复种作物，一季的单产又算高了，

---

① 黄冕堂：《清史治要》，济南：齐鲁书社，1990年，第90页。
② 中国社会科学院历史研究所：《曲阜孔府档案史料选编》第三编《清代档案史料》第九册《租税（一）》，济南：齐鲁书社，1983年，第243—257页。
③ 中国社会科学院历史研究所：《曲阜孔府档案史料选编》第三编《清代史料档案》第十一册《租税（三）》，济南：齐鲁书社，1985年，第289—460页。
④ 黄冕堂：《清史治要》，济南：齐鲁书社，1990年，第89页。
⑤ 中国社会科学院近代史研究所中华民国史研究室、山东省曲阜文物管理委员会：《孔府档案选编》上册，北京：中华书局，1982年，第353页。

加上府斗折算数量估计稍高，所得结论必然误差很大。他认为齐王庄亩产171.7斤，较实际亩产的114斤增大了50.6%。[①] 由此可知接茬作物及复种指数的运用对正确计算粮食亩产影响不小。

要准确地计算古代粮食亩产，必须摆脱上述因素的制约，也就不得不弄清某个地方的亩积、斗量大小、土地等级及作物种植制度等。山东曲阜孔府在清代拥有数十万亩农田，其农田亩积、收租之斗自成体系，并且保存有大量的交租纳粮档案，给我们提供了计算清代粮食亩产的典型材料。

孔府土地多为历代王朝钦赐官拨而来，"至明洪武元、二年清查旧地拨足祭田千大顷。因系荒田创垦，俱照旧例，以七百二十步作一亩"[②]。清代基本沿袭下来，孔府的大亩是240步之官亩的三倍，因系通用单位，多数档案并不特别注明。不过，并不是有清一代孔府土地全用大亩计算，乾隆末年，孔府通咨查丈各庄祭田，齐王坡、胡二窑与颜孟庄的亩积改为"三尺五寸杆六百步成亩"，较原大亩缩小了一些[③]；同时，孔府自置大量土地，因来源民间也有用官亩计算的，这种情况档案中一般会明确注明。

孔府收租之斗，笼统地说其容量"完米一斗计重六十余斤"[④]，按粮食品色具体分析，每斗重量为：小麦64斤、谷子56斤、黄豆60斤、黑豆62斤[⑤]。没有明确记载的高粱比照黄豆，每斗60斤，黍、稷比照谷子，每斗56斤，荞麦、大麦估算每斗50斤，后文就以此标准折算。

清前中期孔府的土地流行对半分成的实物租制，佃户必须将收获粮食的半数交给孔府。因此知道了种植的农田及分租数量即可算出每季作物的单产，也为准确地计算每亩耕地的年产量提供了方便。

孔府的土地主要是五屯、四厂与十八官庄，分布于曲阜、汶上、邹县、菏泽、鱼台等县，局限于鲁西南平原。不过，先用这个材料进行鲁西

① 雍正三年（1725 年）曲阜县齐王庄平均每市亩亩产粮 119 斤，见后文，折成与黄先生一致的清代标准亩产量则为每亩 114 斤。

② 中国社会科学院近代史研究所中华民国史研究室、山东省曲阜文物管理委员会：《孔府档案选编》上册，北京：中华书局，1982 年，第 103 页。

③ 中国社会科学院近代史研究所中华民国史研究室、山东省曲阜文物管理委员会：《孔府档案选编》上册，北京：中华书局，1982 年，第 343、355、356 页。

④ 中国社会科学院近代史研究所中华民国史研究室、山东省曲阜文物管理委员会：《孔府档案选编》上册，北京：中华书局，1982 年，第 549 页。

⑤ 中国社会科学院近代史研究所中华民国史研究室、山东省曲阜文物管理委员会：《孔府档案选编》上册，北京：中华书局，1982 年，第 353、358 页。

南平原的典型分析，然后结合其他资料推求山东全省各地的清代粮食亩产量，这种解剖麻雀式的方法比较稳妥。

二、清代鲁西南平原的典型分析

孔府分收地租，年底由庄头、小甲开列各村总耕地面积及春秋两季粮食作物播种面积、分收数量，上报孔府以备查核。因此能计算出各种作物的产量，其相加之和就是所有耕地的当年总产量，用总产量除以耕地面积即是此庄农田的当年亩产量。当然，总产量包括细粮小麦与粗粮高粱、谷、豆类等多种杂粮在内，耕地面积又没有区别等级，上述方法得出的亩产量是通上中下地平均每亩年产粗细原粮之数。表4-1开列了按上述方法计算的13个村庄18年次的粮食亩产量。由表4-1可知，由于各村庄土地肥力不同，同一年的粮食单产相差很大。顺治十年（1653年），汶上县马村与菏泽县平阳厂每市亩产量都超过200斤[①]。而汶上县高家庄、鹿家庄与曲阜齐王庄都低于100斤，相差一倍有余。同时因年代不同，同一庄的粮食亩产量也有不小高低起伏，顺治十年（1653年）与顺治十一年（1654年），汶上县马村与西平原庄的亩产量相差五六十斤，而高家庄甚至相差一倍以上，且这种差异并不仅单向同一年倾斜。

表4-1　清初鲁西南各地粮食亩产统计表

年代	村庄	分种地大亩数（亩）	总产量（斤）	每大亩产量（斤）	折每市亩产量（斤）
顺治十年（1653年）	汶上县高家庄	179.4	39 442	220	76
顺治十一年（1654年）	汶上县高家庄	155.2	75 198	485	169
顺治十年（1653年）	汶上县所庄	73	34 766	476	166
顺治十一年（1654年）	汶上县所庄	81	33 207	410	143
顺治十年（1653年）	汶上县马村	115.4	72 624	629	219
顺治十一年（1654年）	汶上县马村	129.2	57 256	443	154
顺治十年（1653年）	汶上县鹿家庄	115	31 625	275	96

---

① 清代官方标准亩与今市亩都是以240步为亩，五尺为一步，不过，清代量地尺度与今有一定差异，从而使清亩与今市亩面积有一定差异。一般认为一市尺等于1.042清量地尺，则一市亩等于1.042清亩，即1清亩等于0.960市亩，见吴承洛：《中国度量衡史》，上海：上海三联书店，2014年。本书即以此计算。

续表

年代	村庄	分种地大亩数（亩）	总产量（斤）	每大亩产量（斤）	折每市亩产量（斤）
顺治十一年（1654 年）	汶上县鹿家庄	100.2	35 328	353	123
顺治十年（1653 年）	汶上县西平原庄	50	22 466	449	156
顺治十一年（1654 年）	汶上县西平原庄	46.4	28 494	614	214
顺治九年（1652 年）	邹县土旺庄	91.2	52 582	577	200
顺治十年（1653 年）	邹县岗上庄	214.1	92 372	431	150
顺治十年（1653 年）	邹县双村庄	64	19 116	299	104
顺治八年（1651 年）	曲阜县南池庄	159.6	63 682	399	139
顺治十年（1653 年）	曲阜县齐王庄	121.2	31 122	257	90
顺治十年（1653 年）	菏泽县平阳厂	199.6	40 425	203	211
康熙十八年（1679 年）	邹县毛家堂庄	97.4	22 651	233	81
康熙四十年（1701 年）	鱼台县独山屯权家铺	79.4	31 358	395	138

注：（1）同时上述资料还可计算出顺治十一年（1654 年）汶上县下列官亩的每市亩产量分别为：陈家闸庄 127 斤、胡城口庄 233 斤、罗庄 94 斤、瞳里庄 178 斤、植家庄 234 斤、游村 149 斤、东平原庄 140 斤。（2）菏泽县平阳厂耕地原档案注明系小亩，即清代标准亩。

资料来源：中国社会科学院历史研究所：《曲阜孔府档案史料选编》第三编《清代史料档案》第十一册《租税（三）》，济南：齐鲁书社，1985 年，第 44—282 页；中国社会科学院近代史研究所中华民国史研究室、山东省曲阜文物管理委员会：《孔府档案选编》上册，北京：中华书局，1982 年，第 277—372 页

造成上述村庄和年代之间粮食单产丰歉的原因是多方面的，很难一一厘清，抛开这种随机误差不计，把表中 18 年次的粮食亩产数据纯粹按大小分成三个等级，则：

第一级为高产的 6 年次，每市亩产量在 166—219 斤，平均为 197 斤；

第二级为中产的 6 年次，每市亩产量在 138—156 斤，平均为 147 斤；

第三级为低产的 6 年次，每市亩产量在 76—104 斤，平均为 95 斤。

以这三级的平均亩产分别作为上中下三等土地普通年景的平均亩产量，则可以得出基本的结论：清前期，鲁西南平原地区正常年份每市亩耕地年产粗细粮大致是上等地 200 斤、中等地 150 斤、下等地 100 斤，通上中下地计算约在 150 斤。当然，由于自然与人为条件的影响，实际亩产量会在此标准上下浮动二三十斤。

上述结论建立在表列数据的分类假设基础之上，其可靠性令人怀疑，但下列实际例证必定能消除疑惑。档案保存有汶上县美化庄乾隆前期二十余年的分收资料，今随机选出其中的十年，计算其各种作物的亩产量及年平均亩产量列成表4-2。由表4-2可知，美化庄多年平均亩产189斤。"汶上县，地多膏壤，树艺丰肫，甲于他邑"，是自古有名的良田沃壤，号汶阳田①。美化庄位于汶上县城北15里的汶河谷地②，在鲁西南地区属于上等田地，其多年平均亩产也与上述结论中的上等田产量基本一致。同时，表4-3统计了邹县毛家堂、下洞铺二庄康熙中期13个年头的粮食生产情况，毛家堂庄每市亩年产粮食多年平均为134斤；下洞铺庄每市亩年产粮食多年平均为81斤。邹县半属峄山山地，地力相对低下，尤其是下洞铺的耕地据原档案记载多系岗地，土质硗薄，一年多为一收，显示了下等地的特征，而毛家堂的耕地肥力相对较高，大约属中等偏下的类型。它们的多年平均亩产也分别与上述结论的中等、下等平均亩产量相近。这三个典型村庄长时期平均粮产水平充分证明了上述估计基本准确。

表4-2　乾隆年间汶上美化庄粮食亩产统计　（单位：斤/市亩）

时间 种类	乾隆元年（1736年）	乾隆五年（1740年）	乾隆九年（1744年）	乾隆十五年（1750年）	乾隆十九年（1754年）	乾隆二十一年（1756年）	乾隆三十一年（1766年）	乾隆三十五年（1770年）	乾隆三十八年（1773年）	乾隆四十年（1775年）	以上各年平均
小麦	234	165	142	143	96	116（晴）	118	84	113	94	130
大麦	213	146	172	65	71	59（晴）					121
高粱	267	200（水）	222	189	125（水）	118	103	155	171	168	172
早谷	376	213（水）	216	156	145（水）	124	139	197（水）	241	232	204
晚谷	206	59（水）	217	31	淹讫			74		74	95
黄黑豆	141	125	146	117	22（雹）	20（虫水）	8（虫水）	102（水）	77	27（虫）	79
绿豆	70	淹讫		19	淹讫	淹讫					18

① 万历《兖州府志》卷4《风土志》，明万历二十四年（1596年）刻本。
② 山东省测绘局编制：《山东省地图册·汶上县》，济南：山东省地图出版社，1988年，第36页。

续表

时间\种类	乾隆元年（1736年）	乾隆五年（1740年）	乾隆九年（1744年）	乾隆十五年（1750年）	乾隆十九年（1754年）	乾隆二十一年（1756年）	乾隆三十一年（1766年）	乾隆三十五年（1770年）	乾隆三十八年（1773年）	乾隆四十年（1775年）	以上各年平均
早黍	229	145（水）			171	139	59	157	坏讫	118	127
晚黍	107	6（雹）	140				雹打	淹讫		淹讫	42
荞麦	29	165	110	30	24（露）	17（水）		21		17	52
年平均	303	242	265	217	122	128	125	167	177	144	189

注：各括号内所注为自然灾害情形

资料来源：中国社会科学院历史研究所：《曲阜孔府档案史料选编》第三编《清代史料档案》第十一册《租税（三）》，济南：齐鲁书社，1985年，第289—458页

表4-3　康熙中期邹县毛家堂、下涧铺二庄粮食亩产统计

（单位：斤/市亩）

庄别\年代	毛家堂						下涧铺				
	小麦	大麦	高粱	谷子	豆	年总平均	小麦	高粱	谷子	豆	年总平均
康熙二十一年（1682年）	126	107	150	152		132	51	117	124		78
康熙二十二年（1683年）	68	73	91	97		73	48		81		68
康熙二十六年（1687年）	124	104	119（虫）			121	57	63	51	39（虫）	78
康熙二十七年（1688年）	35（病）	52	50（水）			41	40（病）	58	51		41
康熙二十八年（1689年）	90（病）	70（晴）	125（露）	88（水）	96（水）	93	51	52（露）	50（旱）	64	83
康熙二十九年（1690年）	183	96（虫）	175	65	50（水）	177	47（旱）	85	79	54	82

续表

庄别 类别 年代	毛家堂						下涧铺				
	小麦	大麦	高粱	谷子	豆	年总平均	小麦	高粱	谷子	豆	年总平均
康熙三十一年（1692年）	201	118	167		51（水）	191	89	24（雾）	117	49	114
康熙三十二年（1693年）	134（病）	156	168	175	淹讫	111	60	63（虫）	蝗吃净	83	78
康熙三十三年（1694年）	178	70（虫）	171	195	104	186	67	21（虫）	蝗吃净	92	76
康熙三十四年（1695年）	111	52（虫）	188	旱死讫		125	49		150	旱死讫	97
康熙三十五年（1696年）	189	111	125		46	178	69	83	121		89
康熙三十六年（1697年）	67（病）		217	245	42（水）	134	45（病）	125	124（水）	42（水）	99
康熙三十八年（1699年）	165（水）		141（水）	178（水）	35（水）	177	89	70	11	54	69
以上各年平均	129	92	145	149	47	134	59	69	74	53	81

注：（1）括号内系自然灾害种类；（2）年总平均数考虑许多实际因素影响进行加权处理，并非简单的数字均值

资料来源：中国社会科学院历史研究所：《曲阜孔府档案史料选编》第三编《清代史料档案》第十一册《租税（三）》，济南：齐鲁书社，1985年，第207—288页

表4-2与表4-3还分别开列了小麦、高粱、谷、豆类等粮食作物的单季产量，分析对比可得出以下结论：

（1）麦类作物亩产量于粮食作物中属中等水平，水旱灾害较少，稍有病虫侵蚀，产量比较稳定，上中等耕地每市亩收获量在130斤以上，下等的岗地产量偏低，说明小麦适生于低洼的肥沃土地。而且小麦面细质清，人

们视之为细粮，冬季播种次夏收获后又可接种杂粮，故各地小麦的播种比率特高，一般都在50%以上。

（2）春播杂粮中，谷子的产量最高，美化庄多年平均亩产超过了200斤，乾隆元年（1736年）甚至创造了每市亩产谷376斤的高纪录。但它容易受水淹与虫害，产量波动较大，多次遭蝗虫吃净无收。高粱的亩产较谷子稍低，但远高于其他杂粮作物，假若考虑到谷子是带壳计算的，高粱的单产似在谷子以上；而且高粱秆长，成熟期不怕洪涝危害，其秫秸又是农民建房原料，故其种植地位超过谷子，位于各种杂粮之首。黍及荞麦的单产最低，种植亦少。

（3）豆类多黄豆、黑豆、绿豆，全为麦茬后复种作物，容易水淹旱枯，又常遭豆虫侵蚀，故产量不高，黄豆与黑豆一般每年亩产六七十斤，绿豆亩产更低，多为20斤左右。

（4）麦收后复种作物除豆类外还有黍、谷、荞麦，这三种夏播作物产量特低，如美化庄乾隆时多年平均亩产早谷为204斤，夏播的晚谷只有95斤，相差一倍有余。因此，在复种作物中黍、谷、荞麦的地位低微，无法与豆类作物抗衡，其播种面积很少，而且很多年份并无播种。

（5）鲁西南平原地区自然灾害严重，水、旱、雹、霜、病、虫等灾害几乎每年都有发生，或一种或多种并发，造成粮食的减产。由表4-2和表4-3可知，所谓正常年份并非是指完全没有自然灾害，而是指灾害影响轻微的年份。对作物危害最大、发生频率最高的是洪涝灾害，经常有谷子、高粱、豆类等被水减产的记载，有时是几百亩地全被淹讫无收。虫害主要是春季的蝗虫与秋季的豆虫，分别蚕食谷子、高粱与豆类的幼苗。

总之，在各种粮食作物单季产量中，以亩产高低顺序排列依次为早谷、高粱、小麦、早黍、大麦、晚谷、黄豆与黑豆、晚黍、绿豆等，不过由于复种季节的要求，其种植地位却与上述排列并不一致。

下面讨论粮食单产在长时期内是否有增减变化，表4-2和表4-3分别开列了同一地方的多年亩产量，但时间跨度仅分别是39年、17年，看不出长期的变化趋势。表4-2反映美化庄乾隆初年的单产较高，表列前四年亩产都超过了210斤，其后就很少有此种高产，这是自然灾害趋于频繁的特殊原因所致，并不能说明粮食单产有逐渐降低的趋势。

曲阜县齐王庄保存了较长时期的分收档案，只是嘉庆年间收租系用市斗，曲阜地方一市斗等于二府斗，按此计算出每市亩粮食产量分列如表4-4。在表4-4所列齐王庄五年的亩产量中，顺治十一年（1654年）最高，小麦与高粱单产位于各年代之首，黄黑豆亩产超过了220斤，创造了豆类作物亩产的最高纪录，这是特别丰收的年成。因为就在其前一年，该庄每市亩年产粮食仅只有90斤，不及顺治十一年（1654年）亩产的半数，见表4-1。嘉庆九年（1804年），秋庄稼遭冰雹危害普遍减产，造成全年亩产偏低。除去这两个非正常年份，可知由清初到清中期，粮食单产基本没有大的变化。

表4-4　清代曲阜县齐王庄粮食亩产统计　（单位：斤/市亩）

年代	小麦	高粱	谷子	黄黑豆	年均亩产量
顺治十一年（1654年）	102	163		225	209
雍正三年（1725年）	67	103	98	70	119
乾隆五十三年（1788年）	36	133	116	51	107
嘉庆九年（1804年）	94	94	48	11	96（雹）
嘉庆十年（1805年）	79	139	80	50	130
以上多年平均	75.6	126	86	81	132
光绪十八年（1892年）齐王坡	91	109	186	53	155

资料来源：中国社会科学院近代史研究所中华民国史研究室、山东省曲阜文物管理委员会：《孔府档案选编》上册，北京：中华书局，1982年，第277页；中国社会科学院历史研究所：《曲阜孔府档案史料选编》第三编《清代档案史料》第九册《租税（一）》，济南：齐鲁书社，1983年，第243—271页；中国社会科学院历史研究所：《曲阜孔府档案史料选编》第三编《清代史料档案》第十一册《租税（三）》，济南：齐鲁书社，1985年，第546—715页

清后期，孔府土地很少实行分收租制，较准确的资料难以找到，今选出光绪十八年（1892年）曲阜县齐王坡的粮食生产情况附表4-4后，对比可知齐王坡是年单产较齐王庄清前中期平均稍高。当然，仅凭这一点是无法说明清末粮食单产有了增加的，因为时空造成的随机误差并不清楚。不过，民国时期曲阜县第三区评定各村产量的结论为：上等地亩产250斤，中等地亩产200斤，下等地亩产150斤，各村上等地比例特少，基本都是中下

等地，则民国时期曲阜县普通田地每市亩年产粮食可高于清中期二三十斤①
粮食单产的增加是一个缓慢的过程，因此，如果说鲁西南平原清代末期的
粮食亩产较前中期提高十余斤似乎不无道理。

也许有人会问，鲁西南地区近代以来天灾人祸频仍，粮食亩产怎会比
太平盛世的乾嘉时代增加呢？笔者以为原因主要有以下几点：一是就孔府
土地而言，定额地租取代分成地租有利于农民提高粮食单产，分成地租之
所以在清前中期流行即是因为当时粮食产量低且极不稳定，而改用定额地
租说明了这种现象有所改变。二是清中期以来的人口增长带来了大量的农
业生产劳动力，农业的集约化程度加强了，"凡治田，无论水旱，加粪一
遍，则溢谷二斗，加做一工，亦溢谷二斗"②，劳力的多量投入可促使亩产
量缓慢提高。三是外来的高产作物番薯、玉米等在清末期已经相对普及，
番薯适宜山地生长且产量较高，一般亩产可达千斤，折原粮20斤，较前种
植粟、黍、稷等增产不少。春播玉米产量也很高，在上等田中精耕细作，
"以中数计之……亩得六石"③。以每石150斤计，亩产900斤，即使为大
亩，折每市亩也在300斤以上，这就提高了农业生产力水平。

三、清代山东各区域的全面评估

上部分考察了鲁西南地区的各种粮食作物单季亩产及全年平均亩产
量，主要涉及曲阜、汶上、邹县、菏泽、鱼台等县。这几县的农田受黄运
的影响，水涝频繁，但从总体上看，本区属黄泗冲积平原，土壤肥力在山
东省属偏上的水平，以其粮食亩产量为标准，结合土壤肥力、作物种植技
术等因素，分析笔者所掌握的山东其他地区的笼统单产数据，可以大致推
测出全省各地的粮食亩产。

（一）沂蒙泰山区

此区地形复杂，沐沂河谷上的耕地肥力较高，但比例特少，又常遭洪
涝危害。在丘陵山坡上开辟的石田、岭地，地力硗薄，虽出粮食，但收成

---

① 中国社会科学院近代史研究所中华民国史研究室、山东省曲阜文物管理委员会：《孔府档案选编》上
册，北京：中华书局，1982年，第212—218页。
② （清）包世臣著、王毓瑚点校：《郡县农政》，北京：农业出版社，1962年，第53页。
③ （清）臧咸：《种蜀黍记》，乾隆《济宁直隶州志》卷3《物产》，清乾隆四十三年（1778年）刻本。

甚薄。乾隆初年，沂州府郯城县农民马永公"种了半亩稷子，收了一斗"①，虽不知地亩与斗量的确切标准，但每亩产粮二斗的产量一定不会很高。咸丰时沂水县县令吴树声估计当地农业生产力情形，以为"一夫辄耕四五十亩，人力既不能精，粪力又薄，就使岁岁丰稔，不过亩收数斗，仅敷食用"②。从上下文含义来看，吴树声所谓地亩与容量似为官方标准，以每斗粗细粮15斤计，"亩收数斗"至多在100—130斤，而这还是丰稔之岁的亩产量。因此，笔者认为沂蒙泰山区一般年景下每市亩耕地年产粮食上等地140斤，中等地110斤，下等地80斤，通上中下地平均每亩年产粮为110斤。与鲁西南平原地区相比，亩产偏低40斤左右，应该基本符合本区地力贫瘠、广种薄收的实际情况。

（二）胶东丘陵区

本区耕地主要分布于丘陵及山间盆地内部，土壤类型多为粗骨棕壤与酸性棕壤，肥力不高。由于缺乏资料，清前中期本区粮食亩产量只能大致估计，似应低于鲁西南平原区。清末期本区资料较详，对其粮食亩产似可得出较准确的结论，光绪末年，烟台附近"兄弟二人，有中地四十亩，"春季种高粱及谷子20亩，其余20亩种麦子与大豆，把40亩地分作两份每年轮换耕作。正常年景每年收获量如下：麦3石余，折1140斤；豆2.5石，折925斤；谷7石，折2310斤；高粱4石，折1400斤；总计生产粗细粮5775斤，平均每亩年产144斤，折每市亩年产150斤③。这是中等土地的一般水平，因此笔者估计胶东丘陵区每市亩耕地年产粮食上等地200斤，中等地160斤，下等地120斤，通上中下平均160斤，似不会出现大的误差。验证以其他县份的资料，如海阳县农民房毅在宣统时有地7亩，"风调雨顺时一年收小麦八斗（每斗42斤），谷子五斗（折净粮105斤），糁子一石五斗（折净粮293斤），小杂粮二斗（每斗4斤），地瓜二千四百余斤"。地瓜即番薯，由于其含水量大，故按五斤番薯折一斤原粮计，共折原粮480斤，总共

① 《刑科题本》，乾隆十七年正月二十四日山东巡抚鄂容安题。
② 吴树声：《沂水桑麻话》，《山东史志丛刊》1991年第4期。
③ （日）外务省通商局：《清国事情》第一辑，1907年，第332—333页；又东亚同文会编纂的《支那省别全志》第四卷《山东省》第十编"度量衡·量"载，清末烟台地区每市石麦子580斤、黄豆370斤、谷子330斤、高粱350斤。

7亩地一年收粗细原粮约1222斤，亩产175斤，产量很高，似有扩种番薯造成的单产增加。本县地主王海秋清末"有良田3000余亩……每年收租约21万斤"[1]，按照租率50%计，每亩要产粮140斤。不过海阳县并不都是这么高的产量，有些年份收成也偏低。

这样看来，胶东丘陵地区清末的粮食亩产较前期有二三十斤的提高，基本与鲁西南平原清末亩产持平。本区粮食单产增加的原因除扩种番薯等高产作物以外，还有增加施用豆饼等肥料的影响，有人认为清末烟台地区"农田上如单用小粪，每亩只收获三斗，如兼用豆饼，其产量据说可以增至四斗五升以上"[2]，使用饼肥后可以增产50%。

胶东丘陵地区各种作物的单季亩产量可以用烟台附近的资料作为代表，清末日本人的调查结果如表4-5所示。中等田地中，粟与玉米的单产较高，中等田每亩产量分别为172—233斤、116—193斤；高粱次之，多在109—182斤；大豆、小麦殿后，一般亩产分别为75—116斤、79—99斤。在麦豆杂秋两年三收的情况下，每市亩耕地年产粮也在150—170斤，正相当于上述中等土地的平均产量。

表4-5　清末烟台地区各种作物亩产统计　　　（单位：斤）

作物类别	田地等级	亩收获斗量	每斗重量	每亩产量	每市亩产量
玉米	中等	3—5	37	111—185	116—193
粟	中等	5—8	33	165—264	172—233
大豆	中等	2—3	37	74—111	75—116
小麦	上等	4—5	38	152—190	158—198
小麦	中等	2—2.5	38	76—95	79—99
高粱	上等	5—6	35	175—210	182—219
高粱	中等	3—5	35	105—175	109—182

资料来源：（日）外务省通商局：《清国事情》第一辑，1907年，第32—33页；（日）东亚同文会：《支那省别全志》第四卷《山东省》第十编"度量衡·量"，东京：东亚同文会，1917年

外国传教士李提摩太的调查报告认为，山东莱州府每亩谷物产量为上等田663斤、中等田400斤、下等田250斤，明显偏高，必定是实用亩较标

① 荆甫斋、刘志耘主编：《海阳县志》第十六篇，内部资料，1988年，第548页。
② （日）外务省通商局：《清国事情》第一辑，1907年，第333页。

准亩偏大，而他在调查中没有进行换算，造成了误差①。

（三）沂泰山地东北麓平原区

本区土壤主要发育在山前洪积和冲积平原上，多褐土，肥力中等，清前中期没有材料论证，只能大致推测，其粮食亩产似较鲁西南平原地区略低。

清代末年，青州府益都县正常年份"每亩平均产量为谷物四百斤"，这当然不是官亩产量，当时益都以720弓为一亩，等于官方标准亩的三倍。由此可知益都县平年粮食亩产为133斤，折成每市亩产粮139斤，"在邻县临朐和临淄……这两县的土地，生产能力比益都稍大"，基本可以达到每亩150斤左右。益都以西的淄川县粮食亩产最高，每亩地收获谷物可达200斤②。章丘县旧军镇一般农民每亩小麦、高粱、粟与玉米的产量分别在90斤、145斤、200斤与130斤上下，用麦豆杂秋的两年三熟制衡量，年均亩产约为160斤③。以上述各县粮食平均亩产为基础，推测本区清末粮食亩产量为上等地约190斤，中等地160斤，下等地130斤左右，通上中下地平均每市亩年产约160斤，与清末鲁西南平原单产基本持平，这说明本区清末农业生产力发展较快。

（四）鲁西北平原与鲁北滨海平原区

鲁西北平原系黄河泛滥堆积而成，土壤以潮土与碱化潮土为主，肥力较鲁西南略差。滨海平原盐化程度更高，地力更低。清前中期，鲁西北平原粮食较鲁西南低一二十斤，而滨海平原的产量要低40斤左右。雍正时，庆云县有"籍田四亩九分，其地在先农坛侧，岁收谷三石四五六斗不等"④。此处记载的田亩数与收获量所用标准当为官方定制，则以每石140斤谷物计，一般年景4.9亩耕地产粮490斤，平均每亩100斤，折每市亩产粮104斤。庆云县明时属山东，清代时划归直隶，但它与山东滨海平原区农业自然条件非常相似，确可代表滨海平原农田的一般水平。乾隆《钦定授时通考》认

---

① 李文治：《中国近代农业史资料第一辑（1840—1911）》，北京：生活·读书·新知三联书店，1957年，第645页。

② 李文治：《中国近代农业史资料第一辑（1840—1911）》，北京：生活·读书·新知三联书店，1957年，第647页。原资料认为淄川县每亩地约产谷物300斤，而其亩的面积为240—360弓，240弓为亩者是官亩，360弓为亩者为当地实用亩，故一清亩年产约200斤。

③ 罗仑、景甦：《清代山东经营地主经济研究》，济南：齐鲁书社，1984年，第92页。

④ 咸丰《庆云县志》卷1《赋役》，清咸丰四年（1854年）刻本。

为山东青州滨海稻田"每亩可收五六石，次四石"，以稻谷每石120斤计，则亩产高达500斤以上，这是不可能的。首先，此资料源于明代《青州府志》，并非清代之事。顾炎武《天下郡国利病书》引万历《青州府志》说海上斥卤宜种稻，"但雨旸以时，每亩可收五六石，次四五石"①。其实清代根本没有滨海种稻之事实。其次，产量如此之高似乎是亩的面积较大所致，亩收五六石不仅高于山东水稻田的一般水平，而且明显超过自然条件优越得多的江南水田，容易使人想起明代山东流行大亩制的事实②。

　　清代末期，鲁西北平原与鲁北滨海平原区资料仍很缺乏，罗仑、景甦先生在中华人民共和国成立后进行了不少地区的粮食亩产调查，却因为各地亩制没有分辨清楚，结果并不太准确，本书不取③，估计其粮食亩产也会同鲁西南平原一样有十余斤的提高。

　　综上所述，本书基本结论如下：清代前中期鲁西南平原粮食单产较高，一般每市亩生产粮食为上等地200斤、中等地150斤、下等地100斤；沂泰山地东北麓平原、鲁西北平原与胶东丘陵三地区次之，一般亩产较前区略低一二十斤不等；沂蒙泰山区与鲁北滨海平原亩产最下，亩产低于鲁西南平原四五十斤不等；全省综合起来每市亩耕地年产粗细粮在140斤上下。清代末期，山东各地农业生产都有一定的提高，其中沂泰山地东北麓平原与胶东丘陵两地区粮食亩产增加最著，它们与鲁西南平原地区一起成为山东省粮食单产较高的地区，一般亩产为上等地210斤、中等地160斤、下等地110斤；鲁西北平原亩产量次之，较前略低一二十斤不等；沂蒙泰山区与鲁北滨海平原仍然垫底，较鲁西南平原约低40斤；全省平均每亩耕地年产粗细粮150斤左右。

---

① （清）顾炎武撰，华东师范大学古籍研究所整理，黄珅、严佐之、刘永翔主编：《顾炎武全集》第14册《天下郡国利病书·山东备录下·种稻》，上海：上海古籍出版社，2011年，第1731页。
② 清代山东小清河流域曾开辟有一些稻田，其亩产量大致为稻谷二石，净米一石，如章丘县明水镇某人"有二亩多的稻池，遇着收成，一年也有二石大米"。（明）西周生撰、黄肃秋校注：《醒世姻缘传》第五十三回"名御史族贤风世，悍妒妇佑恶乖伦"，上海：上海古籍出版社，1981年。此虽小说家言，却离社会现实不会太远，而且据传此小说为蒲松龄所著，他世守乡村，著过农书，对农业生产比较熟悉，亩产稻谷二石，合250斤上下，不及青州海稻田的半数。这里附带说明一下，由于清代山东稻田与水浇地不多，据1932年1、2月合刊《统计月报·农业专号》记载，1932年山东省耕地总面积为110 656万亩，其中水田239万亩，只占0.22%；而且也缺乏水田方面粮食亩产的资料，本书对此很少涉及。
③ 罗仑、景甦：《清代山东经营地主经济研究》，济南：齐鲁书社，1984年，第194页。

华北的河北、河南、山东三省主要农业区都位于黄河泛滥冲积平原之上，水、光、热等自然条件基本接近，大多实行两年三作制度，同属北方旱地杂粮农作系统，其农业生产力应该基本相近，山东省清代粮食亩产的数据大致能够代表北方诸省的一般水平。那么，用本书观点衡量以往的研究结果就会发现，多数学者对清代粮食单产估计偏高，农学家吴慧在其所著《中国历代粮食亩产研究》中认为清前期"一般说来，北方还是麦粟（黍）复种，亩产二石，粟豆等单种也是亩产二石……折市制约303市斤/市亩"。这个结论比清前期山东实际粮食亩产高一倍有余，误差很大，主要是因为他仅仅依据一两条笼统的资料。

第二节　麦类与豆类作物种植比重的增加及其分布特征

一、麦类作物

明清山东省广泛种植的麦类作物有小麦、大麦与荞麦这三种，其中以小麦播种面积最大、产量最高。

（一）小麦

中国农产品分布格局向有"南稻北麦"之称，作为麦类之长的小麦早就成为北方旱地农区的代表作物。山东省地靠沿海，降水为北方各省之冠，而且平原辽阔，土壤相对肥沃，历来为小麦分布最广、产额较丰之区。明清时期，小麦在山东各地的播种特别普遍，而且播种面积有逐渐增加的趋势。

山东小麦以八月播种、翌年五月收获的冬小麦为主，自唐两税法行，夏季征粮即纳小麦。明初山东起科官民田地也有夏税与秋税之分，如兖州府起科粮地244 628亩，其中夏税纳麦地73 122亩，约占起科粮地的30%，具体到曲阜、滕、邹、单等县也无一例外，夏税地都占各自起科田地的三成①。又据嘉靖《山东通志·田赋》记载，山东省夏税实征小麦85万石，约占夏秋纳粮总数255万石的33%，因夏秋纳粮亩则相同，可知不仅兖州府各州县，山东全省都是按照30%这个标准划分夏税地亩的。夏税小麦多征本

① 万历《兖州府志》卷14《田赋志》，明万历二十四年（1596年）刻本。

色，虽有豌豆与布纱的折征，却也用小麦作为衡量标准，夏税地的绝大部分种植小麦确定无疑。如此，可以得知明前期山东约有30%的耕地播种小麦，即小麦的播种面积占总耕地的三成左右①。

明中期以后，赋税折银成为历史的大趋势，农民种田不必照顾政府规定的夏秋标准，有了更多的自主权，这对增加小麦播种比例有很大的促进作用。小麦面白质清，口感好，被人们视为细粮，在市场上容易出售，价格也高，而且小麦受水旱灾害影响较小，单产量虽然不高但比较稳定。农民在生产实践中认识到"一麦胜三秋"的道理，纷纷扩大小麦的播种面积②。曲阜县张羊庄万历十九年（1591年）有孔府分种地161亩，播种小麦66亩，约占41%，已较明初增加了一成③。而到清初顺治九年（1652年），本庄播种小麦337.4亩，约占其总耕地565亩的59.7%，几为明初的两倍。据孔府档案资料，清初曲阜县红庙庄、上庄的小麦播种面积都占总耕地的一半以上，而齐王庄接近总耕地的八成④。在清初汶上县十几个村庄的资料中，小麦播种比率多在50%以上，有的甚至高达96%，可知小麦在汶上县粮作结构中地位尤其重要（表4-6）。播麦比率低于50%的例子也有，如顺治十年（1653年）邹县土旺庄麦地仅占耕地的32%，鱼台县境的独山屯权家铺，顺治十年（1653年）麦田仅占总耕地的26%（表4-7）。大致明末清初，土壤水热条件适宜小麦生长的鲁西南平原广大地区小麦播种面积逐步扩大，由明前期的占总耕地的30%左右上升到50%左右。当然，这种小麦扩种的趋势并非仅为上述一区独有，自然条件基本相同的鲁北平原各州县似应与此同步。即使像胶东丘陵这样小麦生长条件相对较差的地区也有"红白二种，大率于百谷居什之四"⑤，考虑到当时有一定的复种，则其播种面积占总耕地的比例一定在40%以上，也较明初增加一成有余。明末小麦在山东各地

① 夏税麦地占起科粮地的30%是政府规定的纳税标准，山东六府及所属各州县都以此为准，这对于把夏税地看作明初实际播种麦地的判断并不太有利，但政府制定经济政策，并不能脱离当时农业生产实际太远，而且没有其他资料可以证明，故本书以此立论。
② 崇祯《历乘》卷12《方产考》，明崇祯六年（1633年）刻本。
③ 中国社会科学院历史研究所：《曲阜孔府档案史料选编》第二编《明代档案史料》，济南：齐鲁书社，1980年，第137页。书中使用孔府档案资料所引用的亩制为孔府庄园特殊的大亩制度，为叙述方便，没折成官方标准亩或市亩，下同。
④ 中国社会科学院近代史研究所中华民国史研究室、山东省曲阜文物管理委员会：《孔府档案选编》上册，北京：中华书局，1982年，第321—322页。
⑤ 顺治《招远县志》卷5《物产》，清顺治十七年（1660年）刻本。

种植面积增大，产量特多，因此它成为人们的主要食物来源，崇祯年间编写的《天工开物》认为："齐、鲁诸道，烝民粒食，小麦居半，而黍、稷、稻、梁仅居半。"[①]

表 4-6　清初汶上县各庄农作物结构及复种指数

时间	庄别	净耕地(亩)	总播种面积(亩)	复种指数	小麦 A	小麦 B	高粱 A	高粱 B	粟 A	粟 B	黄豆 A	黄豆 B	黑豆 A	黑豆 B	绿豆 A	黍 A	稷 A	荞麦 A	其他 A
顺治十年(1653年)	陈家闸庄	181	183	101%	175	95.6	6	3.3							2				
顺治十年(1653年)	胡城口	96	148.8	155%	84	56.5	6.3	4.2	5.5	3.7	20	13.4	20	13.4					13
顺治十年(1653年)	马村	123	148.5	121%	99.8	67.2	12.3	8.3	2	1.3	5	3.4	20.5	13.8			1.33		7.6
顺治十年(1653年)	高家庄	179.4	179.4	100%	155	86.4	9.4	5.2											15
顺治十年(1653年)	罗庄	64.5	78.5	122%	42.5	54.1	12	15.3	10	12.7	6	7.6	4	5.1				4	
顺治十年(1653年)	鹿家庄	115	117.7	102%	95.2	80.9	17	14.4	2.4	2	4	3.4	4.5	3.8					
顺治十年(1653年)	瞳里庄	82.5	112.8	137%	63	55.9	17	15.1	2.5	2.2	28	24.8				2.7			4.5
顺治十年(1653年)	檀家庄	69.3	112.8	163%	48.7	43.2	9.4	8.3	7.6	6.7	28.8	25.5				7.4	2.6		8.3

①（明）宋应星著、钟广言注释：《天工开物》卷上《乃粒·麦》，广州：广东人民出版社，1976年，第33页。

续表

时间	类别/庄别	净耕地(亩)	总播种面积(亩)	复种指数	小麦 A	小麦 B	高粱 A	高粱 B	粟 A	粟 B	黄豆 A	黄豆 B	黑豆 A	黑豆 B	绿豆 A	黍 A	稷 A	荞麦 A	其他 A
顺治十年(1653年)	游村	58	62	107%	53	85.5	3	4.8			3	4.8						1	2
顺治十年(1653年)	西平原村	50	50	100%	48	96	2	4											
顺治十年(1653年)	东平原村	125.5	125.5	100%	120.5	96	5	4											
顺治十年(1653年)	所庄	73	95.1	130%	48.1	50.6	10	10.5	7	7.4	10	10.5	10	10.5	2	5		2	1
顺治十一年(1654年)	所庄	252.9	366.9	145%	168	45.8	58.7	16	5	1.4	49.7	13.5	29	7.9			10	40	6.5
顺治十二年(1655年)	西平原庄	51.4	73.6	143%	25.6	34.8	10	13.6	1	1.4	15	20.4				8	1	7	5
顺治十二年(1655年)	高家庄	163.5	255.9	157%	123.7	48.3	45	17.6	5	2	42	16.4			22.4			9.7	8.3
顺治十二年(1655年)	所庄	82	107	130%	38	35.5	20	18.7	12	11.2	20	18.7						5	1
顺治十二年(1655年)	马村	138.6	162.2	117%	108	66.6	11.6	7.2	7	4.3	10	6.2			8.6	2.6		5	9.4
顺治十二年(1655年)	鹿庄	104.7	150	143%	92.5	61.7	16.5	11	6.5		24.5	16.3						6	4.5

注：其中亩积为大亩，A 为各作物播种面积，B 为 A 项占总播种面积的百分比

资料来源：中国社会科学院历史研究所：《曲阜孔府档案史料选编》第三编《清代史料档案》第十一册《租税（三）》，济南：齐鲁书社，1985年，第44—282页

表 4-7　清前中期孔府庄园农产结构及复种率

时间	庄别	净耕地(亩)	总播种亩积(亩)	复种指数	小麦 A	小麦 B	高粱 A	高粱 B	粟 A	粟 B	黄豆 A	黄豆 B	黑豆 A	黑豆 B	绿豆 A	黍 A	稷 A	荞麦 A	其他 A
顺治十年(1653年)	邹县土旺庄	117.2	157.9	135%	50.7	32	33	21	27.7	17.5	14	8.9	16.7	10.6	9.5	1.8			4
顺治十年(1653年)	邹县岗上庄	214.1	189.6	89%	120	63.3	11.3	6	2	1	20	10.5	5.3	2.8	47	1	3.3		22
顺治十年(1653年)	邹县双村庄	64	82.9	130%	36.3	43.8	22	26.5			9	10.9						10	5.6
顺治十年(1653年)	曲阜县齐王庄	524	765.1	146%	418.8	54.7	43.1	5.6	30.9	4	241.1	31.5							30.9
顺治十年(1653年)	菏泽县平阳厂	199.6	346	173%	146.5	42.3	3.1	0.9	17.9	5.2	146.5	42.3				22.1			
顺治十年(1653年)	邹县毛家堂庄	97.4	111.9	115%	90	80.4	7.4	6.6			14.5	13							
顺治十年(1653年)	鱼台县独山屯权家铺	93.1	117.5	126%	30.6	26	38.4	32.7	10.4	8.9			18.4	15.7				6	
顺治十年(1653年)	曲阜县齐王庄	554	800.5	144%	321	40	185.6	23.2	30	3.7	288	36			4.1				
顺治十年(1653年)	曲阜县齐王庄	530.7	797.7	150%	268.5	33.7	223	28	26	3.3	270	33.8				0.4	9.4		

注：其中耕地播种面积所用亩为大亩，A 为各作物播种面积，B 为 A 项目占总播种面积的百分比

资料来源：中国社会科学院历史研究所：《曲阜孔府档案史料选编》第三编《清代史料档案》第十一册《租税（三）》，济南：齐鲁书社，1985 年，第 44—282 页；中国社会科学院近代史研究所中华民国史研究室、山东省曲阜文物管理委员会：《孔府档案选编》上册，北京：中华书局，1982 年，第 277—372 页

　　清代前期，只要条件许可，农民就尽力扩种小麦，康熙五十六年（1717年）山东巡抚李树德奏称：“查东省去岁秋雨及时，土脉滋润，所以种麦者甚多。”[①]但扩种小麦也受到自然与社会各方面因素的制约。如秋季干旱少雨，或多雨地湿，同时小麦的秋耕秋种与夏季收获都需要很多劳力、畜力，这些都会限制小麦的大面积扩种。大致在康熙中期以后，虽然小麦播种比率仍发生了一定程度的年季波动，但各地已经形成基本符合本区自然社会特点的较稳定的种麦比率。表4-8统计了康熙年间共十三年次的邹县毛家堂、夏涧铺二庄的农作物播种面积。其中毛家堂共有耕地约100亩，每年播种小麦多则71亩，少则60亩，多年平均64亩，也就是说，这17年间本庄小麦播种面积比率基本稳定于60%—70%；而夏涧铺有耕地近40亩，每年种麦多则38亩，少则18亩，竟有7年都是20亩，上下波动幅度很小，多年平均小麦播种面积比率为60%。汶上县美化庄的情形基本相似，从乾隆元年（1736年）至乾隆四十年（1775年）间随机抽取十年的孔府档案资料表明，本庄小麦播种占总耕地的比率最高为63%，最低为52%，也都接近58%这个多年平均值（表4-9）。清后期，随着新兴作物玉米、番薯及经济作物花生等在山东各地的大规模扩种，小麦的播种自然会受到影响，但影响程度不会太大，以曲阜县安基庄为例，嘉庆三年（1798年）麦田107亩，约占总耕地221亩的48%，而1926年播种小麦115亩，约占总耕地219亩的52.5%[②]。曲阜县城西大庄光绪十五年（1889年）租麦地占总粮地的63.6%，比率也很高[③]。

表4-8　　康熙中期邹县毛家堂、夏涧铺各农作物播种面积　（单位：大亩）

庄别 时间　类别	毛家堂						夏涧铺					
	净增地	小麦	大麦	高粱	粟	豆	其他	净耕地	小麦	高粱	粟	豆	其他
康熙二十一年（1682年）	97.4	70	12	8	10			41	25	10	6		

① 中国第一历史档案馆：《康熙朝汉文朱批奏折汇编》第七册第2311号档案，北京：档案出版社，1985年，第610页。
② 中国社会科学院近代史研究所中华民国史研究室、山东省曲阜文物管理委员会：《孔府档案选编》上册，北京：中华书局，1982年，第349、353页。
③ 中国社会科学院历史研究所：《曲阜孔府档案史料选编》第三编《清代史料档案》第十一册《租税（三）》，济南：齐鲁书社，1985年。

续表

庄别	毛家堂						夏涧铺					
时间 类别	净增地	小麦	大麦	高粱	粟	豆	其他	净耕地	小麦	高粱	粟	豆	其他
康熙 二十二年 （1683年）	100	71	10	15	4			43	18		25		
康熙 二十六年 （1687年）	100	65	13.7	21.3				38	18	9	11	18	
康熙 二十七年 （1688年）	100	65	13.6	21.4				38	18	13	7		
康熙 二十八年 （1689年）	100	68	12	16	4.4	20		38	21	12	5	12	5
康熙 二十九年 （1690年）	100	62	10	24	3	20		38	20	12	6	8	6
康熙 三十一年 （1692年）	100	60	13	27		20		38	20	3	15	15	
康熙 三十二年 （1693年）	100	60	12	26	2	25		38	20	8	10	15	
康熙 三十三年 （1694年）	100	60	12	26	2	25		38	20	8	10	15	
康熙 三十四年 （1695年）	100	60	12	28		20		38	20		18	15	
康熙 三十五年 （1696年）	100	65	5	32.6		20		38	20	5	13		
康熙 三十六年 （1697年）	102.6	65		30	7.6	25		38	20	8	10	15	

续表

时间 \ 类别（庄别）	毛家堂							夏涧铺					
	净增地	小麦	大麦	高粱	粟	豆	其他	净耕地	小麦	高粱	粟	豆	其他
康熙三十八年（1699年）	107.6	65		35	7.6	25	7	38	20	3	15	8	3
以上各年平均	100.6	64.3	9.6	23.9	3.1	15.4		35.7	21.4	7.9	11.5	8.9	

资料来源：中国社会科学院历史研究所：《曲阜孔府档案史料选编》第三编《清代史料档案》第十一册《租税（三）》，济南：齐鲁书社，1985年，第207—288页

　　明代后期到清代中期的三个多世纪，山东省小麦播种比率逐渐增加，为扩大复种面积提高土地利用率创造了良好的条件。明代前期，山东复种之地很少，耕地仅有夏秋之分，并无清代明确的麦豆地与秋谷地的分类。当然，假使人们已经发明麦后种豆的轮作法，也不会大规模推广，因为麦地比率较小。明末清初小麦种植面积的大量增加，以及麦后种植大豆逐渐盛行，使麦豆杂秋两年三熟的农业种植制度在山东成功推广开来。万历时，东昌府恩县小麦是"八月中种，五月初收"，而黄黑绿诸色豆"俱五月初种，九月中收"[①]。麦后种豆乃是直接耩种的免耕播种。蒲松龄《农桑经》总结山东麦茬复种的经验时说："五月……留麦茬骑垄耩种豆，可笼豆苗。"故只要得雨及时，收麦后可随时种豆。上述恩县五月初所种诸豆应是麦茬后作物，因为一般春大豆播种当在三月。清代初年，汶上县各庄麦后普遍复种黄黑豆，它如曲阜县齐王庄、邹县土旺庄、菏泽县平阳厂等处也都实行麦豆轮种制度，说明鲁西北平原广大地区的两年三熟制已经较为普及。地处胶东丘陵的登州府顺治年间也开始"麦后种豆"，但从其"多在三月种大豆"的习惯仍未完全改变来看，鲁中南山地丘陵区两年三熟制并不如平原地区那么盛行[②]。

　　实际上，麦地并不能全部复种，一是客观自然条件的限制，如低洼地夏秋两季积水，只能实行一水一麦的种植制度。鲁西北平原各地普遍存在

---

① 万历《恩县志》卷3《贡赋·种植》，明万历二十六年（1598年）刻本。
② 顺治《登州府志》卷8《风俗·稼穑》，清顺治十七年（1660年）刻本。

表4-9 乾隆年间汶上县姜化庄农作物结构及复种指数

类别 时间	净耕地 亩积	总播种 亩积	复种指数	小麦 A	小麦 B	高粱 A	高粱 B	早粟 A	早粟 B	黄豆 A	黄豆 B	黑豆 A	黑豆 B	大麦 A	绿豆 A	晚粟 A	早黍 A	晚黍 A	荞麦 A	晚稷 A
乾隆元年（1736年）	921.1	1461.3	158.6%	525.6	36	234.1	16	137.8	9.4	421.5	28.8			14.6	24.8	19	9	48.3	26.6	
乾隆五年（1740年）	925.4	1457.9	157.5%	513	35.2	205.8	14.1	170.8	11.7	428.6	29.4			20.3	6.9	25.9	14.5	39.4	15.5	17
乾隆九年（1744年）	830.6	1338.5	161.1%	503.4	37.6	229.4	17.1	93.1	7	91.3	6.8	290.9	21.7	4.6		56.2		50.1	19.5	
乾隆十五年（1750年）	835.8	1342	160.6%	529.1	39.4	219.1	16.3	69.9	5.2			426.2	31.8	17.7	7.7	36.3		17.7	18.3	
乾隆十九年（1754年）	842.6	1371.4	162.8%	508.7	37	216.9	15.8	95.5	7			502.2	36.6	20.1	15.9		1.4			
乾隆二十一年（1756年）	838.5	1342.7	160.1%	493.5	36.8	237.3	17.7	99.1	7.4			366	27.3	10.8	25	21	3	76.1	10.7	
乾隆三十一年（1766年）	832.4	1300.9	156.3%	488.5	37.6	233.1	17.9	108.9	8.4	428.6	32.9						1.9	39.9	10.9	

续表

类别\时间	净耕地面积	总播种面积	复种指数	小麦 A	小麦 B	高粱 A	高粱 B	早粟 A	早粟 B	黄豆 A	黄豆 B	黑豆 A	黑豆 B	大麦 A	绿豆 A	晚粟 A	早黍 A	晚黍 A	荞麦 A	晚稷 A
乾隆三十五年（1770年）	786.7	1187.1	150.9%	410.8	34.6	266.9	22.5	94.7	8	347.9	29.3					2.3	3.9	53.8	6.8	
乾隆三十八年（1773年）	786.7	1177.9	149.7%	461.5	39.2	226.4	19.2	75.7	6.4	391.3	33.2						23			
乾隆四十年（1775年）	781.1	1219.5	156.1%	464.1	38	235.7	19.3	75.3	6.2	376.7	30.9					1.1	5.8	48	12.8	
以上各年平均			157.4%		37.5		17.6		7.7		31									

注:（1）耕地与播种面积单位为大亩,A为各作物播种面积,B为A项占总播种面积的百分比,大小省不计算。（2）大豆仅有乾隆九年（1744年）、乾隆十五年（1750年）、乾隆十九年（1754年）、乾隆二十一年（1756年）这四年有黄豆之分,其余年份都列入黄豆一栏。黄豆各年平均包括黑豆即为大豆播种比率。

资料来源:中国社会科学院历史研究所:《曲阜孔府档案史料选编》第三编《清代史料档案》第十一册《租税（三）》。济南:齐鲁书社. 1985年,第289—458页

这种现象，东平州"渡口之地皆系临河，每年不过收麦一季"①，夏津县"众多洼地，方圆五里至十里不等……一般可望一季麦"②，济阳县"官庄洼地本系一水一麦之区"③。鲁东南丘陵山区一些河流谷地及湖泊周围也不乏其例，如费县漏泽湖"春夏积水，秋冬漏竭……随种麦，比水至，麦已收矣"④。二为社会条件的制约，在清前期荒地较多，劳力也缺乏，农民复种的兴趣不大，而在那些土壤贫瘠的地方盛行广种薄收，只种一季小麦的现象也很普遍。即使排除上述自然与社会因素的影响，人们也会专为吃一季好麦而把麦田犁起来晒垡以恢复地力。山东农民把这种休耕地称为塌旱地，汶上县的塌旱地，次年"来年之入常倍余田"⑤。顺治九年（1652年），曲阜县张羊庄有93亩坡地只种一季小麦，占麦地总数的28%⑥，这种麦后休耕制在山东极其普遍，此不枚举。

康熙中期以后，山东省复垦过程基本完成，耕地的增长速度放慢，而人口大幅度膨胀，为解决人口增多带来的粮食供应不足问题，只能向增加土地复种率以提高单产方向努力，于是，各地麦田的复种比率逐渐增加。邹县毛家堂、夏涧铺二庄的麦田，在康熙二十八年（1689年）以前麦子收获后全部休耕，并无复种，其后毛家堂每年麦后种豆20亩以上，占麦田的1/3，夏涧铺麦田复种率更高达60%。其他地方的麦田复种率也都逐渐提高，曲阜县齐王庄顺治十一年（1654年）麦田252亩，只复种大豆76亩，仅占麦田的30%左右，雍正三年（1725年）麦田321亩，总共复种黄黑绿豆292亩，约占麦田的91%，乾隆五十五年（1790年）麦田268亩，收麦后全部复种⑦。复种指数的提高有利于增加粮食单产和总产。

① （清）柳堂：《附禀捐置北大桥渡船并筹办各情形》，（清）柳堂著，吴青、王江源整理点校：《笔谏堂文集》，北京：社会科学文献出版社，2020年。

② 民国《夏津县志续编》卷1《疆域志》，民国二十三年（1934年）铅印本。

③ 民国《济阳县志》卷5《水利志·文告》，民国二十三年（1934年）铅印本。

④ 万历《兖州府志》卷3《山水志》，明万历二十四年（1596年）刻本。

⑤ （清）顾炎武撰，华东师范大学古籍研究所整理，黄珅、严佐之、刘永翔主编：《顾炎武全集》第14册《天下郡国利病书·山东备录上·汶上县志》，上海：上海古籍出版社，2011年，第1662页。

⑥ 中国社会科学院近代史研究所中华民国史研究室、山东省曲阜文物管理委员会：《孔府档案选编》上册，北京：中华书局，1982年，第321—322页。

⑦ 中国社会科学院近代史研究所中华民国史研究室、山东省曲阜文物管理委员会：《孔府档案选编》上册，北京：中华书局，1982年，第277—278页；中国社会科学院历史研究所：《曲阜孔府档案史料选编》第三编《清代档案史料》第九册《租税（一）》，济南：齐鲁书社，1983年，第243—257、268—271页。

　　除冬小麦外，明清山东省还有春麦，"种于春月者，俗名转湾麦，实同而颖异，种浮而收歉，此过时失候者，不得已而补艺之，非常种也"①。一般为秋水消退较晚，年前未及时耕种，只能年后补种，如丘县在康熙十一年（1672年）"种麦愆期……买江南春麦给民布种"②。虽然有些年份"据差员一路查看，山东民人多种春麦"③，但在正常年景下春麦的面积比例不会太大。春麦品种较多，有的由原有小麦品种转化而成，如新城、利津一带种植的"改麦"，清末由新城农民培育出来，"因清光绪中叶屡遭水患，秋晚水退种麦已迟，农民于冬至节时将麦种浸冷水中，旋取出晾干，以后每九日浸一次如前法，至翌年春初解冻即行播种，至芒种节亦能如期成熟，种晚而熟早，可以调剂农时，诚佳种也"④。著名的"转湾（一名转窝）麦"也属同类性质，民国《利津县续志·物产》就认为它是原有品种转化的。有的春种小麦品种却是从外地引进的，如上述丘县从南方买来的麦种。分布较广、种植较多的春麦属于大麦品系，万历年间恩县"大麦，正月中种，五月初收"⑤，顺治时登州府也是"正月种麰（大麦）"⑥，馆陶孙宅揆《区田说》记载"春种大麦……秋种小麦"⑦，认为大麦是春天播种的作物。似乎有明一代以至清初，大麦多属春麦系列。清后期莱阳、胶州"亦有春种者，曰春大麦"⑧。除大小二麦外，还有一种春麦叫矿麦，"是马所食者，山东河北人正月种之"⑨。从乾隆《历城县志·物产》所记"露仁者为青稞"来看，矿麦似为青稞，不过由于山东种者少，各地仍把它看作大麦的一种，民国《青城县志·物产》引旧志说："关东麦即稞麦，亦名亚麦，乃大麦之一种，但今少种者。"

---

① 雍正《山东通志》卷41《疆域志·物产》，清乾隆元年（1736年）刻本。

② 乾隆《邱县志》卷1《物产》，民国二十二年（1933年）排印本。

③ 中国第一历史档案馆：《康熙朝汉文奏折汇编》第五册第1563号档案，北京：档案出版社，1985年，第542页。

④ 民国《桓台县志》卷2《实业篇》，民国二十三年（1934年）铅印本；民国《利津县续志》卷1《物产》，民国二十四年（1935年）铅印本。

⑤ 万历《恩县志》卷3《贡赋·种植》，明万历二十六年（1598年）刻本。

⑥ 顺治《登州府志》卷8《风俗·稼穑》，清顺治十七年（1660年）刻本。

⑦ 乾隆《济宁直隶州志》卷2《物产》，清乾隆四十三年（1778年）刻本。

⑧ 民国《莱阳县志》卷2《实业物产》，民国二十四年（1935年）铅印本；民国《增修胶志》卷9《物产》，民国二十年（1931年）铅印本。

⑨ 民国《齐河县志》卷17《实业谷类》，民国二十二年（1933年）铅印本。

小麦在山东省的分布极其广泛，明初山东济南、兖州、东昌、青州、登州、莱州六府夏税实征小麦数量虽然参差不齐，却占其总税粮数的30%[①]。兖州府属州县的资料表明各州县也是按此比例分配夏秋地亩的。由此看来，山东六府各地不仅普遍种植小麦，而且分布较为均衡。明代中期以后，在商品经济的刺激下，山东各地小麦播种比率不断扩大，而且在自然条件最适宜小麦生长的地区形成了集中种植区。鲁西北冲积与山麓平原各地土层深厚，熟化程度高，耕性优良，水资源条件较好，种植小麦产量稳定，为小麦的生态最适宜区，在明末小麦播种比例最大，产额也丰。兖州府泰山以西各州县地多膏腴，宜麦，如滕县"濒河之民，千亩麦，千石稻……其人皆与邑臃仕等"[②]，鱼台所属谷上曾为运河商业重镇，每年销售小麦及其制品以千万计[③]。济南府也是小麦的重要产区，如商河县有"七十二洼，时有积水，高处只能种麦，故有麦邱之名"[④]，历城县农家也说"一麦胜过三秋"。东昌府与青州府所属山麓平原各州县所获小麦也很著名，嘉靖《山东通志·图考》特别指出东昌府"其谷多黍麦"。而在广大的山地丘陵区小麦播种比例相对较小，仅处于粮作结构的次要位置。如安丘县万历时"齐民岁所树艺菽粟为主，麦次之"[⑤]，宁海州嘉靖时也是"多黍及穄"[⑥]。

清代山东省小麦的分布具有明显的区域性。鲁西北冲积与山麓平原仍是小麦的主要产区，其播种比重最高，多数州县平均播麦都占总耕地的55%左右，以鲁西南各县为例，曹州全部农作物中，"通计小麦居十之六七余，谷属十之三四，或俟收麦后就其地种之"[⑦]，峄县也是"二麦则阖境有之，视他禾十居七焉"[⑧]，邹县毛家堂小麦播种面积在康熙中期的13年次平均数占总耕地的64.3%，曲阜县齐王庄雍正三年（1725年）与乾隆五十五年

① 嘉靖《山东通志》卷8《田赋》，明嘉靖十二年（1533年）刻本。
② （清）顾炎武撰，华东师范大学古籍研究所整理，黄珅、严佐之、刘永翔主编：《顾炎武全集》第14册《天下郡国利病书·山东备录上·滕县志》，上海：上海古籍出版社，2011年，第1655页。
③ 万历《兖州府志》卷4《风土志》，明万历二十四年（1596年）刻本。
④ 民国《商河县志》卷2《实业志·物产》，民国二十五年（1936年）铅印本。
⑤ 万历《安丘县志》卷10《方产考》，明万历十七年（1589年）刻本。
⑥ 嘉靖《宁海州志》卷上《物产》，明嘉靖二十六年（1547年）刻本。
⑦ （清）陈梦雷编纂，蒋廷锡校订：《古今图书集成》卷230《职方典·兖州府风俗考》，北京、成都：中华书局、巴蜀书社，1985年，第11—18页。
⑧ （清）陈梦雷编纂，蒋廷锡校订：《古今图书集成》卷238《职方典·兖州府物产考》，北京、成都：中华书局、巴蜀书社，1985年，第49—52页。

（1790年）小麦播种比例分别为58%与51%。汶上县小麦的地位更重要，清初多数村庄都用70%的耕地播种小麦，有的甚至高达90%，乾隆时期美化庄多年随机平均小麦播种率为58%。由于播种面积广大，各属小麦产量位居各种粮作物之首，东平州"麦，邑人单指小麦而言，为食粮中最多之产品"[①]。鲁北平原基本与此类似，如商河县即以小麦为特产，"面白而味香，经黄水之后土性稍变，麦种更改，色香不及旧种而收入较多"[②]。历城县也"专以麦为生"，小麦为生产大宗，自给外辄供输出[③]。当然本区内部也有一些差异，滨海平原由于严重盐碱化，小麦播种率略低，宝箴堂1886年在海丰县种植小麦1651亩，仅为总耕地的44.5%[④]。

胶东丘陵与沂沭谷地气候温暖湿润，适宜小麦生长，清代发展成为山东比较重要的小麦产区，小麦播种面积一般占总耕地的45%左右。有人评估烟台附近农业生产时认为，某兄弟二人有地40亩，以20亩作春地，其余20亩内种豆子和小麦，40亩地分作两份，轮换耕作，小麦播种面积占总耕地的50%，这是胶东丘陵各州县耕作制的典型[⑤]。不过，考虑到胶东经济作物与新兴作物的扩种，笔者认为本区小麦播种比例当在45%上下。沂沭下游的兰山、郯城二县小麦产额也较丰，乾隆二十八年（1763年），郯城县仓储谷米大量折纳小麦，常平仓共实存谷4629石，麦20 826石，存仓小麦相当于谷子的4.5倍，如以"一麦抵二谷"折算，则相当于谷子的9倍，义仓的情形也大致相同[⑥]。谷子带壳能长期储存，故仓储多用谷，今折纳小麦如此之多，说明当地小麦产量颇大，价格较低。兰山县也是"麦面作饼为民食主要……故县境农业以麦为主"[⑦]。

其余中南山地丘陵区小麦虽然普遍种植，但在农作结构上多居次要位置，如蒙阴县沙岭之地小麦绝少，即"平原地多种谷子、高粱，次为麦

---

① 民国《东平县志》卷4《物产志》，民国二十五年（1936年）铅印本。
② 民国《商河县志》卷2《实业志·物产》，民国二十五年（1936年）铅印本。
③ 乾隆《历城县志》卷5《风俗》，清乾隆三十八年（1773年）刻本。
④ 李文治：《中国近代农业史资料第一辑（1840—1911）》，北京：生活·读书·新知三联书店，1957年，第187页。
⑤ 李文治：《中国近代农业史资料第一辑（1840—1911）》，北京：生活·读书·新知三联书店，1957年，第644页。
⑥ 嘉庆《续修郯城县志》卷2《田赋·附仓储》，清嘉庆十五年（1810年）刻本。
⑦ 民国《临沂县志》卷3《物产》，民国六年（1917）刻本。兰山县民国时改称临沂县。

豆"①，沂水县园畦与山岭地不宜种麦，只有坡地、涝地"两年三收，初次种麦"，洼地则"常有积水遇旱年始可播种，不过种麦一季或蜀秫一季耳"，以后三类耕地占全县70%计，其半数种麦，则麦田占全县耕地的35%，山地丘陵区小麦播种一般在这个比例上下。

清代山东种植小麦大致占总耕地的45%—50%，以48%计算，则清末小麦播种面积5803万亩，以亩产110斤计算，年产6383.3万担②。从山东省耕地面积为北方诸省之冠及播种比率与单产如此之高可以推知，清代山东省不仅是全国小麦播种面积最大的省份，而且是全国小麦产量最多的地区。

（二）大麦与荞麦

大麦与小麦茎叶相似，如上述也有冬春两种。人们习惯上以大小二麦并称。不过，大麦皮厚面粘，食用只能做粥或炒面，一般多做饲料或制曲，需求量较少。因此，尽管各地皆有种植大麦，但播种面积较少，一般仅及小麦的1/10或者更少，其生态适宜范围与小麦相似，故分布特征与小麦一致，此不赘述。

荞麦也称莜麦，"春种秋谷遇伤，夏乃种之，九月获，性劣于麦"③，主要是灾后救荒补种作物，有时也可作为麦茬后作物，如汶上县美化庄在乾隆元年（1736年）至乾隆四十年（1775年）随机抽取的十年中，种荞麦者就有八年，但每年的播种面积都很少，多在一二十亩之间（表4-9）。明清山东各府州县志物产门大都记有荞麦之名，说明其分布比较普遍，但各志记载皆极简略，除列其名外，最多兼及种植时间与救荒性质，并无一处大书特书。荞麦在山东各地并无大面积种植，在农作物结构中地位不显，主要是因为其性寒温，适口性较差，单产也不高，汶上县美化庄十年的平均亩产只有51斤，尚不及复种作物大豆单产的2/3④。而且种植荞麦尤其损耗地力，民国《荏平县志·物产》以为荞麦"遇天旱至三伏始植之，因有

---

① 林修竹：《山东各县乡土调查录》卷2《济宁道·蒙阴县》，济南：山东省长公署教育科，1919年。
② 山东省林业技术员训练所编《山东农业概要》记载1936年山东播种小麦4752万亩，总产量6977万担，可与上述估计参照对比，又本书所用各种粮食作物亩产量皆根据拙作《清代山东省粮食亩产研究》的推断（《中国历史地理论丛》1993年第2辑）。山东全省及各府耕地面积皆笔者博士学位论文《明清山东农业地理》。
③ 光绪《平度县乡土志》卷14《物产》，清光绪三十四年（1908年）抄本。
④ 李令福：《清代山东省粮食亩产研究》，《中国历史地理论丛》1993年第2辑。

泄地之损也"。

二、豆类作物

豆类作物品种繁多，明清山东各方志记载者就有十余种，它们不择土壤，适应性强，因其根瘤的固氮作用，不仅不损地力，而且有增加土壤肥力之效，故各地广泛种植。不过，蚕豆、小豆、扁豆、刀豆、豇豆诸种仅供做粥及制酱充蔬，需量不广，大多点播在园旁地头，或在其他春播作物出苗不齐时零星补种其残垄断行之间，很少大田成片种植，它们在豆家族中地位不显。其余黄、黑、青、白诸色大豆及绿豆、豌豆用途广泛，除制酱充蔬外，磨面可作食粮，又为牲畜饲料的主要来源，有的兼作油料作物，需求特多，种植面积较大，是豆家族的主要成员，也成为本书论述的对象。

大豆有春播和夏播之分，夏播者为五月收麦后复种作物，有增加粮食播种面积提高单产的好处。不过，元朝王祯《农书》谓"种大豆……皆三四月种"[1]，并无麦后复种者，也没有发现明前期有复种的资料。直到明末黄豆的著名品种仍为"五月黄、六月爆、冬黄三种"[2]。其中前两种五六月即已成熟，理应为春季播种。大致夏播大豆在明中期以后才逐渐推广开来，至明末清初在土地较为肥沃的鲁西北平原上升为主导地位，基本上取代了春播大豆。万历年间恩县诸色豆"俱五月种，九月中收"[3]，顺治年间，孔府在曲阜齐王庄、汶上所庄、邹县土旺庄、菏泽平阳厂等十几个地方所收分租大豆都是麦收后复种的（表4-6和表4-7）。定额地租中的种麦地除收取麦租外还收一定量的大豆，故一般通称为"麦豆地"。鲁东南丘陵山区夏播大豆比重也有增加，但并未完全排挤春豆的存在，顺治时登州府各地仍有"三月种大豆"的农事习惯[4]。清代中期以后，因人口对土地的压力增加，两年三熟制盛行，于是麦后种豆成为山东各地最普遍的情形，乾隆年间济阳县所种豆类品种很多，"先种后熟曰牛腰齐、曰铁甲豆、曰连叶

---

[1] （明）徐光启撰、石声汉校注、西北农学院古农学研究室整理：《农政全书校注》卷26《树艺·大豆》，上海：上海古籍出版社，1979年，第649页。

[2] （明）宋应星著、钟广言注释：《天工开物》卷上《乃粒·菽》，广州：广东人民出版社，1976年，第46页。

[3] 万历《恩县志》卷3《贡赋·种植》，明万历二十六年（1598年）刻本。

[4] 顺治《登州府志》卷8《风俗·稼穑》，清顺治十七年（1660年）刻本。

豆、曰红小豆、曰茶豆，后种先熟曰青豆、曰绿豆、曰黄豆，用各异”，大豆似也有春播者，但相对夏播者所占比例较少，夏播大豆替代春大豆的过程至此已基本完成。

诸色大豆及绿豆、豌豆的用途各有侧重，随着社会需求的变化，各自播种面积也有相应的增减，导致明清山东省豆类作物结构发生了一定的变化。豌豆是夏收作物，可秋播也可春播，成熟略在麦前，明清两代山东省都有一定的大田种植，若论其在豆类作物结构中的地位，则明代至清代中期显得重要，清后期则默默无闻。明代山东夏税有御马仓豌豆之征[①]，清前期豌豆仍是孙宅揆《区田说》倡导精耕细作的少数春种作物之一[②]。在有明一代与清前期北方存在大量官马的情况下，豌豆作为养马饲料当然会得到重视。绿豆质量位居豆类之首，“人俱作豆粥豆饭，或作饵为炙，或磨而为粉，或作面材。其味甘而不熟，颇解药毒，乃济世之良谷也”[③]。明代光禄寺、御马仓、酒醋曲局与坝上仓都在山东有绿豆之征[④]，清代前期富庶农民也多以“绿豆小米水饭”作为家常便饭[⑤]，故明代至清代中期山东绿豆的生产一直比较重要。明时兖州府每年征解绿豆1132石，这是一个不小的数字，超过黑豆、豌豆、芝麻等，仅次于粟米、小麦[⑥]。清代末期随着国内外市场的逐渐扩大，不仅绿豆本身有一定量的向外输出，而且其制成品粉条和粉丝也成为山东较重要的出口产品[⑦]，这促使绿豆的扩种，提高了它在豆类家族中的地位。

大豆以黄豆、黑豆为主，相对而言黄豆的用途更广泛，它作为食物没有黑豆那股苦味，脂肪含量特高，是榨油的好材料，这种粮油兼用性使其社会需求量特大。不过，明代前期似没有发明用黄豆榨油的技术，作为油

---

① 雍正《山东通志》卷8《田赋》，清乾隆元年（1736年）刻本。

② 乾隆《济宁直隶州志》卷2《物产》，清乾隆四十三年（1778年）刻本。

③ （明）徐光启撰、石声汉校注、西北农学院古农学研究室整理：《农政全书校注》卷26《树艺·绿豆》，上海：上海古籍出版社，1979年，第650页。

④ 嘉靖《山东通志》卷8《田赋》，明嘉靖十二年（1533年）刻本。

⑤ 西周生著《醒世姻缘传》第二十三回《绣江县无儇薄俗，明水镇有古淳风》写道：“家常便饭也来了，叫人掀开……一大罐绿豆小米水饭。”

⑥ 万历《兖州府志》卷24《田赋》，明万历元年（1573年）刻本。

⑦ 彭泽益：《中国近代手工业史资料（1840—1949）》第一卷（北京：生活·读书·新知三联书店，1957年，第61页）记1870年山东省“粉条和粉丝是用绿豆大量制作的……粉丝现为重要出口品”。虽然绿豆部来自东北，但山东所产也自不少。

料作物的功用未能发挥。山东所产黄豆主要供应食物消费，而且很少向外输出，明代山东税粮中仅酒醋曲局有黄豆之征①，故黄豆的地位并不太重要。明中期至清中期，黄豆开始用作榨油原料，而且需求量逐渐增大，其播种面积也随之不断扩大，乾隆五年（1740年）准山东买黄豆补足各项仓储，因"谷价均未平减，唯黄黑二豆因秋后雨水调均，较他种多获，其价较上年豆价减半"②，黄豆始成为豆类作物首席成员。清中期豆饼、豆油输出之禁废除后，才开始大量转运南方，嘉庆时平度州"知州周云凤弛豆饼出口之禁……而油业始盛"③，道光年间的《平度州志·物产》叙已说："利籍豆饼，州多种之（豆）。"咸丰九年（1859年）郭嵩焘在金家口港见"小车运载豆饼、花生上船，以数百辆计，填塞行道"，1890年前后，此港有油坊120家，是胶东的大豆加工中心和集散地④。此后国外市场开辟，黄豆及其制品豆饼、豆油输出数量剧增，1905年"山东省输出于日本的豆饼及豆油，产值约达一百五十万圆"⑤，据1911年《中国年鉴》记载，清末通过烟台、青岛两港向外转输的黄豆大约每年7.6万担，豆饼189万担。这大大刺激了山东省各地黄豆种植面积的扩大，使黄豆在豆类作物中一枝独秀，清末民初各地方志都把黄豆作为出产大宗，其他豆类则一笔带过或干脆不予著录。

黑豆的特点是蛋白质含量多，为牛马的最佳饲料，"淮北长征骡马，必食黑豆，筋力乃强"⑥。明代山东农家普遍饲养牛马，同时西三府还有官马的饲养，故本地消费黑豆很多，而且山东每年要向京师及北边各仓纳送大量黑豆。据嘉靖《山东通志·田赋》记载，山东省除各州县仓存外，起运秋粮约有1/3折征黑豆，主要纳送京师御马仓、牺牲所、坝上仓、坝上南仓、坝上北马房仓、隆庆卫仓、赵州堡并大小白杨二堡仓、洗马林并新河

① 嘉靖《山东通志》卷8《田赋》，明嘉靖十二年（1533年）刻本。
② 《清朝文献通考》卷36《市籴考·籴》，杭州：浙江古籍出版社，1988年，第5191页上。
③ 民国《平度县续志》卷10《民社志·商业》，民国二十五年（1936年）铅印本。
④ 《郭嵩焘日记》，转引自寿杨宾编著：《青岛海港史·近代部分》，北京：人民交通出版社，1986年，第18页。
⑤ 李文治：《中国近代农业史资料第一辑（1840—1911）》，北京：生活·读书·新知三联书店，1957年，第395页。
⑥ （明）宋应星著、钟广言注释：《天工开物》卷上《乃粒·菽》，广州：广东人民出版社，1976年，第46—47页。

口、雕口堡、张家口堡仓存储。历城县一地就征黑豆4601石，数量巨大①，可知明代山东省黑豆的播种面积较大，在豆类作物结构中地位重要。清代前期，山东额征粟米仍有不少改征黑豆，乾隆十六年（1751年），上谕："京师官兵牧养驼马需用黑豆甚多，豫东二省为出产黑豆之地，自雍正十年以来已于二省漕粮粟米内节次改征，每年合计额解黑豆二十万九千余石……现在二省额征运通粟米尚有三十七万余石，也可改征黑豆。"②有漕州县输纳黑豆数量很大，如青城县起运漕粮本色米3362石中改征黑豆2165石，德州仓改征耗米548石中折纳黑豆239石。同时京师八旗兵马所用黑豆多在山东采买，乾隆三年（1738年）谕令山东、河南二省采买黑豆运通以供支放，"八旗喂马驼黑豆在所必需，今户部仓贮甚少……应于山东采买五万石，河南采买三万石"③，所以清代前中期黑豆的种植比例仍然不小。顺治十年（1653年），汶上县胡城口、马村、鹿家庄、所庄及邹县土旺庄黑豆的播种面积都等于或超过了黄豆，而乾隆时期，汶上县美化庄黑豆的播种面积更大，在明确区分开黄黑豆的四个年份中，黑豆的播种面积每年都在290亩以上，最高达到502亩，分别占该年麦田的57%与95%，而黄豆竟三年没有播种，播种了的那一年也仅有91亩，根本无法与黑豆相比。此一特殊例证虽不足以说明清中期黑豆在山东各地总种面积皆高于黄豆，但至少可以说明黑豆在某些地方仍居于豆类作物之重要位置。清代末期因黄豆的迅速扩种，黑豆很快被排挤到次要位置。

除上述黑黄二色外，大豆还有青、白二种，清代前期"东省青白二豆素资江（苏）省民食，因河路远，必由海运，不在禁例"④，对外输出数量既多，播种面积自然也不会少。清后期则大田里播种较少，很多方志不再记载了。

明代山东各地都有豆类作物的分布，六府所属州县明代与清初方志物产皆有豆类的记载，而且多数地方黑、黄、青、白诸色大豆及绿、豌豆等多种豆类作物同时并存。从征折豆石来看，兖州府折征绿豆1132石，高

---

① 崇祯《历乘》卷7《赋役志·地庙》，明崇祯六年（1633年）刻本。
② 宣统《山东通志》卷78《田赋志·田赋》，民国四年（1915年）铅印本。
③ 民国《青城续修县志》卷2《田赋·漕米》，民国二十四年（1935年）铅印本。
④ 《清朝文献通考》卷32《市籴考·市》，杭州：浙江古籍出版社，1988年。

于黑豆的971石和豌豆的564石，说明兖州府绿豆的种植较为重要。所征豆石并非平均分配到各州县，征解绿豆的地主为东阿、定陶、东平、寿张、曹州与曹县六属。曹县、巨野与平阴三属征解黑豆，单县、泗水、金乡与巨野四属征解豌豆①。从明代整个山东省来看，位居胶东半岛的登莱二府豆类作物的种植地位最为重要，据嘉靖《山东通志·图考》记载，二府"其谷多稷菽"。青州府属安丘县紧邻莱州府，所种农作物也是"菽粟为多"②。

　　清代前期，山东豆类种植面积继续扩大，传统产豆区胶东半岛此时生产更盛，每年都有大量豆石通过海路运往江浙，不过运销的多为青白大豆，豆饼的输出受到限制。鲁西北平原各地随着麦后复种豆的增加，大豆的种植面积逐渐增加，因为麦后种豆可以粗放经营，既不需要上肥，也不需要耕地，而且大豆耐涝耐瘠，绝收年份少，相对其他复种作物，产量稳定，经济效益也高。因此，夏种麦田里生长的作物绝大部分是大豆。从清中期汶上县美化庄与邹县毛家堂、夏泃铺三地来看，大豆播种面积一般已占总耕地的20%以上，肥沃的地方如美化庄因复种率高，大豆播种比重更大，平均在30%以上，黄黑大豆成为鲁西南平原各地农产大宗之一。乾隆十六年（1751年），因运河两岸"有漕州县向皆出产黑豆"，"将泰安、莱芜、肥城、东平、东阿、宁阳、金乡、济宁、汶上、阳谷、菏泽、濮州、郓城、单、范、观城、朝城、聊城、博平、荏平、薛等二十一州县……米豆兼收，共改征黑豆三万石"③。清代后期山东黄豆出产特富，各州县无一不以黄豆为主要粮食作物，胶东半岛仍是山东主要产豆区，平度、潍县、高密、诸城、莱阳、宁海、胶州诸地每年输出黄豆及其制成品豆油、豆饼数量巨大，从烟台、高密大豆播种面积占总耕地30%—40%的情形来看，全区各地黄豆播种面积多在总耕地的30%上下。鲁北平原在黄河改道北移泛滥以后形成大片淤沙地，"其可种者只有黑、黄豆一类，收获也少，因春时少雨多风种子刮出，只能等夏至后大雨始行，方行播豆"④，加上麦田复种豆类，其播种比率也自不少，故乐陵、蒲台、利津、惠民、禹城、德州、平原各州县都有大量黄豆向外输出。鲁西南平原培育出一种适应低湿地的

① 万历《兖州府志》卷24《田赋》，明万历元年（1573年）刻本。
② 万历《安丘县志》卷10《方产考》，明万历十七年（1589年）刻本。
③ 宣统《山东通志》卷8《田赋》，民国四年（1915年）铅印本。
④ 民国《利津县续志》卷1《物产》，民国二十四年（1935年）铅印本。

优良大豆品种，"有一种粒小者名潦豆，不甚怕水淹，故名"①，而且其地肥沃，麦后种豆面积特大，故峄县、滕县、东平、泰安、曲阜、邹县、济宁、菏泽等地所产大豆数量基本上与农产大宗小麦、高粱的数量相等。

清代末年，山东省豆类作物播种面积占总耕地的30%左右，其中黄豆独多，其播种面积占总耕地的25%以上，以此标准计算，则清末山东省黄豆播种面积达3022.5万市亩，以亩产70斤计算，则年产黄豆211 575万斤，大致位于东三省与湖南、湖北以后，成为全国第三大黄豆产区。

第三节　新兴粮食作物的传播与推广

一、玉米

玉米原产于美洲，明代中期传入我国南方，以其曾经进贡朝廷故名"御麦"，因"玉"与"御"同音且其色黄润如玉，改叫"玉麦"。而后来一般统称玉蜀黍或玉米。

山东省引种玉米的年代较早，万国鼎先生考证当在1590年以前，因此年山东已有文献记载。不过，他并没有说明资料来源，使人无法断定最初引种的地区②。笔者所见的山东明代方志中全无玉米的踪迹，只在反映临清附近地主生活的小说《金瓶梅词话》中有西门庆宴客用玉米面的记录③。此书成于万历十三年（1585年）至万历三十年（1602年）之间④，大致与万国鼎先生推定的时间相同。如果万先生引用此书且其结论不误，那么临清州似乎是山东最早引种玉米的地区⑤，其传入路线是沿大运河从南方传来的。不

---

① 民国《东平县志》卷4《物产志》，民国二十五年（1936年）铅印本。
② 万国鼎：《五谷史话》，《古代经济专题史话》，北京：中华书局，1983年。
③ 《金瓶梅词话》第三十一回，"迎春从上边拿下一盘子烧鹅肉、一碟玉米面玫瑰果馅蒸饼儿与奶子吃"，又第三十五回"西门庆关席，韩道国打横。……又是两大盘玉米面鹅油蒸饼儿堆集的。把金华酒分付（吩咐）来安儿就在旁边打开"。（明）兰陵笑笑生原著，白维国、卜键校注：《金瓶梅词话校注》（二），长沙：岳麓书社，1995年，第835、951页。
④ 吴晗：《〈金瓶梅〉的著作时代及其社会背景》，《历史不曾远去：吴晗读史札记》，天津：天津人民出版社，2018年，第1—34页。
⑤ 临清位于京杭大运河河畔，交通便利，又是南方漕运及各国贡使的必经之地，最先引种玉米是可能的。不过也正因为此，商业地主西门庆所用的玉米面也可能是同金华酒一起从南方输入的，小说家言不如方志记载那么可靠。同时，《金瓶梅词话》成书年代并不确切，万先生如此断定也令人疑虑，假如万先生另有所本则当别论。

过，山东引种玉米并非仅此一途，顺治十六年（1659年）胶东半岛顶端的招远县也有玉米的种植，"玉蜀秫即玉膏粱，有五色，田畔园圃间艺之"①。招远县靠海，处于南北海运的中转位置，引种玉米如此之早应是由海道传来的。虽然山东东西部都可以直接由南方引种玉米，但直到雍正时期，引种玉米的地方仅增加了历城一县②，而且当时对玉米的认识也很模糊③，说明玉米仍处于引种阶段。

乾隆以后，山东省人多地少的矛盾日趋尖锐，人们开始向荒山野岭进军，于是适宜山地种植的玉米进入推广阶段。鲁西运河沿岸的鱼台、济宁、泰安、东阿、临清，大小清河流域的禹城、济阳、淄川、博兴，胶东半岛的福山、蓬莱、荣城、平度州等地清中期都开始了玉米种植④。位于鲁中南山区的沂水县，玉米因"易于成熟亦不大需粪力"而成为新垦岭地的唯一作物⑤。但从各地方志记载的简略来看，无论是鲁东南丘陵山区还是鲁西北平原，玉米的播种面积都比较少，仅处于初级的空间推广阶段。

清代末期，山东省各地推广玉米种植的速度很快，兖州府属滋阳、滕、峄、邹、宁阳，曹州府属菏泽、曹、范、观城，泰安府肥城、新泰，东昌府属莘、馆陶、高唐，济南府属齐东、齐河、陵县，武定府属惠民、乐陵，青州府属益都、日照、临朐，莱州府属潍县、高密，登州府属宁海、文登、海阳等州县清末方志都有玉米的著录，说明山东省大部分州县开始推广种植玉米。不过，多数志书记载仅是别名、俗称，间及棵株、性状仍然特别简略，可知各地播种面积并不很大。当然也有少数州县玉米播种面积逐渐得到扩大，至清末已成为当地主粮作物之一，如文登县"六谷之外，高田多包谷，洼田多穄，终岁之计，二者居其半焉"⑥，光绪《乐陵县乡土志·物产》也记载"玉蜀黍，俗名棒子，有黄白二色"，后注为当地

---

① 顺治《招远县志》卷5《物产》清顺治十七年（1660年）刻本。
② 康熙增刻明崇祯《历城县志》卷5《赋役志·物产》载有"玉麦"。何炳娣《美洲作物的引进传播及其对中国粮食生产的影响》以为崇祯时已引种，误。此志系康熙六十一年（1722年）增补而崇祯《历乘·物产志》无玉米之载。
③ 《古金图书集成·职方典》卷202《济南府物产考》引《历城县志》谓历城县有"玉麦""玉秫"两种作物，实际上都指玉米，如康熙《历城县志·方产志》的"玉秫"，是玉米的两种不同名称。
④ 见各该州县乾嘉道时期所修县志产类，此不具列。
⑤ 吴树声《沂水桑麻话》载："岭地……只宜种包（苞）谷，取其易于成熟亦不大需粪力。"
⑥ 光绪《文登县志》卷13《土产》，民国二十二年（1933年）铅印本。

农产大宗，惠民县农作物结构中玉米的地位也已很重要[1]。原已引种培育出适合本地特点的品种，结束了试种阶段，开始大量扩种。如胶州玉米"昔年胶土不宜，今种者多"[2]。清末玉米播种面积较大的州县主要分布在山东东部，不过因为该地区花生、番薯、蚕业生产的膨胀占据了不少耕地，限制了玉米的发展，并没有形成大范围的玉米重要产区。

二、番薯

番薯也原产美洲，明后期传入中国，因名番薯。在其后的传播过程中，各地借用其原有薯类作物之名称之，最初尚加"番"字以示区别，后来番薯栽培独盛，遂喧宾夺主袭有其名，如不加辨别就很难弄清山东清代番薯的传播和推广过程。

甘薯是我国固有的甜薯一类的土薯，李时珍《本草纲目》著录时曾引汉人《异物志》与晋时《南方草木状》为证，徐光启首先把番薯混作甘薯[3]，此后很多人把二者合而为一，而且把甘薯作为番薯的正式称呼，如明王象晋的《二如亭群芳谱》，清代官修农书《授时通考》等。这种称呼影响至今，因山东各地很少称番薯为甘薯，本书不取。

地瓜是山东省对番薯的普遍称呼，但我们并不能在方志物产中见到地瓜即以为是番薯。早在番薯引种我国之前的明朝正德年间，山东莘县又有地瓜之产[4]。一般认为番薯大致在万历初期传入我国南方某些地区，引种山东如本书所述更晚至乾隆初年。康熙年间的《寿张县志》与《历城县志》亦载有地瓜，但根据其根叶性状"似甘露而粗大"[5]，"叶茎如泽兰，其根生瓜，腌食甚佳，《月令》王瓜生即此"的描述[6]，知它并非番薯，而是中国土产薯类作物。不过，番薯传入不久，各地多以地瓜称之，如寿张县到嘉庆中期地瓜之名已为新兴扩种的番薯所夺，有名地瓜者即番薯。因此，

① （日）东亚同文会：《支那省别》第四卷《山东省》第四编"都会·武定府城"，东京：东亚同文会，1917年。
② 民国《增修胶志》卷9《疆域志·物产》，民国二十年（1931年）铅印本。
③ （明）徐光启撰、石声汉校注、西北农学院古农学研究室整理：《农政全书校注》卷27《蓏部·甘薯》，上海：上海古籍出版社，1979年，第688页。
④ 正德《莘县志》卷2《土产·蔬》，明嘉靖年间增刻本。
⑤ 康熙《寿张县志》卷5《物产》，清康熙五十六年（1717年）刻本；康熙《历城县志》卷5《方产》，清康熙六十一年（1722年）刻本。
⑥ 乾隆《乐陵县志》卷2《舆地志·物产》，清乾隆二十七年（1762年）刻本。

乾隆以后山东各地方志著录的地瓜除特别说明者外，本书多视为番薯。它如芋薯乃中国土产山药，芋头为中国原有的蹲鸱，也有以其代称外来作物番薯者。如嘉庆《莒州志·物产》载："地瓜，又名芋。"芋即芋薯，已代称番薯，由民国《重修莒志·物产》"芋薯，俗名地瓜，清乾隆间来自吕宋"可知。又咸丰《宁阳县志·物产》也以为"番薯，紫、红、白三种，土人呼为芋头，非也。芋头亦名芋魁，乃蹲鸱也"，即使今天，农民也有称番薯为红芋或山芋者，不过相延成俗也不可变。

　　乾隆初年山东胶东半岛与西部平原通过不同途径从南方各省引种番薯，乾隆七年（1742 年）郭大文所修《威海卫志》有"近有种番芋者"的记载。这是最早的关于山东栽培番薯的文献资料①。几乎与此同时，西部德州也开始引种番薯，而且很快成功地总结出薯种过冬的方法，为北方大规模推广栽培创造了条件。乾隆十一年（1746 年），黄可润乘船"舟次德州，家人上岸买番薯甚多而贱，问之，云四五年前，有河南、浙江粮艘带来，民间买种以为稀物，今则充斥矣"。可知乾隆七年（1742 年）前后，德州已经引种番薯，薯种来源途径有二：一是由河南经卫河水路传来，二是由浙江沿大运河传来。先是黄可润宦居北方，用他老家福建的种薯之法教民试种番薯，收获虽多，但因北方冬季寒冷干燥，薯种无法保存，多年试种皆不成功，番薯藤种无法过冬成为乾隆初年北方推广番薯的最大限制因素。仅仅经过四五年时间，德州农民就从种薯生产实践中总结出一套掘窖贮藏薯种安全越冬的方法，成功地解决了这一技术难题，对华北平原推广栽培番薯做出了巨大贡献②。

　　乾隆初年胶东威海卫地方引种番薯并没有成功，乾隆十四年（1749 年）闽商陈世元捐资募人由福建运种在胶州试种，这次引种不仅在胶州取得成功，而且由于陈世元的积极推荐引起了政府官员的重视。乾隆年间，山东省已是人满为患，再加上自然灾害频繁造成饥荒连年，番薯试种成功后充分显示了其耐瘠、抗灾、高产的特征，地方官从中受到启发，认识到广种番薯可以减灾救荒。乾隆十七年（1752 年），山东布政使李渭颁布《种植红

---

① 乾隆《威海卫志》卷 4《食货·物产》，民国十八年（1929 年）铅印本。明末山东新城县人王象晋《二如亭群芳谱·蔬谱》曾记载甘薯即番薯的栽培、食用方法，系抄录，不能作山东省番薯栽植的实录。
② （清）黄可润《畿辅见闻录》对其贮种之法有详细描述，见《牧令书辑要》卷 3《农桑·种薯》。

薯法则十二条》，对整地、栽植、管理、贮种、食用之法都有详细说明，尤其强调种薯之利，劝导各地积极引种番薯①。山东不少州县就是在此劝种令下开始番薯栽培的，泰安府"乾隆十七年各县奉文劝种，于高阜沙土地依法种植，最易生存，啖之可以代食，今（乾隆二十五年）所在有之"②，不过八年工夫，泰安全府已经推广普及。他如济宁、郓城、巨野、东阿、馆陶、宁阳等州县清代志书物产门都有类似的记载，说明乾隆十七年（1752年）劝种颇有成效。番薯的推广是一个长期的过程，很难一朝一夕一个法令即完成。乾隆十七年（1752年）后官府继续提倡，乾隆四十一年（1776年）山东按察使陆耀颁刻《甘薯录》，教导百姓广种番薯③。乾隆五十年（1785年）乾隆帝令毕源将《甘薯录》多为刊布传抄，推广全国④。

清代中期山东省推广番薯栽培的速度很快，鲁东南丘陵山区最为突出。胶州古镇试种成功后很快传到潍县⑤，其后诸城⑥、即墨⑦、平度、宁海、荣城⑧、福山⑨、海阳⑩、莱阳⑪、高密⑫、文登⑬等州县清中期都开始了番薯的栽培，几乎遍及胶东半岛全境。沂蒙山区的沙岗地"宜种薯芋（俗称地瓜）"，"民间亦有种者"⑭，其中沂水县，日照县⑮与莒州不仅引种较早，而且栽培面积不少，使沂州府在乾隆末期成为北方种薯成功的

---

① （清）李渭：《种植红薯法则十二条》，农业出版社编辑部：《金薯传习录》，北京：农业出版社，1982年。
② 乾隆《泰安府志》卷2《物产》，清乾隆二十五年（1760年）刻本。
③ （清）陆耀：《甘薯录》跋，（清）张潮：《昭代丛书》第三册《壬集补编》，上海：上海古籍出版社，1990年，第2485—2486页。
④ 《清实录·高宗实录》卷1234"乾隆五十年七月辛酉"条，北京：中华书局，1986年，第584页。
⑤ 《青豫等省栽种番薯始末实录》，农业出版社编辑部：《金薯传习录》，北京：农业出版社，1982年。
⑥ 乾隆《诸城县志》卷9《方物考》载："近又有名白薯，来自闽粤，以前所无，今亦为土产矣。"
⑦ 同治《即墨县志》卷1《物产》记："番薯，用以代粮。"
⑧ 道光《重修平度州志》卷10《物产》，清道光二十九年（1849年）刻本；同治《宁海州志》卷4《食货志·蔬品》，清同治三年（1864年）刻本；道光《荣城县志》卷3《物产》，清道光二十年（1840年）刻本。
⑨ 乾隆《福山县志》卷5《土产》载："番薯近自闽来，滋息遂繁。"
⑩ 荆甫斋、刘志耘主编：《海阳县志》，内部资料，1988年，第152—173页。
⑪ 民国《莱阳县志·物产》，民国二十四年（1935年）铅印本，谓："番薯，本名甘薯，百年前始传于北方，名为红薯。"大概为清中期传入该地。
⑫ 民国《高密县志》卷2《地舆·物产》载："番薯，俗名地瓜，清乾隆初闽商自吕宋携至，适合土宜。"
⑬ 光绪《文登县志》卷13《土产》谓："番薯，国初来自外洋。"可知传入较早。
⑭ 吴树声：《沂水桑麻话》，《山东史志丛刊》1991年第4期。
⑮ 光绪《日照县志》卷3《物产》载："甘薯，今俗呼地瓜……初传闽广，明代渐通北地。"可知传入较早。

典型①。

运河西岸平原地区清中期栽培番薯的州县也不少。泰安府、济宁州与宁阳、东阿、巨野、郓城、馆陶等地积极响应乾隆初期劝种令已见上述，冠县、曲阜、鱼台、临清、寿张、博平等地也逐渐栽培番薯，而且有些州县栽培面积不少，如曲阜县乾隆时，"多种甘薯即番薯"②。北部平原清中期引种番薯地方较少，只有长清、禹城、济阳、淄川、德平、寿光六县清中期方志物产类有载。

总体来看，经过乾嘉道三朝百余年的引种推广，山东省约有半数的州县开始了番薯的种植，其中鲁东南丘陵山区种植已很普遍。与玉米的引种推广相比，番薯虽然引种山东较晚，但其普及速度比玉米快得多。

清代末期，山东省番薯的种植进入了一个新阶段，鲁西北平原地区继续在种植范围上迅速扩展，鲁东南丘陵山区开始逐步扩大栽培面积，番薯成为当地的主要粮食作物之一，全省呈现出在广度基础上向深度发展的特征。

鲁西北平原的兖州、曹州、东昌、济南、武定各府与青州府北部地区绝大多数州县在清末开始了番薯的种植，这从各州县清末民初志书中可以得到证实。不过，各地栽培面积都不大，只有泰山西麓的个别州县因岭地宜于番薯开始扩种，如邹县"邑东山岭多种之，味胜他处"③，滕县"番薯有红白两种，今人以为常食，厕于五谷之列"④。有些地方出产较多，自给有余者也向周边输出，如肥城县"番薯、长生果每界冬春以手车肩挑贩运于济南、东昌等处，约亦岁进银万余两"⑤，平阴县番薯"每岁运出约三十万斤"⑥，最早引种番薯的德州此时取得较大发展，"山薯（番薯）水运至（天）津销岁计二十万斤"⑦。总体来看，番薯在鲁西北平原粮作结构中地位并不重要，仅处于推广栽培向扩大种植转化的过渡阶段。

---

① 《清实录·高宗实录》卷1234 "乾隆五十年七月辛酉"条，北京：中华书局，1986年，第584页。
② 乾隆《曲阜县志》卷37《物产》，其他州县见乾嘉道年间所修各地志书。
③ 山东邹县地方志编纂委员会办公室：《邹县旧志汇编》第十四章，内部资料，1986年，第56页。
④ 宣统《滕县续志稿》卷1《土地·物产》，清宣统三年（1911年）铅印本。
⑤ 光绪《肥城县乡土志》卷9《商务》，清光绪三十四年（1908年）石印本。
⑥ 光绪《平阴县乡土志·商务》，清光绪三十三年（1907年）铅印本。
⑦ 光绪《德州乡土志·物产》，清光绪同修抄本。

鲁东南丘陵山区番薯栽培发展较快，已经在推广的基础上全面扩大种植面积。兰山县"种者极多，贫民以为粮，俗呼红芋"①，日照县"地沙水易涸，种亦不蕃，惟恃甘薯"，光绪中已是"抵谷之半矣"②。胶州道光末已"蕃衍与五谷等，南鄙尤多"，清末更是"农民冬食多仰赖之"③。文登县光绪时"竞种之，山田沙土无不蕃育，所获可敌良田，俗名地瓜"④。平度州"同治间始多种者，今可称大宗，最利贫民，州人切片曝干囤藏以御荒歉"⑤。高密县光绪末年番薯"生殖番衍，乡人皆蓄以御冬"⑥。宁海州地方"田少山多，田又系沙质，种薯最宜，贫民依此为生，几取谷类而代之矣"⑦。海阳县农民房毅，清末种地 7 亩，每年约收麦豆杂粮 822 斤，番薯 2400 斤，折粮 600 斤，相当于麦豆杂粮的 2/3 还多，方志所谓抵谷之半委实不缪。以每亩 1500 斤单产计，约有番薯 1.6 亩，也占其全部土地的 1/5 以上⑧。这样看来，胶东半岛各地清末番薯在粮食作物中地位特高，其种植面积约占总耕地的 15%，产量则相当于粮食总产量的 35%，农民食物结构上番薯则近乎一半。这就怪不得宣统《山东通志》的作者认为番薯"今登莱人以为常食，厕于五谷之列"⑨。清末鲁东南丘陵山区番薯急剧扩种的主要原因如下：一是番薯特别适宜本区的自然特点，本区山田岭地较多，土壤硗薄，种植其他作物产量不高，而番薯"山田沙土无不蕃育，所获可敌良田"；二是番薯单产特高，一般情况下亩产不下 1500 斤⑩，折原粮三四百斤，相当于种植其他作物单产的二倍有余。能用较少的耕地获得最大的生产量，这在当时人多地少、饥荒连年的情况下，无疑成为农民的最佳

---

① 民国《临沂县志》卷 3《物产》，民国六年（1917 年）刻本。此志修于民国六年（1917 年），用以说明明清末情形似无大谬。
② 光绪《日照县志》卷 3《食货志·物产》，清光绪十二年（1886 年）刻本。
③ 道光《重修胶州志》卷 14《物产》，清道光二十五年（1845 年）刻本；民国《增修胶志》卷 9《物产》，民国二十年（1931 年）铅印本。
④ 光绪《文登县志》卷 13《土产》民国二十二年（1933 年）铅印本。
⑤ 光绪《平度州乡土志》卷 14《物产》，清光绪三十四年（1908 年）抄本。
⑥ 光绪《高密县乡土志·物产》，清宣统元年（1909 年）石印本。
⑦ 民国《牟平县志》卷 11《物产》，民国二十五年（1936 年）石印本。虽系民国初年事，当可知清末番薯地位较高。牟平县，系清宁海州改称。
⑧ 荆甫斋、刘志耘主编：《海阳县志》第十六篇，内部资料，1988 年，第 547—550 页。
⑨ 宣统《山东通志》卷 41《疆域志·物产》，民国四年（1915 年）铅印本。
⑩ 据陈世元《金薯传习录》记载，番薯"上地一亩约收万余斤，中地约收七八千斤，下地约收五六千斤"。实际亩产很难如此之高，似该文用大亩计，据笔者估计，番薯一般亩产为一两千斤。

作物选择。

清末山东省番薯的种植面积和产量没有统计数据，只能根据一般情况做一粗略估计。以登莱二府番薯播种面积比率15%、沂州府10%、其余各地2%与亩产1500斤计，登莱二府栽培番薯230万亩，总产3450万担，沂州府105万亩，1575万担，其他地方190万亩，2850万担，全省总计栽培番薯525万亩，总产7875万担，折原粮约1575.4万担，大约可以养活176万人口。假如种番薯地亩80%为清代中期以后开垦成熟的，则番薯这一外来作物的引种推广为山东省每年增产粮食1260万担，多养活人口221万。

三、马铃薯

马铃薯也是美洲作物，因其味淡，长期不为人喜欢，故传入中国的时间较番薯为晚且推广也慢。山东引种马铃薯的时间约在19世纪末，德国人占据青岛后胶东的平度①、胶州②等地开始试种，其薯种"来自外洋"，大概是德国人带来的，其后高密、掖、莱阳、福山、宁海等州县逐渐引种③，但其栽培面积较少，仅处于试种阶段。清末山东引种马铃薯并不局限于胶东地方，鲁西的滕县肯定也有马铃薯的栽培④。因此，宣统《山东通志·物产》也有其名。

第四节　谷类及稻类作物的兴衰与分布

一、谷类作物

谷类是北方旱地农作区传统种植作物，品种很多，明清以前粟、黍、稷的播种比重特大，明清时候地位逐渐下降，而高粱的播种面积不断扩大，占据了杂粮作物的主要位置，它如穄子、薏苡也有一定的分布。

（一）高粱

高粱在古志书中写法多样，有蜀秫、蜀秫、秫秫、秫蜀诸种，皆发音

---

① 民国《平度县续志》卷2《物产》载："德人据青岛后，邑人又间种马铃薯，俗号地蛋。"
② 民国《增修胶志》卷9《物产》载："有别种曰地蛋，原名马铃薯，来自外洋。"
③ 见各州县清末民初县志物产。
④ 宣统《滕县续志稿》卷1《土地·物产》，清宣统三年（1911年）铅印本。

相同，实际上是一个名词的不同写法。其栽培历史悠久，最早见于西晋张华的《博物志》。但隋唐载籍却未见著录，直到宋代其名又出现于咏物诗中，元代农书始记其栽植之法，大致宋元之际，高粱才在北方得到初步推广①。明清时候，山东省高粱的种植极其普遍，而且其播种面积不断扩大，逐渐成为最重要的杂粮作物。

经过明代二百余年的发展，明末清初高粱在鲁西北平原各地种植比重较大，在春播作物中超过了传统主粮粟而居于首位。如汶上县万历年间"陂泽沮洳之场亦居其半，雨水流潦禾菽不植，惟秫（高粱）与麦生之"②，汶上所属陈家闸、胡城口、马村、高家庄等十三庄清初顺治年间几个年次的孔府档案资料表明，高粱在各庄每年都有播种且面积较大，在春播作物中地位最高，综合来看其播种面积占了春播耕地的2/3左右。其余鲁西南平原各县清初情形也大略如此，如峄县"东南地卑下独宜秫稻"③，邹县土旺、岗上、双村、毛家堂四庄与曲阜县齐王庄高粱的播种面积都在春季作物中超过粟，鱼台县境独山屯权家铺庄有耕地93亩，播小麦31亩，高粱38亩，粟10亩，高粱的播种面积最大，约占耕地的41%，只有菏泽县平阳厂顺治十年播种高粱13亩，低于粟米的18亩。鲁西北平原明清时期黄运泛滥频繁，低洼地区广布，而且因积水严重，土壤大片盐碱化，这样一来，耐碱抗涝的高粱理应成为此区的优势作物，徐光启说："北土最下地，极苦涝。土人多种蜀秫。"④此时鲁东南丘陵山区各地也广泛种植高粱，如青州府属安丘县万历年间，"贫民赖（高粱）以糊口"⑤，登州府二月布种蜀秫⑥。不过，与鲁西北平原相比，本区高粱的种植比重似乎较少，康熙年间地方官报告各地农作物生长情形时，西三府总把高粱放在粟前，东三府则将高粱排于粟后。

清代中后期，高粱的播种面积仍然继续增长，不仅在鲁西北平原而且

---

① 万国鼎《五谷史话》，《古代经济专题史话》，北京：中华书局，1983年，第30页。

② 万历《兖州府志》卷4《风土志》，明万历二十四年（1596年）刻本。

③ （清）陈梦雷编纂、蒋廷锡校订：《古今图书集成·职方考》卷238《兖州府物产考》，北京、成都：中华书局、巴蜀书社，1985年，第49—52页。

④ （明）徐光启撰、石声汉校注、西北农学院古农学研究室整理：《农政全书校注》卷25《树艺·蜀秫》，上海：上海古籍出版社，1979年，第631页。

⑤ 万历《安丘县志》卷10《方产考》，明万历十七年（1589年）刻本。

⑥ 顺治《登州府志》卷8《风俗·稼穑》，清顺治十七年（1660年）刻本。

在鲁东南丘陵山区部分州县确立了它在杂粮中的主要位置。康熙中期邹县毛家堂的高粱播种比率呈上升趋势，由康熙二十一年（1682年）的不到净耕地10%，逐步提高到康熙三十八年（1699年）的35%左右，多年平均也在24%上下，而同时期粟的播种相对较少，有些年份甚至一亩不种，多年平均仅占总耕地的3%。曲阜县齐王庄顺治时播种高粱43亩，粟31亩，二者相差不大，雍正、乾隆年间粟的播种面积略有下降，多局限在30亩以下，而高粱的播种面积有大幅度增加，分别达到186亩与223亩，相当于清初的四五倍。乾隆年间汶上县美化庄高粱的播种面积多在230亩上下，相当于粟米播种面积的二倍以上，占净耕地的25%，为总播种面积的15%，多年平均为17.6%，而且有略微上升的特征，在随机抽取的十年次资料中前五年的播种面积比率都低于多年平均值，后五年却都高于平均值。早粟的播种面积一般在70—100亩，仅占总耕地的1/10，多年平均占总播种面积的7.7%，即使加上晚粟也占不到总播种面积的一成，根本无法与高粱抗衡。高粱播种既广，产量也多，于是成为各地农产大宗，也是平民日常主要食物，如东平州高粱"种之颇多，产量与小麦等"①，巨野县"富家多食麦，贫者以高粱为主食"②。

并不仅是上述鲁西南平原一地，在全省范围内来看，高粱的播种面积都得到扩展，到清末超过粟米而成为最重要的春播作物。鲁西北平原低洼密布且面积较大，如夏津县有十二洼，商河县有七十二洼，皆方圆十数里不等，"洼地夏秋多植高粱，如来水稍晚，谷已熟，秫杆高丈许可于水中取也"③。博兴县也是"下隰多积水，秋获为艰，秫性耐涝而播者众"，高粱米酿制的烧酒成为本县输出品大宗④。章丘县每年出产烧酒100万余斤，消耗高粱一定不少⑤。济阳县乾隆时高粱的品种多样，"先种后熟曰黄罗伞、曰老瓜座、曰柳机，后种先熟曰六叶、曰打锣槌"，当地种植也自不少⑥。

---

① 民国《东平县志》卷4《物产》，民国二十五年（1936年）铅印本。
② 康熙《巨野县志》，转引自（美）黄宗智：《华北的小农经济与社会变迁》，北京：中华书局，1986年，第112—113页。
③ 民国《夏津县志续编》卷1《山川》，民国二十三年（1934年）铅印本；民国《商河县志》卷2《农业》，民国二十五年（1936）铅印本。
④ 民国《重修博兴县志》卷下《商务》，民国二十五年（1936年）铅印本。
⑤ 光绪《章邱县乡土志》卷下《商务》，清光绪三十三年（1907年）石印本。
⑥ 乾隆《济阳县志》卷1《物产》，清乾隆三十年（1765年）刻本。

鲁东南丘陵山区高粱的种植地位也逐渐提高，清末多数地方播种面积超过了粟米。如平度州纳粮有四色（麦、菽、高粱、谷）、三色（麦、菽、高粱）、两色（麦、高粱）之别，从其比重看，高粱的地位超过菽、粟，与麦同居主要位置①。高密县"高粱酒多自莱郡出口，岁十余万斤"，其"西南境种高粱者十之七八"，多织席出售②。昌乐县"邑中春田，种高粱者居半焉"③。民国《莱阳县志·物产》也谓高粱"在昔，县各处多种之"，海阳县所产的高粱民国二年（1913年）在省农展会上获得二等奖④，兰山县居民以此为主食，各地"种者特多"⑤，沂水县大田春播作物也是以高粱为主⑥。

综上所述，清代高粱在山东省各地都有扩展，尤以鲁西北平原与胶莱平原播种比重较大。表4-10列出了1919年海阳、潍、益都、蒲台、乐陵、范、滕、莒等八州县各种粮食作物的产量，除莒县外高粱的产量都高过粟。从全省范围来看，清末高粱的播种面积远远超过粟而位居杂粮之首。以为清末山东粟米占据春播作物优势地位的观点应该修正⑦。

表4-10　民国八年（1919年）山东省部分州县主要粮食作物产量

县别	田地（顷）	麦	高粱	粟	豆	黍稷	其他
海阳	6716	1121	1152	723	1109		2244
潍县	16 149	3098	3090	1389	1880	60	8
益都	13 109	325	975	650	260	56	265
蒲台	5364	120	700	500	400	20	200
乐陵	12 262	1342	1755	1500	711	125	750
范县	7261	5020	3300		692	3	

① 光绪《平度县乡土志·物产》，清宣统元年（1909年）刻本；民国《平度县续志》卷10《农业》，民国二十五年（1936年）铅印本。
② 光绪《高密县乡土志·商务》，清宣统元年（1909年）石印本；光绪《高密县乡土志·物产》，清宣统元年（1909年）石印本。
③ 民国《昌乐县续志》卷12《物产志》，民国二十三年（1934年）铅印本。
④ 荆甫斋、刘志耘主编：《海阳县志》第四篇，内部资料，1988年，第173页。
⑤ 民国《临沂县志》卷3《物产》，民国六年（1917年）刻本。
⑥ 吴树声：《沂水话桑麻》，《山东史志丛刊》1991年第4期。
⑦ 据山东省林业技术训练所编著《山东农业概况》记载，19世纪30年代中期，山东播种高粱1601万亩，粟只有340万亩，高粱面积相当于粟的四五倍，并不可能一二十年就能达到。

续表

县别	田地（顷）	麦	高粱	粟	豆	黍稷	其他
滕县	13 217	7760	5000	2800	2040	2	3090
莒县	16 418	2280	1480	8660		345	225

注：海阳县作物产量的单位为百担，其余各县为百石

资料来源：荆甫斋、刘志耘主编：《海阳县志》，内部资料，1988年；林修竹：《山东各县乡土调查录》，济南：山东省长公署教育科，1919年

明清山东省各地高粱的播种面积不断增加，以及种植比重逐步提高，主要是通过排挤其他杂粮作物尤其是粟谷的种植而实现的。表4-11列出了曲阜县南池庄清初与清末粮食作物播种比率，前后对比可知麦豆的播种比率少有增加，高粱的播种比率有显著增加，由占总播种面积的25%上升到36%，净增长11%，而与此同时，谷子的播种比率却下降了9.4%。

表4-11　清初与清末曲阜县南池庄作物播种比率

项目年代 种类	顺治九年（1652年）		光绪十五年（1889年）		清末较清初
	播种面积 （大亩）	播种比率	播种面积 （大亩）	播种比率	播种比率增减
小麦	127.8	31%	136	32%	+1%
高粱	104.1	25%	152.1	36%	+11%
豆类	102.1	24.7%	108.8	25.7%	+1%
谷子	39.1	9.4%			-9.4%
其他	39.1	9.4%		6.3%	-3.1%

注：1大亩=3标准亩

资料来源：中国社会科学院近代史研究所中华民国史研究室、山东省曲阜文物管理委员会：《孔府档案选编》上册，北京：中华书局，1982年，第294—303页

高粱逐渐扩种的主要原因有三点：（1）高粱生态适应性较强，对土壤无严格要求，无论是沙土、黏土，还是一般的酸性土、碱性土都能生长，其根系发达，可深入土壤深层吸取水分、养分，具有抗旱耐涝耐瘠薄的特点，其株节高，在生长期后期抗涝能力尤强，在积水中也能灌浆成熟，"尤宜下地。立秋后五日，虽水潦至一丈深，不能坏之"[1]。（2）高粱用途广

---

[1]（明）徐光启撰、石声汉校注、西北农学院古农学研究室整理：《农政全书校注》卷25《树艺·蜀秫》，上海：上海古籍出版社，1979年，第630页。

泛，各地平民多以此为主要食物，"合豆为之，高者曰窝头，扁者为饼子"①；秸秆不仅可作炊用燃料以补各地柴薪不足，而且是屋笆的主要材料来源；叶子可干储做牲畜饲料；同时它作为手工业原料，"制醋蒸酒出售甚易"②。（3）高粱单产高，除明显高于黍、稷、穄等杂粮外，与粟相比也占有一定优势。拿清代中期汶上县美化庄与邹县毛家堂、夏涧铺多年平均亩产为例，三庄粟谷亩产分别是204斤、149斤与74斤，这是指带壳谷物，以7/10的出米率折算亩产量分别约为143斤、104斤和52斤，都较高粱的平均亩产为低③。高粱为用既溥，单产也高，其逐渐扩种以替代其他杂粮作物对于增加粮食生产、充裕民食有重大意义。

（二）粟、黍、稷、穄子与薏苡

1. 粟

北方人俗称谷子，脱壳谓之小米，多春播秋收称早谷，也有麦后复种的晚粟。其品种很多，顺治《登州府志·物产》记载"粟有数十种，大约分黄白晚三种，俗名为谷"。粟栽培历史悠久且一直是北方旱地农区最主要的粮食作物，明清两代山东各地都有粟的种植，秋粮的征收与仓储的储存多以粟谷为大宗，但受高粱扩种的影响，粟的播种比重趋向下降，至清末其重要地位在大部分地区已为高粱所夺，大致情形请看高粱一节的论述，这里仅做一些补充说明。明末粟在鲁东南各州县仍然种植较多，安丘县"齐民岁所树艺菽粟为多"④，莱芜县"李本，弘治间岁荒，本捐粟八千石以赈饥"⑤，一家存谷超过八千石可知粟产额颇丰，历城县"树谷，岁丰青秀连野"，故崇祯《历乘·方产考》叙论说："北人以粟为主，粟收遂称大稔。"⑥清末粟米主要种植区域更加缩小，现有资料中仅有位于山区的莒州粟产量超过高粱。笔者认为粟在明清山东各地播种面积比率下降的自身原

---

① 民国《利津县续志》卷1《物产》，民国二十四年（1935年）铅印本。
② 民国《临沂县志》卷3《物产》，民国六年（1917年）刻本。
③ 高粱无壳可直接做饭，而粟谷一般折米率为二谷抵一米，但实际出米率在十分之六七之间。见拙作《清代山东省粮食亩产研究》，《中国历史地理论丛》1993年第2辑。
④ 万历《安丘县志》卷10《方产考》，明万历十七年（1589年）刻本。
⑤ 嘉靖《莱芜县志》卷6《人物志·义人》，明嘉靖二十七年（1548年）刻本。
⑥ 崇祯《历乘》卷12《方产考》，明崇祯六年（1633年）刻本，又（清）陈梦雷编纂、蒋廷锡校订：《古今图书集成》卷202《职方典》，北京、成都：中华书局、巴蜀书社，1985年，《济南府物产考》引《历城县志》曰："谚虽云一麦胜三秋，然历人以谷成为大有。"

因有两点：第一，粟不适于沙土，耐涝能力也差，于是在广大平原低洼地区的产量较低且不稳定；第二，封建社会缺乏培育选择种子的技术，粟在长期繁衍中逐渐分成较多品种，但质量却在退化，优良品种较少。

2. 黍稷

皆为北方旱作区传统农作物，明清山东各州县普遍分布，其生态条件与粟相近而单产更低，故播种比重较低，而且同粟一样在明清两代有逐渐下降的趋势。明代时，东昌府多黍，莱州、登州二府多稷[①]。清中期，黍的种植仍然不少，海阳县"贫者食黍粥豆渣"[②]，但鲁西南平原上的汶上、曲阜、邹县、菏泽等地虽有黍稷的播种，但面积零星，无法与麦、菽、高粱、粟等相比。民国初年海阳、潍、益都、蒲台、乐陵、滕、范、莒八州县都有黍稷的生产，但产量很少，有的已经不再单独开列，可见清末黍稷的种植地位较明时更低。

3. 穄子

有水陆两种，主要种植者为水穄，因其至秋水深不没顶即可收成。其子可食也可作饲料，其叶为襄，苫屋饲牛，为用尚多，故明清山东各地洼下之区湖河之畔，因雨季积水不能种它物者多种之。

明时山东省东部青州、登州、莱州三府穄子分部较广，出产也丰，明末清初各府志都把穄子作为通产[③]，其中登州府尤其突出，所属宁海州"五谷同于天下，而麦为佳，多黍及穄"[④]，穄为农产大宗。文登县城西二十里铺有学田120亩，"岁收谷二十四石，因地不宜谷，具请改纳穄十六石，黄豆八石"。其城西二十里今有老母猪河，其上游为米山水库。是学田今为水库区域，明代为河流洼地，故多种穄[⑤]。穄子可作纳租物品，其附近地方应

---

① 嘉靖《山东通志》卷1《图考》，明嘉靖十二年（1533年）刻本。

② 乾隆《海阳县志》，转引自（美）黄宗智：《华北的小农经济与社会变迁》，北京：中华书局，1986年，第113页。

③ 嘉靖《青州府志》卷7《物产》，明嘉靖四十四年（1565年）刻本；万历《莱州府志》卷3《物产》，民国二十八年（1939年）铅印本，顺治《登州府志》卷8《物产》，清顺治十七年（1660年）刻本。

④ 嘉靖《宁海州志》卷上《地理志·物产》，明嘉靖二十六年（1547年）刻本。

⑤ （清）陈梦雷编纂、蒋廷锡校订：《古今图书集成》卷274《职方典·登州府学校考》，北京、成都：中华书局、巴蜀书社，1985年，第44—45页；山东省测绘局编制：《山东省地图册·文登市》，济南：山东省地图出版社，1988年，第25页。

也有一定的种植。招远县穄"生水田中及下隰地，邑南乡宜之"①。西三府穄的种植特别零星，在所检明代方志中仅济南府新泰县与东昌府夏津县有产②。当然穄子并不可能局限于上述范围，但以济南、东昌、兖州三府明代志书不载其名来看，穄子并没有较大面积的播种。穄子种植东多西少的现象可能与西部低洼地多为高粱所占有关。

清朝建立后总结以往经验，令各地洼地多种穄。在政府的号召下，山东省的种穄范围似有扩展。武定府河洼较多，穄子种植比较普遍，乐陵、海丰、霑化、阳信、青城、利津等县清末民初方志都有记载，济南府济阳、齐河、淄川，运河沿岸的东阿、荏平、恩县等地也有一定的出产，沂州府兰山县"沂东及沂河沿岸城北各乡以次为主要食品"③；沂水、莒州低洼之区"大概秋种穄子。此禾耐水且易熟，不费工本，民间食谷大半皆此，甚合土宜"④。由淄川县康熙志无载而乾隆重续物产志时编入来看，淄川的穄子是清前中期引种的⑤。东部青登莱三府仍是穄子种植的主要地区，宁海州"河流两岸辄有小块水田种植穄稻"⑥，寿光县"穄子即稗子，产量最多，惟甲厚而米少，土人植道旁以护禾，水稗植洼田中，皆可蒸食"⑦，莱阳县"邑东南（以穄）为重要食粮"⑧。宣统时海阳县民房毅一家每年收穄子293斤，产量除少于小麦与番薯外，多于谷子及其他杂粮，位居产量第三位⑨。

4. 薏苡

又称薏黍，俗称米珠子，除食用外又可入药，故明清山东也有零星种

① 顺治《招远县志》卷5《物产》，清顺治十七年（1660年）刻本。
② 嘉靖《夏津县志》卷2《物产》，明嘉靖十九年（1540年）刻本；天启《新泰县志》卷4《土产》，明天启年间刻本。
③ 民国《临沂县志》卷3《物产》，民国六年（1917年）刻本。其余见清代及民初各县志。
④ 吴树声：《沂水话桑麻》，《山东史志丛刊》1991年第4期；又自注："势如稗子，莒沂最多。"
⑤ 宣统《三续淄川县志》卷1《物产》，民国九年（1920年）石印本。
⑥ 民国《牟平县志》卷5《政治志·农业》，民国二十五年（1936年）石印本。
⑦ 民国《寿光县志》卷11《物产》，民国二十五年（1936年）铅印本。
⑧ 民国《莱阳县志》卷2《实业·物产》，民国二十四年（1935年）铅印本；又民国《莱阳县志》卷2《实业·民生状况》，民国二十四年（1935年）铅印本载："民国前五六十年……食以稷、穄为大宗，豆粕、菜叶为佳品，自番薯传入，稷、穄又为中人常食之美品。"
⑨ 荆甫斋、刘志耘主编：《海阳县志》第十六篇，内部资料，1988年，第547—550页。

植，各地多为"田畔种之"①。以全省分布状况来看，东部相对较多，莱州府平度、胶州与掖县出产颇为著名②，登州府莱阳、宁海、招远也是"所在有之"③，嘉靖《青州府志·物产》也记有薏苡仁。鲁西各地仅有新城、邹、淄川、历城、齐河、东平等县有薏苡的出产④。

二、稻类作物

稻有水陆两种，水稻需按时浇水，要求有一定的灌溉设施及育苗、管理技术，故明清山东水稻的生产与分布随各地官员的提倡与水利建设的发展与衰落而兴衰不定。陆稻也称旱稻，适应性相对较强，不仅极其耐涝，适生于低洼湖田，还有一定的耐旱能力，在山丘岭地上也能种植，由此，陆稻的分布范围较为广大，但播种面积不甚大。因不少志书记载时并无区别，故本书把二者合并论述。

明代济南、青州与兖州三府是山东种稻较多的地区。济南、青州两府大小清河流域各县栽培的主要是水稻，成化年间，唐虞仪浚大小清河，"得湖田数百顷，历城之有稻，实自兹始"⑤。新城县所属锦秋湖与章丘县的白云湖周围，低洼宜稻之处多垦成水田，遍插稻秧⑥。济阳县明代也向本府广储仓缴纳稻米⑦。历城县南靠历山，其下泉源众多，有名泉七十二之盛，汇渚流达于北关□华之间，人们开渠辟田，置闸十余个，进行水稻栽培，产量颇多⑧。博兴县明末种植水稻也卓有成效，万历年间郑发国为县丞，"察水势物产土宜曰：此即荆扬下湿之地，独宜稻秫，以他植争之则不胜，于是召南民数十，置庰斗桔槔耘耔之具，习浴种，莳植之，分而又大开水

---

① 雍正《山东通志》卷24《物产志》，清乾隆元年（1736年）刻本。
② 万历《莱州府志》卷3《物产》，民国二十八年（1939年）铅印本载："平度有薏苡。"（清）陈梦雷编纂、蒋廷锡校订：《古今图书集成·职方典》卷286《莱州府物产志》，北京、成都：中华书局、巴蜀书社，1985年，第38页，记薏苡"出平胶州"；乾隆《掖县志》卷1《物产》，清乾隆二十三年（1758年）刻本。
③ 顺治《招远县志》卷5《物产》，清顺治十七年（1660年）刻本；民国《莱阳县志》卷2《物产》，民国二十四年（1935年）铅印本；民国《牟平县志》卷1《物产》，民国二十五年（1936年）石印本。
④ 见各县明清县志。
⑤ 崇祯《历城县志》卷13《艺文志二》，明崇祯十三年（1640年）刻本。
⑥ 民国《重修新城县志》卷2《方舆志·山川》，民国二十二年（1933年）铅印本。
⑦ 民国《济阳县志》卷4《田赋》，民国二十三年（1934年）铅印本。
⑧ 崇祯《历乘》卷12《方产考》，明崇祯六年（1633年）刻本。

门，为因时启闭灌溉之法，岁辄穰穰成熟，故博民因之家传户习，自是水利大开，而沿河无弃壤矣"。其后因洪水暴涨，渠闸淤塞，种稻设施毁于一旦。崇祯初翁兆云知博兴，"下车履亩巡视，筑河堤数十里，随地建石闸十六以为启闭，水利复兴"①。同时两府其他地方也有稻的种植，天启《新泰县志·土产》与嘉靖《临朐县志·物产》就分别记有"旱稻"和"稻"的出产。嘉靖《山东通志·图考》特别提出济南府"其谷多稻"，青州府"其谷多稻麦"。兖州府"粳稻则间有焉"，所属东平州"城东地肥饶，芦泉之沃颇宜粳稻"，沂州所产稻米更为有名，其芙蓉湖"灌稻数十顷，香粳亩钟，故称琅琊之稻是也"，滕县"湖陂之间多莦蒲鱼稻之利"，而费县"田多种旱稻，味如香粳"，也很著名②。它如曲阜、嘉祥也有稻的出产，而且嘉祥县每年要交"拨保盈仓禄粳米一百担"③。兖州府种稻州县较多，所产稻米质量颇佳，水陆皆有优良品种，只因泰山西南麓各泉湖河流皆蓄以济运，引水灌田种稻方面未能有更大发展。莱州、登州与东昌三府也有稻的出产，明末清初各府志物产皆有记载，但同时还说，登州府"土性不宜，其淤田间或有之"，东昌府"稻间有之，地燥味不佳"，可知分布不广、种植面积零星④。值得一提的是，福山县曾试种水稻并获得成功。其县有清洋、大姑二河可灌田，而农民向不知利用，明末郭康介公由金陵还，携娴习水田者二人，"于柳行庄治水田数十亩，盖欲以其法开导土人，而无能可从者。万历四十四年（1616 年），邑令宋大奎以先是苦旱致大饥，因为经制，倡造水车三十余架，民有田邻河者皆得引注，计水田成熟者一千一百六十二亩，所获溢陆田数倍，后去任，竟废"⑤，惜未能集成发展。

清代山东稻的生产和分布呈现出不断变化的特征，鲁西南地区清代前

---

① 民国《重修博兴县志》卷5《祠祀·郑公祠》，民国二十五年（1936年）铅印本；民国《重修博兴县志》卷20《宦绩·明》，民国二十五年（1936年）铅印本。

② 万历《兖州府志》卷3《山水志》，明万历二十四年（1596年）刻本。

③ 万历《兖州府志》卷24《田赋》，明万历元年（1573年）刻本；崇祯《曲阜县志》卷1《物产》，明崇祯八年（1635年）刻本。

④ 万历《莱州府志》卷3《物产》，民国二十八年（1939年）铅印本；顺治《登州府志》卷8《物产》，清顺治十七年（1660年）刻本；（清）陈梦雷编纂、蒋廷锡校订：《古今图书集成·职方典》卷255《东昌府物产考》引万历《东昌志》，北京、成都：中华书局、巴蜀书社，1985年，第20—24页。

⑤ 民国《福山县志》卷1《物产·水田附》，民国二十年（1931年）铅印本。

期种稻区域仍较为广大，滕县"城西地沮洳多膏腴，宜稻麦"①，濒河之民有产千石稻者，其人皆与邑膴仕等。而峄县"东南卑下独宜秫稻"，它如曹州、曹县、巨野、汶上、邹县、济宁等地都有稻的种植，有水稻也有陆稻②。清中期以后，运西平原上基本已经没有稻的分布，运东汶泗流域稻米的生产也趋向衰落，如邹县先前所产旱稻已从清末民初县志中消失了，而滕县、东平州的权湖河洼地区也见不到水稻的踪影③。只有曲阜、肥城、峄、东阿、泰安、济南等地仍有一定数量的水稻种植④。

大小清河流域是明代水稻的主要产区，清初因社会动乱水利不兴，小清河决溢频繁，中下游各县渠闸淤废，水田荡然，仅位居上游的历城、章丘两县因水源较稳定，尚保持一定规模的水稻栽培。章丘县沿潆河"西岸居民皆用辘轳灌田，颇享其利"⑤。明水镇的人们三月底"种了稻秧"，待"割完了麦，水地里要急忙种稻"⑥，"遇到好年景，每亩稻池也有一石大米的收成"⑦。而历城县"虽山城，而西北一带尽属水田，粳稻之美甲于山左"⑧。康熙中期复垦过程基本完成，只有积水低洼之区可供开垦，农民个体经济也得到充实发展，有力者开始在河谷湖畔围堰营造水田，种稻栽

---

① （清）顾炎武撰，华东师范大学古籍研究所整理，黄珅、严佐之、刘永翔主编：《顾炎武全集》第14册《天下郡国利病书·山东备录上·滕县志》，上海：上海古籍出版社，2011年，第1655页。

② 山东邹县地方志编纂委员会办公室：《邹县旧志汇编》第十四章引康熙《朱志》，内部资料，1986年；乾隆《济宁直隶州志》卷2《物产》，清乾隆四十三年（1778年）刻本；（清）陈梦雷编纂、蒋廷锡校订：《古今图书集成·职方典》卷238《兖州府物产考》，北京、成都：中华书局、巴蜀书社，1985年，第49—52页。

③ 民国《东平县志》卷4《物产》载："邑中多积水，先是东北芦泉一带旧多种稻，今已无，惟各乡容有种旱稻者。"光绪《滕县乡土志·物产》载："稻有旱稻，多红色者，无水稻。"

④ 肥城县"西南乡洼下之区间有种者"，光绪《肥城县乡土志》卷8《物产》，清光绪三十四年（1908年）石印本；峄县产粳米，见光绪《峄县乡土志·农业之农产》，清光绪三十年（1904年）抄本；光绪《东阿县乡土志·物产》，清光绪三十二年（1906年）铅印本；光绪《泰安县乡土志·物产》，清光绪三十三年（1907年）铅印本；济宁有水田，见李文治：《中国近代农业史资料第一辑（1840—1911）》，北京：生活·读书·新知三联书店，1957年，第279页。

⑤ （清）孙元衡：《详送七邑分方河图文》，民国《重修新城县志》卷6《水利》，民国二十二年（1933年）铅印本。

⑥ （明）西周生撰、黄肃秋校注：《醒世姻缘传》第二十四回，上海：上海古籍出版社，1981年，第356页。

⑦ （明）西周生撰、黄肃秋校注：《醒世姻缘传》第二十三回，上海：上海古籍出版社，1981年。

⑧ （清）陈梦雷编纂、蒋廷锡校订：《古今图书集成》卷202《职方典·济南府物产考》，北京、成都：中华书局、巴蜀书社，1985年，第4—7页。

藕，据新城知县康熙三十三年（1694年）报告，博兴、新城县麻大、会城两湖之间、小清河堤外稻田藕池已经连接成片了①。乾隆二十四年（1759年）巡抚阿尔泰令地方官详查各属积水荒洼，凡可改垦稻田者，应借民资本指示营治，此后小清河中下游各县掀起了开辟水田种稻的高潮。新城县"乾隆二十四五年两年相度情形将积洼之区筑塍开漏引水归田，改垦稻田七十余顷，收获颇丰，农民争趋认垦"，乾隆二十六年（1761年）又开七十余顷。小清河北岸的博兴发展速度也很快，不到十年改垦数百顷，屡获丰收，民咸利赖。高苑县濒临麻大湖各地也逐渐改垦为稻田②。其后本区水田规模不断扩大，发展成为山东最大的水稻种植区。新城县除原来小清河与时水两岸稻田面积继续增加外，孝妇河"自东宰村入境迄黄郭庄设闸，官田之处有九"，"郑潢沟北桥以南间有水田，亦可闸水灌田"，水稻几乎遍种于各个河谷与湖畔，光绪年间新清河成，"近湖诸村水田已多涸出。居民就田起台，四周挖沟以通水，雨旸时若之年收获加半"③。章丘县明水镇周围十里地势洼下尽属稻田，所产"泉头大米"远近闻名④。历城县除北园种稻颇盛外，五舍庄东北五里有白泉"下灌稻田数十顷"⑤。博兴县种稻面积特大，产额也多，无论粳米、糯米都有大量输出，"一郡食稻赖以贩给"⑥。临淄县水稻"邑中诸水多产之，系水尤多"⑦。其余淄川、高苑、利津、乐安等县也有水稻的栽培⑧。

　　胶莱平原清前期种稻较少，仅胶州城东北马蹄泉"引之可以灌田，下有稻田数区"⑨。乾隆中期阿尔泰令各县因地制宜增辟稻田时，莱州府潍县

① （清）孙元衡：《详送七邑分方河图文》，民国《重修新城县志》卷6《水利》，民国二十二年（1933年）铅印本。

② （清）阿尔泰：《新城等处营治稻田疏》，民国《重修新城县志》卷6《水利》，民国二十二年（1933年）铅印本。

③ 民国《重修新城县志》卷6《水利·河渠》，民国二十二年（1933年）铅印本。

④ 林修竹：《山东各县乡土调查录》卷1《济南道·章丘县》，济南：山东省长公署教育科，1919年。

⑤ 乾隆《历城县志》卷9《山水考》，清乾隆三十八年（1773年）刻本。

⑥ 民国《重修博兴县志》卷7《风土·物产》，民国二十五年（1936年）铅印本。

⑦ 民国《临淄县志》卷12《物产志》，民国九年（1920年）石印本。

⑧ 宣统《三续淄川县志》卷1《山川》，民国九年（1920年）石印本；李文治：《中国近代农业史资料第一辑（1840—1911）》，北京：生活·读书·新知三联书店，1957年，第279页。

⑨ （清）陈梦雷编纂、蒋廷锡校订：《古今图书集成·职方典》卷281《莱州府山川考》，北京、成都：中华书局、巴蜀书社，1985年，第16—19页。

积极响应，其在县西北洼下荒地"开沟筑塍，引大小干河之水开垦稻田十二顷"，插秧试种获得较大成功①。光绪时潍县"邑北渔洞埠及邵吕店一带多种此（水稻）"②。寿光县"巨定湖、辛章洼有种者"③。乾隆《掖县志·物产》也有稻。其他各县陆稻栽培较多，品种极佳，同时也有一定的水稻出产，如平度州"所产陆种也，南鄙洼中间有渠种"④，高密与胶州出产的旱稻"粒赤而小，既熟香乃发，尤为它邑所无"，故以香稻命名⑤。

半岛东端的登州府与鲁中南山地也有稻的分布，其中陆稻较多，水稻较少。兰山县"无水田，惟洼地宜之，种者少"⑥。民国初年，宁海州与莱阳县也是"种稻者寥寥"⑦。

鲁西北平原广大地区包括东昌、临清、武定三属及济南府北部广大地区清代仍是产稻最少之区。

第五节 粮食运销区域、路线及规模

一、明代

明代前期，山东省农业经济以自给自足为主，除起运税粮外很少有大宗粮食贩运出省。明中期赋税折银后，商品经济逐渐进入粮食生产领域，农民要获得银钱必须拿自产的粮食去市场交换才能实现，青州之民"以粮易钱，以钱易银，由县输郡"⑧，这就促使各地农村市镇不断发展。嘉靖时，青州府诸城、沂水两县农村集市各有18个，府属十四州县共有145个，平均每县10.4个⑨。于是粮食贸易成为各地的普遍现象。恩县有在城市

---

① （清）阿尔泰：《新城等处营治稻田疏》，民国《重修新城县志》卷6《水利》，民国二十二年（1933年）铅印本。
② 光绪《潍县乡土志·物产》，清光绪三十三年（1907年）石印本。
③ 民国《寿光县志》卷10《物产》，民国二十五年（1936年）铅印本。
④ 道光《重修平度州志》卷10《物产》，清道光二十九年（1849年）刻本。
⑤ 光绪《高密县乡土志·物产》，清宣统元年（1909年）石印本；民国《增修胶志》卷9《物产》，民国二十年（1931年）铅印本。
⑥ 民国《临沂县志》卷3《物产》，民国六年（1917年）刻本。
⑦ 民国《牟平县志》卷1《物产》，民国二十五年（1936年）石印本；民国《莱阳县志》卷2《物产》，民国二十四年（1935年）铅印本。
⑧ （明）冯琦：《北海集》卷41《东省防倭议》，明万历年间林有麟刻本。
⑨ 嘉靖《青州府志》卷13《集镇》，明嘉靖四十四年（1565年）刻本。此数包括镇数而不算在城市。

八，在乡集九，"市易布枣簪帕外，惟麦菽牛羊"①。濮州也是有"三家之市，人挟一布一缣易儋石之粟"②。虽然这种出卖者即为生产者的短途运销，范围不出一县，但积少成多，就会有商贾进行较大规模的长距离贩运，如登州府因"民之贫者无以自给，多旋市，菽麦熟而售之，资以糊口，居民便之，以至饴者、酺者、侩者、脚者亦多"③，专门运输粮食的脚者亦有不少。历城县商贾贩运者就有"稻、秫、蔬、麦、枲麻、布、缕之类"④。粮食占据了重要位置。对于省际粮食贸易的规模路线，由于资料太少，很难详细论证。仅知道运河沿线是最发达地区。因为漕船所装除正项漕米外，一般为耗米5%，实收10%，有些甚至加耗至正粮的30%，万历时章丘县漕粮加耗每石8斗⑤，这些加耗多转化为商品粮，沿途卖出。此外，运军所贩捎的"土宜"货物中也有不少粮食。弘治十五年（1502年），每船允许捎带货物十石，嘉靖三十九年（1560年）增至四十石，万历七年（1579年）又有增加，题准"每船许带土宜六十石，多者尽数入官"⑥，于是位于运河沿岸的临清州"当前明嘉隆时……舳舻千里，一时富商巨贾辐辏而至者，辽海参貂，东吴粳稻，恒往往不绝"，"每年不下数百万石"⑦。北方稻少，大米被视为贵人口味，如兖州府"粳稻则间有焉，仅仅粥贩不能自食也"⑧，因为米价昂贵，农民舍不得自食而多用于出售，这样从南方随漕船贩来的粮食也应以稻米为主，如明末临清市场上即有"东吴粳稻"。同时，运河沿岸平原产麦甚多，价格低廉，常有大量输出，鱼台谷亭镇为"河上一聚落也，贾人陈椽其中，鬻曲蘖岁以千万"⑨，原文没有说明运销去向，据估计，大约是漕船回空时贩运到缺麦的南方去了。同时，临清、

① 万历《恩县志》卷1《舆地·市镇》，明万历二十六年（1598年）刻本。
② （清）陈梦雷编纂、蒋廷锡校订：《古今图书集成·职方典》卷255《东昌府物产考》引明代府志，北京、成都：中华书局、巴蜀书社，1985年，第20—24页。
③ 顺治《登州府志》卷8《风俗·生理》，清顺治十七年（1660年）刻本。
④ 崇祯《历乘》卷14《风俗·商贾》，明崇祯六年（1633年）刻本。
⑤ 万历《章丘县志》卷12《条编》，明万历二十四年（1596年）刻本。
⑥ （明）李东阳等撰、（明）申时行等重修：《大明会典》卷27《户部十四·会计三》，扬州：广陵书社，2007年。
⑦ 乾隆《临清直隶州志》卷首李森序，清乾隆五十年（1785年）刻本；又乾隆《临清直隶州志》卷11《市廛志》，清乾隆五十年（1785年）刻本。
⑧ 万历《兖州府志》卷4《风土志》，明万历二十四年（1596年）刻本。
⑨ 万历《兖州府志》卷4《风土志》，明万历二十四年（1596年）刻本。

濮州、济宁、滕县等地也是商人收购小麦的主要码头或产地。

山东为北方旱作农业体系，靠天吃饭，自然灾害严重。故收成极不稳定，丰年有余，谷贱伤农，歉年粮食则严重不足。不过，从总体上看，明代山东省是北方较大的余粮地区，其每年贩运出省的粮食数量虽不可知，但每年都有几十万石的税粮漕运京师或边仓。由表4-12可知，全省起运京仓数目约为小麦19万石，粟米57万石，共76万余石。起运北部边仓储存的有小麦45万余石，粟米41万石，共86万余石，两项合计162万石。以折征布花银两的占一半计，政府通过税收可从山东运出粮食81万石。实际运出的不仅麦粟两种，还有折征的黑豆、豌豆、黄豆、高粱之类。从各府运往的地区，可以大致推测当时的运输路线，兖州府约42%的夏麦与东昌府约50%的秋米起运京师，均超过平均数，说明位于运河沿岸的两府由运河直输京师特别便利。而青州、济南两府的粟麦运往边仓的比重较大，分别达到总数的62%和59%左右，乃因为其境近海，各县税粮可从大小清河水运入海，然后海运北边各地，万历四十六年（1618年）派征辽饷米豆，"岁额登、莱、济、青共六十万石，副使陶郎先又于额外运十万石备用，运抵盖州套交御"①，之所以派征此四府，就是因为它们海运便利。

总体来看，明代山东粮食的输出多于输入，输出路线主要向北：一沿大运河抵达北京，一沿河入海，由青、登等海口海运北边辽东一带，也有部分小麦沿运河贩运到南方。输入的则是从运河而来的南方各省漕船带来的稻米。

从山东内部差异来看，鲁西南与鲁西北平原输出较多，粮食较为充裕，其区也有输入，只不过是北方少产的稻米。胶东登莱二府的秋粮相对输出很少，而存留本地的比重较大，分别约占总数的81%、75%，远远超过均数（表4-12）。招远县就是"田多砂石，除完官税外，大率不足糊口"②。两府多数地方"地瘠卤，禾苗少熟……无间岁之积者乃其恒也"③。

---

① （清）陈梦雷编纂、蒋廷锡校订：《古今图书集成》卷167《食货典·漕运部》，北京、成都：中华书局、巴蜀书社，1985年，第44—47页。
② 顺治《招远县志》卷4《风俗·稼穑》，清顺治十七年（1660年）刻本。
③ （清）陈梦雷编纂、蒋廷锡校订：《古今图书集成》卷188《职方典·山东总部·图书编》，北京、成都：中华书局、巴蜀书社，1985年，第41—43页。

表 4-12　明代山东征粮起运存留数目统计

类别 府别	夏税小麦（石）				秋粮粟米（石）			
	总数	起运京仓	起运边仓	存留	总数	起运京仓	起运边仓	存留
济南	255 860	73 167	151 513	31 180	596 375	173 377	123 906	299 092
兖州	134 884	55 996	50 508	28 380	315 430	130 433	73 751	111 246
东昌	95 585	14 867	55 926	24 792	223 043	110 774	57 043	55 226
青州	200 942	22 081	123 659	55 202	469 184	97 642	127 624	243 918
登州	70 993	12 067	25 922	33 004	165 661	20 921	10 821	133 919
莱州	96 983	15 173	49 963	31 847	226 300	39 052	18 539	168 709
全省	855 247	193 351	457 491	204 405	1 995 993	572 199	411 684	1 012 110
起存比重	100%	23%	53%	24%	100%	29%	21%	50%

注：全省总数合计夏麦855 247石，秋粮1 995 993石与原表不同，表格以原文为准
资料来源：嘉靖《山东通志》卷8《田赋》，明嘉靖十二年（1533年）刻本

二、清代

清代山东商品粮贸易交换范围扩大，规模数量也有增加，与明朝相比变化很大，因资料较全，其运销区域、路线、规模、粮食结构等状况基本明朗。现分析如下。

山东与北方各省的粮食贸易，其中经常保持较大规模输出的是由大运河水运京津接济京师的麦、粟米、黑豆及其他杂粮。有清一代，漕运规制基本因循明代，山东有漕州县六十九，全部位于鲁西南与鲁西北平原的东昌、兖州、济南、泰安及临清、济宁五府二州区域，每年征运正兑改兑正米12万余石，麦2万石，正豆11万余石，粮米2万余石，合计约在30万石之谱①，都是靠大运河输出的。此外，京冀一带驻兵、官吏众多，粮食消费量大，虽有大量漕粮仍感不足，除政府常在山东采买补济外，商人也有大量贩运，如康熙五十五年（1716年）六月初七日至七月二十五日，一月多时间，据山东巡抚报告商船由山东贩入直隶（今河北省）的杂粮即达43万余石②，可知商品粮贩运规模很大。乾隆初年因驻京八旗驼马所需，多次令

---

① 宣统《山东通志》卷78《田赋一》，民国四年（1915年）铅印本。
② 中国第一历史档案馆：《康熙朝汉文朱批奏折汇编》第七册第2350号档案，北京：档案出版社，1984年。

山东采买黑豆，运通以供支放，乾隆三年（1738年）一次采买5万石，数量也不少①。同时，山东历年都要"碾运直隶动用"各项仓谷，乾隆二十五年（1760年）运"山东五万石麦曲到京粜出，平减谷价"，乾隆二十七年，"命以豫东二省运到麦石发交五城平粜"②，直到清代末年，这种运河向京津一带的粮食输出路线一直畅通。光绪年间，德州杂粮水运到天津销行，岁计二万石，山薯（番薯）水运天津销行，岁计十二万石③。

朝城县"米麦除本境销行外，多运到临清销行，北客亦来本境贩运，每岁销行二千余石"④，恩县"小麦因卫河水运天津，每岁一千余石"⑤，除漕米外，每年仍至少有20万石的杂粮销行京津。不过，由于黄河的阻塞，鲁西南地区的粮食无法北上，沿运向北输出规模较清中期减小很多。

清代，山东通过海运与北方的粮食贸易规模不断发展，但运输方向发生了逆转，虽有少量粮食输往河北，但绝少运销辽东，相反却是辽东米石接济山东，尤其是清中期以后，胶东丘陵地区人多地少，粮食严重缺乏，主要依赖东北补充，形成了较稳定的、规模巨大的商品粮运销路线。清初，奉天粮食禁运出口，康、雍、乾时期直鲁饥荒之年，政府不得不开禁许商民贩运，如雍正八年（1730年），"令奉天近海州县运米二十万石至山东平粜"，次年，又市天津等处"粟五万石，奉天拨粟二十万石"，由海运往山东赈饥⑥，乾隆十三年（1748年），应山东巡抚所请"将奉天米石听商民籴买，由海运往山东售卖"，"特开海运接济，免收米税"⑦。清中期以后，海运基本开放，东北粮食大量海运胶东，同治《黄县志·食货》记载："黄县，丰年之谷不足一年之食……稻菽来自辽东，民所仰给也。"光绪时，登州府"北有水门通大海，所谓天桥口也，民船皆由此进入……列肆市杂粮者又数百家，皆自牛庄、海、盖等贩运而来，盖登郡地瘠人稠，民食多

---

① 《清朝文献通考》卷32《市籴考·市》，杭州：浙江古籍出版社，1988年。
② 《清朝文献通考》卷33《市籴考·籴》，杭州：浙江古籍出版社，1988年；《清朝文献通考》卷37《市籴考·籴》，杭州：浙江古籍出版社，1988年，第5202页上。
③ 光绪《德州乡土志·商务》，清光绪间缮抄本。
④ 光绪《朝城县乡土志》卷1《商务》，民国九年（1920年）刻本。
⑤ 光绪《恩县乡土志·商务》，清光绪三十四年（1908年）铅印本。
⑥ 《清朝文献通考》卷35《市籴考·籴》，杭州：浙江古籍出版社，1988年，第5183页下、5184页中。
⑦ 《清朝文献通考》卷27《征榷考·征商开市》，杭州：浙江古籍出版社，1988年，第5091页中。

仰给于辽东也"①。

山东省与南方各省的粮食贸易在清代出现明显增长趋势，山东的"小麦，秋种冬长春秀夏实，具四时中和之气"，质量远胜江南冬种夏收之麦②，明时已有向南输出，清时继续发展，《东麦诗》曰："休言北地惟宜麦，南客翻来籴硬粮。"下注："东俗称麦为硬粮。"③清中期南方商人来山东贩运粮食，竟能深入鲁东南山区的沂水县。沂河入夏水势平漕，载数百石粮食的船可以直入运河。每年皆有南粮客自南方来贩卖④。这些粮食都是沿运河向南输出的。

清时，山东人的大豆向南售出者数量不少，"自东省运河而来者谓之东河豆"⑤。据档案记载，乾隆时代"东省兖、沂所属兰山、郯城、峄县、胶州等处向系广产豆石之所，而峄县尤水运总汇"，山东豆石沿运河向南输出者每年皆有一百数十万石以上⑥，除运河运销外，通过海船运输的数量巨大，清前期所有"米粮出洋例禁甚重，惟（山）东省青白二豆素资江（苏）省民食，因内河路远，必由海运，不在禁例"⑦。乾隆二十八年（1763年）以闽浙总督所请，"令（山）东省豆石照运赴江南例，听商由海贩运来浙，以资接济，所有商船进口，如运宁波府者，则由镇江关直抵鄞港，如运杭州嘉兴府者，则由乍浦收口，如运台州府者，则由海门汛收口，如运温州府者，则由东关汛收口"⑧。江浙两省明山市场所需多来源于山东，可知贩运数量不会太少。清后期，黄豆及其制成品豆油、豆饼大量输出，它不仅作为粮食作物，更重要的是作为油料与肥料的经济作物，市场需求急剧扩大，成为山东向南方输出的农产大宗。如表4-13所示，1906—1909年，平均每年通过烟台输出的豆饼177万担，大豆6万余担，通过青岛输出的豆饼将近12万担，大豆9000余担，估计全省每年输出大豆及其制成

---

① 张相文：《齐鲁旅行记》，《东方杂志》1910年第3期。

② 顺治《招远县志》卷5《物产》，清顺治十七年（1660年）刻本。

③ 乾隆《历城县志》卷5《风俗》，清乾隆三十八年（1773年）刻本。

④ 吴树声：《沂水桑麻话》，《山东史志丛刊》1991年第4期。

⑤ 《续纂淮关统志》卷6，引自（日）加藤繁著、吴杰译：《中国经济史考证》第三卷，北京：商务印书馆，1973年，第213页。

⑥ 《宫中档乾隆朝奏折》第4册，江苏巡抚庄有恭乾隆十七年十二月二十日折，转引自许檀：《明清时期山东的粮食流通》，《中国经济史研究》1995年第1期，第85页。

⑦ 《清朝文献通考》卷33《市籴考·市舶互市》，杭州：浙江古籍出版社，1988年，第5161页上。

⑧ 《清朝文献通考》卷33《市籴考·市舶互市》，杭州：浙江古籍出版社，1988年，第5166页上。

品都在300万担以上。其中主要输往南方，也有部分运往日本等国际市场。诸城县清末"出境货物水运上海等处者计豆油岁一百三十万斤，豆饼三十万斤"[1]；潍县"豆油、豆饼销售本境及盐城岁约各五十万斤"[2]；平度州"豆油每年出售万篓，每篓百七八十斤，花生油称是，本境销者十之二三，出口者十之七八"[3]；即墨县所产黄豆，约有十分之三制成了油、饼，输往江南[4]。胶东丘陵区所产黄豆由烟台、金家口、青岛等地装船运往江南，鲁北平原的德州黄豆也为农产大宗，"从前主要输往天津，近来津浦铁路开通，这些农产品多经济南输往青岛"，然后转运国内外市场[5]。利津县也是"土壤适宜大豆，有输出芝罘、上海者"[6]。同时山东所产豆油、豆饼也有不少输往日本，颇为日方注意，有人建议，北海道一带运木材来中国的船只回去时都要运载豆油、豆饼，以获厚利。当然，鲁西南平原滕县、峄县、肥城、泰安、济宁等处所产豆石仍然是沿着运河向南贩运的。只是数量规模无法与上述海运一线相提并论。

表 4-13　清末烟台、青岛输出大豆及豆饼数量　（单位：担）

类别	时间 区别	1906 年	1907 年	1908 年	1909 年	四年平均值
大豆	烟台	28 366	116 001	90 319	34 324	67 253
	青岛	22 007	1491	9564	3581	9161
	小计	50 373	117 492	99 883	37 905	76 414
豆饼	烟台	2 059 010	2 030 875	1 399 955	1 595 994	1 771 459
	青岛	327 552	6858	41 019	101 754	119 296
	小计	2 386 562	2 037 733	1 440 974	1 697 748	1 890 755

资料来源：《中国年鉴》，1911年，第353—3690页

随着商品经济与城市化的发展及山东东西部粮食余缺程度的加剧，清

---

[1] 光绪《增修诸城县续志·商务》，光绪十八年（1892年）刻本。

[2] 光绪《潍县乡土志·商务》，清光绪三十三年（1907年）石印本。

[3] 光绪《平度县乡土志》卷14《物产》，清光绪三十四年（1908年）抄本。

[4] 光绪《即墨县乡土志·商务》，清光绪三十四年（1908年）抄本。

[5] （日）东亚同文会：《支那省别全志》第四卷《山东省》第四编"都会·德州"，东京：东亚同文会，1917年。

[6] （日）东亚同文会：《支那省别全志》第四卷《山东省》第四编"都会·利津县"，东京：东亚同文会，1917年。

代山东省中距离粮食贸易也有发展，呈现出自西向东输出与由各州县向省城集中的特征。如东阿县从其西部"阳谷、寿张等处运入本境尉家口之杂粮，每岁销行约十万石（俱水运）"①，而东阿、东平所产之粮食又可经长清县沿黄河向下游运销，"黄河，虽时有水患，然河南、东阿、东平等处粮船均经长邑运往下游北店子常住，故民众多往籴焉"②，肥城县"五谷惟麦面可以外销，每岁东运省垣者不下四五十万斤，约值银二万两"③，范县向东部沿海地区输运商品粮数目最大，"路运北至新集、临清。河运东北至沵口、蒲台，每岁销行约二十五万余石"④。济南作为山东最大的城市，同时又是由西向东粮食贩运的转销站，粮食贸易规模尤其巨大，康熙《历城县志·衢市志》记载："粮市，西关丁字街，车辆云集，贸易无虚日，南东门外（菜市、柴市）皆逊西市（粮市）。"

由上述运销路线、规模的分析可以判定清代山东的粮食输出与输入区域，揭示各地粮产余缺状况。清末黄豆已经基本转化成经济作物，以原豆、豆油、豆饼的形式向南方输出，供应国内外市场的需求，它在全省各地都为农产大宗，而且除自给自足外皆有输出，如严重缺粮的胶东却是黄豆出口的传统重要区域，鲁北滨海平原的利津县产粮不足，但黄豆有不少生产。从小麦、粟米、高粱、绿豆及其他杂粮输出情形来看，鲁西运河两岸平原地区是全省最大的粮食输出区。兖州府、济宁州、泰安西部与曹州府北部广大地区所产小麦、杂粮，除大量沿运河贩运至南方外，还有不少靠黄河水运向省城及其东部缺粮区域输出，如峄县"小麦、芝麻、绿豆，每年运销南方或济南等处约二十余万金"⑤，滕县所产麦、豆、高粱，"土人购之转售南北"⑥。济宁州输出的小麦、泰安州输出的高粱、粟米也很著名⑦。范县、东阿、东平、肥城等地的麦与杂粮主要向东销行，数量每年可达三四十万石。黄河以北的朝城、恩县、德州、高唐、平原、禹城、陵县也有小麦、杂粮的剩余，主要沿运河向天津输出，每年行销二十万石以

① 光绪《东阿县乡土志·商务》，清光绪三十二年（1906年）铅印本。
② 民国《长清县志》卷1《地舆志·川》，民国二十四年（1935年）铅印本。
③ 光绪《肥城县乡土志》卷八《物产》，清光绪三十四年（1908年）石印本。
④ 光绪《范县乡土志·商务》，清光绪三十四年（1908年）石印本。
⑤ 光绪《峄县乡土志·商业状况》，清光绪三十年（1904年）抄本。
⑥ 宣统《滕县续志稿》卷1《土地·物产》，清宣统三年（1911年）铅印本。
⑦ （日）东亚同文会：《支那省别全志》第四卷《山东省》第四编，东京：东亚同文会，1917年。

上，加上有漕州县所纳的漕粮，大致本区正常年份可供向外输出的粮食超过二百万石，是清代山东省能提供商品粮的主要地区。沂州府南部沂河谷地清时也有余粮。沂水县、郯城县都有输出，不过数量不会太大①。

　　鲁北平原东部滨海地区多数州县所产粮食不足自给，要从辽东贩来补给，如阳信县"不易丰熟，每仰给外人"②，利津县也是"本邑产量不足本邑之用"③，南部山麓地带的章丘、长山、邹平等县也是缺粮大县，据道光《章丘县志·风俗志》记载，章丘"歉岁固需告籴于辽东，即丰年亦多取于莱沂，此则人浮于地，地实不足于养人"，而"济南府的长山县，从农业方面看来，是一个穷县，而且人口过密以致不能自给。大多数人民都从事商业。粮食要从别地输入，所以粮价很贵"，同时，"邻县邹平的农村居民的情况，也非常相似"④。不过，鲁北平原有一些州县所产粮食基本自给，稍丰之岁也可略有剩余以供输出，光绪三十二年（1906年）试用巡检薛廷杰具禀："以上年秋收中稔，奸商贩运粮石出口，接橹连樯，络绎不绝，以致粮价日昂。查小清河上承省会，下达塘头，绵延五百里，境历八九县，约计出口米麦每年不下六七十万石。"⑤所说小清河流域八九县，除去严重缺粮的邹平、长山、章丘等县，即使丰稔之年也不可能有如此巨量的剩余米麦，故此数似有虚夸成分，否则即包括了济南以西各县贩运东来的粮食。

　　位于鲁中南山地以东的登莱青三府广大地区粮食生产严重不足，是山东最大的粮食进口区，如掖县"地少人多，虽丰年亦不足食，所以向恃外粮接济"⑥，栖霞县"山多，土饶不足自赡，民多轻去其乡，殆亦贫瘠所致"⑦，宁海州也是"土产多不敷用，须仰给外粮输入"⑧，以上虽多民国初年记载，但清后期情形大致不差。总之，"登莱青三府，向非产米之区，

---

① 据嘉庆《续修郯城县志》卷2《田赋·附仓储》记载，郯城县小麦出产特盛，乾隆三十五年（1770年）奉文运京小麦6500石。
② 民国《阳信县志》卷7《物产志》，民国十五年（1926年）铅印本。
③ 民国《利津县志》卷1《物产》，民国二十四年（1935年）铅印本。
④ 李文治：《中国近代农业史资料第一辑（1840—1911）》，北京：生活·读书·新知三联书店，1957年，第647页。
⑤ 李文治：《中国近代农业史资料第一辑（1840—1911）》，北京：生活·读书·新知三联书店，1957年，第480页。
⑥ 民国《四续掖县志》卷2《物产》，民国二十四年（1935年）铅印本。
⑦ 宣统《山东通志》卷40《风俗·栖霞县》，民国四年（1915年）铅印本。
⑧ 民国《牟平县志》卷1《地理志·物产》，民国二十五年（1936年）石印本。

皆取给于客贩"①。当然，位于胶莱平原上的莱州府在清中期仍然可以自给有余，以供输出。乾隆时，"各仓积谷甚饶，不惟缓急足恃，兼济邻境泛舟之求，如近年直（隶）省告籴，拨运动以万计"②。这是莱州府粮食生产发展繁荣的特殊时期。

最后，简要论述一下影响山东粮食运销的交通地理因素。大运河横贯山东西部，为两岸平原所产粮食输出创造了优越便利的水运条件，于是从明至清，运河一直是山东南北粮食运销的重要路线。尤其是明初到清中期的几百年间，此线运销一直居于主导地位，运河近旁的济宁、临清、德州等处即发展成为粮食贸易的集市。胶东又多良港，海运条件特别优越。不过，明初到清中期，政府严禁商人贩粮出洋，故海运粮石路线在粮食的商业贸易上地位并不重要，仅在政府许可的特殊项目上或灾荒年份沿海贩运兴旺一时。清中期以后，海禁逐渐松弛，海运规模不断扩大，从辽东的粮食输入及向南方的黄豆及其制成品的输出数量剧增，海运粮食路线呈现繁荣景象。清末，黄河故道阻塞了运河的南北畅通。同时随着烟台、青岛开港通商，胶济铁路建成通车，海运线上升为主导地位，连位于鲁西北运河畔的德州所产的大豆都要转运青岛，然后装船输出。位于胶东半岛沿海的龙口、蓬莱、金家口、烟台、青岛等港口城市成为粮食交易繁盛之地。在省内转运方面，一方面通过大小清河由内陆平原地带向沿海口岸运输，其中尤以小清河水运特别重要；另一方面通过陆路向中转地区集中。当时，陆路之间中转货物多靠独轮车，一推一拉，每车可装运千斤左右，即使崎岖山道也能灵便地通过，20世纪五六十年代，山东丘陵农家仍在使用。经过鲁中南山地北麓的东西大道是主要商路，沿途到处可见"装载着……谷物……等等的小车行列"③，连接了济南、周村、颜神庙等重要城镇。清末胶济铁路沿这条商路修成，现代化的交通工具替代了传统的陆运手段，此线的运输地位更加重要，迅速超过了小清河水运路线。

总体来看，山东省明清的交通地理格局呈现出"H型"特征，两边分别

① 彭泽益：《中国近代手工业史资料（1840—1949）》第一卷，北京：生活·读书·新知三联书店，1957年，第600页。
② 乾隆《莱州府志》卷3《仓储》，清乾隆五年（1740年）刻本。
③ 彭泽益：《中国近代手工业史资料（1840—1949）》第二卷，北京：生活·读书·新知三联书店，1957年，第133页。

是运河与海运路线，连接其间的是小清河水运及鲁中南山地北麓的陆路商线。不过，随着海船贸易的发展和铁路的兴建，清末山东省商业运输路线发生了重大改变。东部海运路线逐步发展繁荣，成为规模最大的南北运输线，在省内东西运输上，小清河、黄河仍然发挥着一定的作用，但铁路迅速发展，充分显示了它作为现代化交通运输手段的特殊意义。

第五章 经济作物的生产与分布

第一节 纤维作物的嬗替与布局

一、棉花

棉花在明代初年引种山东，而且得到迅速的推广和发展，其根本原因在于政府的强制与奖励政策。明中期以后，由于赋役折银等因素的影响，山东省逐渐形成了鲁西北与鲁西南的商品棉产区，清代中期鲁西南产区逐渐衰落，而鲁北平原却发展成为重要的棉产区。探讨明清山东棉花的发展与主要产区的演变，分析其原因，对今天山东棉花生产的发展有借鉴意义。

（一）明前期的迅速发展与普及

朱元璋在平定北方的洪武元年（1368年）下令，"凡农民田五亩至十亩者栽桑麻木棉各半亩，十亩以上者倍之，其田多者率以是为差"，不植棉，使出棉布一匹，"有司亲临督劝"，"不如令者有罚"①。山东省栽培棉花似始乎此，因目前仍没有发现元代山东省引种棉花的确切记载。

明初朱元璋的植棉政策，含有强制成分，已如上述；同时，还包括一些奖励的措施。当时规定种植棉花的土地每亩征收四两棉花，其地单称棉花地，其税称地亩花绒或地亩净花。兖州府共有棉花地59 377亩，征收花

---

① 《明太祖实录》卷17 "洪武元年六月乙卯"条，台北："中央研究院"历史语言研究所，1962年，第231、232页。

绒 17 064 斤，平均每亩 4.6 两，多出的部分充作耗花，应该说与上述规定基本一致①。所收花绒乃是皮棉，乾隆帝所著《御题棉花图·轧核之图》解释说："有核曰子花，核去曰瓤花，瓤之精者曰净花……子花三得瓤花一。"一般年景每亩棉花的收获量为籽棉六七十斤，今以平均亩产 65 斤计②，可轧成皮棉 21 斤，每亩缴纳四两仅为产量的 1/84，这个税率与种粮纳税率相比是极低的，含有大力奖励棉植的性质③。洪武二十七年（1394 年）又下令，此后"益种棉花，率蠲其税"④，对新扩种棉地全免其税。

　　扩种棉花不仅可以满足自己的衣被之需，还可用来代纳税粮。洪武九年（1376 年），因政府赏赐军士及官吏所需要的棉花与布匹数量很大，准天下郡县税粮以棉花和布代输。有明一代北方元朝残余势力未清，明廷派大批军队驻守，每岁赏赐军士的布花数额巨大，据吴晗先生估计，洪武朝每年所需棉布至少一百多万匹，棉花四五十万斤⑤。同时在边疆与少数民族互市中也要一定量的棉花来换取马匹。这些布花多由北方各省征收，如辽东诸卫士卒十万余人，"衣裳则令山东州县发运布钞棉花"⑥。辽东饷额基本如下："旧例取给山东税棉折布三十二万匹，本色钞一百八十万锭，花绒一十三万二千斤，由海运自登州府新河海口运至旅顺口，再由辽河直抵开原。"⑦山东全省总共才征地亩花绒 50 000 余斤，无法满足上述需求，因此多把税粮折成棉花或布。这种折征布花的方法，在明代已形成制度，山东省夏税小麦与秋粮粟米除存留外有近 1/3 征收折色布花，转运京库或边库以供军需⑧。莱州府折征辽东秋衣布花，成化十四年（1478 年）议定折银征收，每粮一石收银四钱，净花一斤收银二钱，按此兑价，每两斤净花可折粟米 1

---

① 万历《兖州府志》卷 24《田赋》，明万历二十四年（1596 年）刻本。

② 此数系清末对山东棉花亩产调查的中间数，详见本章第三节。

③ 据《明史》卷 78《食货志》载，明代税粮地"凡官田亩税五升三合五勺，民田减二升"。以明代亩产粟米一石计，则民田税率约为 1/30。《明史》卷 78《食货志》，北京：中华书局，1974 年，第 1896 页。

④ 《明太祖实录》卷 232"洪武二十七年三月庚戌"条，台北："中央研究院"历史语言研究所，1962 年，第 3390 页。

⑤ 吴晗：《朱元璋传》，北京：生活·读书·新知三联书店，1965 年，第 234 页。

⑥ （明）毕恭等修、任洛等重修：《辽东志》卷 8《杂志》，《辽海丛书》第二集，沈阳：辽沈书社，1985 年。

⑦ （明）李东阳等撰、（明）申时行等重修：《大明会典》卷 28《户部·会计四》，扬州：广陵书社，2007 年。

⑧ 嘉靖《山东通志》卷 8《田赋》，明嘉靖十二年（1533 年）刻本。

石①。当时种棉一亩可获净花21斤，粮食亩产不过净米1石，故每亩棉花的价值相当于种5亩粮食。植棉经济效率极高，有利可图，刺激了农民扩种的积极性。可以认为，大量地用布花代输税粮是促使山东省棉花种植在明代初期迅速普及和发展的重要原因之一。

明初棉花引种山东省后得到迅速发展，明中期产额很大，除满足当地人民需要外，还有大量的输出，主要以赋税的形式提供给国家。全省每年向国家提供地亩花绒52 448斤，主要运纳京库；而税粮折征的布花数量巨大，弘治十五年（1502年）此项起运总数计棉布296 418匹，棉花13.9万斤。据万历元年（1573年）《兖州府志·田赋》记载，其府实在折布93 383匹，如其折布比例与其地亩花绒占全省的比例相同，则全省折征布匹数应为28.7万匹。此数与弘治十五年数接近，足证弘治十五年的起运数不是临时性的，大致可看作山东税粮折征布花的通常数额。不过，实际折征的数量有时也许大得多，如洪武二十九年（1396年）"北平都司布六十万匹，棉花三十四万斤，辽东都司布五十五万匹，棉花二十万斤，俱以山东布政司所征给之"，一年起运棉布115万匹，棉花54万斤，相当于河南、山西此年起运的2倍②。《大明会典·户部·会计二》记万历六年（1578年）山东运往京库、边库的棉布达60万匹、棉花39万斤。由山东征解棉布、棉花数额在北方各省名列第一来看，山东省在明中期已发展成为北方最重要的棉产区。

山东省明代前期棉花的分布情形可以利用各地地亩花绒征派的数额进行说明，因花绒俱系本色，定额于棉花地上，在当时较少贸易的情况下，只有种植才能完纳。由表5-1可知，山东省六府都有棉花的分布，而且从兖州、青州、莱州三府每个州县都有花绒之征来看③，棉花已经普及推广到山东所有地区。棉花种植的这种广泛性是与明初强制植棉政策分不开的，也是明初自给自足自然经济的表现。当然，各地棉花生产也有一定差异，西

---

① 《明宪宗实录》卷178"成化十四年五月甲申"条，台北："中央研究院"历史语言研究所，1962年，第3211页；《明宪宗实录》卷205"成化十六年七月丁未"条，台北："中央研究院"历史语言研究所，1962年，第3589页。

② 《明太祖实录》卷244"洪武二十九年二月庚子"条，台北："中央研究院"历史语言研究所，1962年，第3546页。

③ 万历《兖州府志》卷14《田赋》，明万历二十四年（1596年）刻本；嘉靖《青州府志》卷7《田赋》，明嘉靖四十四年（1565年）刻本；万历《莱州府志》卷3《田赋》，民国二十八年（1939年）铅印本。

部平原地区的兖州、东昌、济南三府的地亩花绒占全省的89%以上，尤其是东昌府与兖州府各州县平均数，高于全省平均数很多，可知西三府是山东省棉花的主要产区。东三府棉花种植面积不大，其中登州府多丘陵山地，植棉最少，每州县平均仅交花绒百余斤。

表 5-1　山东省明代各府缴纳地亩花绒数　　（单位：斤）

府别	地亩花绒	州县数	每州县平均
济南府	14 066	30	468.9
兖州府	17 064	27	632.0
东昌府	15 701	18	872.3
青州府	2794	14	199.6
登州府	858	8	107.3
莱州府	1962	7	280.3
山东省	52 445	104	504.3

资料来源：嘉靖《山东通志》卷8《田赋》，明嘉靖十二年（1533年）刻本

（二）明中期以后商品棉产区的形成与演变

明代中期以后，受赋役折银的影响，山东的棉花、棉布也开始改纳银两，《大明会典·户部·会计》记载，辽东军士冬衣布花"成化、弘治间本折兼收⋯⋯嘉靖七年始，山东布运折银一十四万七千一百十九两余"，是以嘉靖初已完全折银。布花折银势必导致棉花与棉布到市场上去流通，崇祯时历城县所产小布"多为边塞所市，刘子诗'但凭机上穿梭手，换得边庭市贡钱'"[①]。山东省棉花大量进入流通领域，引起了棉花在市场上的竞争，从而促使棉花生产专业化，集中种植于那些自然条件适宜的地区以获取较大的经济效益。鲁西北与鲁西南平原系黄河泛滥堆积而成，沙质土壤分布广，特别适宜棉花的生长，如清平县"田野多沙土，人多种木棉"[②]，冠县"邑多沙地，土性与木棉宜"[③]。本区有京杭运河贯通南北，对外贸易极为便利，于是明中期以后逐渐扩种棉花，发展成为山东的商品棉产地。

明末山东的棉花，"六府皆有之，东昌尤多，商人贸易四方，其利甚

① 崇祯《历乘》卷12《方产考》，明崇祯六年（1633年）刻本。
② 嘉庆《清平县志》卷8《户书》，清嘉庆三年（1798年）刻本。
③ 道光《冠县志》卷5《物产》，清道光十一年（1831年）刻本。

溥"①。东昌府棉产量特大，江淮商人来此贸易，"高唐、夏津、恩县、范县宜木棉，江淮贾客列肆赍收，居人以此致富"②。其中高唐州与恩县贸易最盛，恩县"岁富木棉，四女树、雷家集有商，四女树以滨河颇辐辏"③，乾隆《大清一统志·东昌府·土产》引万历府志时仅举上属二地。兖州府也成为主要的商品棉产区，史称兖州"多木棉……转鬻四方，其利颇盛"，"其地亩供输与商贾贸易甲于诸省（府）"④。其中郓城县"土宜木棉，贾人转鬻江南，为市肆居焉，五谷之利不及其半"，贸易特盛⑤。济南府临邑县"木棉之产独甲他所，充赋治生倚办为最"⑥。东昌、兖州、济南三府位于大运河沿岸的州县，因土壤适宜且转运便利而逐步发展成为棉花的生产中心，"收获之时以数千万计，狼藉与仓城衡矣，贩者四方至"⑦，诗人王世贞描述曰："短短钗银压鬟鸦，围腰群捉木棉花。莫嫌村坞行人少，夫婿经商不在家。"⑧鲁西北与鲁西南平原产棉甚多，大量运往南方纺织中心松江府，"北土之吉贝（即棉花）贱而布贵，南方反是；吉贝则泛舟而鬻诸南，布则泛舟而鬻诸北"⑨。

　　清代山东棉花受商品经济的影响更大，呈现出新的分布特征。棉花种植更趋集中，明代鲁西北东昌府地区棉产地位得以巩固，成为全省最重要的商品棉产区，而与此相反的是鲁西南丘陵山区因地不宜棉、效益较差以致棉花在种植业中地位式微，在不少州县渐遭淘汰。

　　东昌府清代分划出临清州，有清一代东昌府与临清州的棉花种植一直兴旺发达。"临清等处地皆白土，农产统以木棉为大宗"⑩，夏津县棉花贸

① 嘉靖《山东通志》卷8《物产·东昌府》，明嘉靖十二年（1533年）刻本。

② 万历《东昌府志》卷2《物产》，明万历二十八年（1600年）刻本。

③ 万历《恩县志》卷1《市街》，明万历二十六年（1598年）刻本；又万历《恩县志》卷1《物产》记有白紫二色木棉，并谓"恩之木棉、麦丝，民用所需，顺天时以生殖，利可无穷"。

④ 万历《兖州府志》卷25《物产》，明万历元年（1573年）刻本。

⑤ 万历《兖州府志》卷4《风土志》，明万历二十四年（1596年）刻本。

⑥ 同治《临邑县志》卷2《风俗》，清同治十三年（1874年）续补刻本。

⑦ （明）邢侗撰，宫晓卫、修广利辑校：《邢侗集·来禽馆集》卷18《先侍御史府君行状》，济南：齐鲁书社，2017年，第455—471页。

⑧ （清）陈梦雷编纂、蒋廷锡校订：《古今图书集成·职方典》卷238《兖州府物产考》，北京、成都：中华书局、巴蜀书社，1985年，第49—52页。

⑨ （明）徐光启撰、石声汉校注、西北农学院古农学研究室整理：《农政全书校注》卷35《蚕桑广类·木棉》，上海：上海古籍出版社，1979年，第969页。

⑩ 李文治：《中国近代农业史资料第一辑（1840—1911）》，北京：生活·读书·新知三联书店，1957年，第424页。

易特盛，"自丁字街又北直抵北门皆棉花市，秋成后花绒纷集，望之如茶，否则百货不通，年之丰歉率以为验"①。武城县棉花产多质优，是山东出口棉的重要基地②。东昌府各州县棉花种植与贸易颇盛，高唐州道光时"种花地多，种谷地少"③，光绪《高唐州乡土志·物产》也说，"本境上田皆种之，为出产第一大宗"，恩县"棉绒细软洁白，为近州县之冠"④。清平县"人多种木棉，连顷遍塍，大约所种之地多于豆麦"⑤。冠县"河北清水各庄种棉者多，夙称富庶"⑥。堂邑、馆陶两县棉产地位也很重要。总体来看，临清与东昌府各州县都有棉花的种植，且多以棉花为主要经济作物，种植比率特高。1870年有人在从临清到东昌的旅途中看到周围田地上种植着大量棉花，农家不论老少，特别是妇女都在地里采摘棉花⑦。方志专家认为"种棉地多"，"占十之六七"，有些夸张，据光绪三十四年（1908年）《山东省实业统计表》，清末临清与东昌各州县棉田总面积123万余亩，占其区耕地面积的10%左右；据日本人清末调查，东昌府棉田80万亩，也不到全府耕地的10%⑧。尽管如此，东昌与临清地区的棉田仍占到山东全省的近三分之二，各州县植棉面积广，产量与商品输出量很大，是山东省最大最重要的商品棉基地。

鲁西南丘陵山区多山地，土壤以棕壤褐土为主，不太宜棉，虽然山东人民培育出在岗地栽培的棉花品种——山花⑨，但植棉总不如养柞或栽培水果省工获利，更能发挥丘陵山区资源优势。清代前中期随着柞蚕养殖技术

① 乾隆《夏津县志》卷2《街市志》，清乾隆六年（1741年）刻本。

② 宣统《山东通志》卷41《疆域志·物产》，民国四年（1915年）铅印本，又道光《武城县志·物产》也说："棉花……此武邑生产之最大者。"

③ 徐宗幹：《斯末信斋文编》卷1《劝捐义谷约》，台北：台湾银行经济研究室，1960年。

④ 光绪《恩县乡土志·物产》，清光绪三十四年（1908年）铅印本。

⑤ 嘉庆《清平县志》卷8《户书》，清嘉庆三年（1798年）刻本。同时还说："俗例，本家三拾之后，听旁人自行拾取，不顾不问，故土人望木棉成熟过于黍稷，盖有力种者固可得利，既无力种者，亦可沾余惠也。"

⑥ 道光《冠县志》卷3《物产》，清道光十一年（1831年）刻本。

⑦ 李文治：《中国近代农业史资料第一辑（1840—1911）》，北京：生活·读书·新知三联书店，1957年，第323页。

⑧ （日）东亚同文会：《支那省别全志》第四卷《山东省》第七编"生产业及主要物产"，东京：东亚同文会，1917年。

⑨ 邹县"所产棉花名山花"，顾名思义，应为山地种植，山东邹县地方志编纂委员会办公室：《邹县旧志汇编》第十五章，内部资料，1986年；光绪《峄县志·物产略》直说："棉，山地处处有之，花长质细，尤甲他产。"而临朐县、益都县也在山区植棉。可知品种多为山花。

的提高，鲁东南丘陵山区出现了大量的养蚕山场，范围包括沂州、登州二府全境及莱州、青州两府南部州县，柞蚕业成为当地人民的重要经济来源①，而棉花在本区经济效益明显不如柞蚕业，故种植逐步减少，如同治《黄县志·物产》谓黄县今不产木棉，而旧志有载，询之土人，云"土性不宜，今无种者"，最好地说明了本区明初受强制命令植棉，而后因商品经济发展，棉花以土性不宜，比较效益差而渐遭淘汰的过程。沂州、登州二府各地均较少植棉，是山东的主要缺棉区，沂州府各属种植甚少，因而妇女往往不务纺织，布匹甚贵②。登州府属宁海、海阳、黄县等地清中后期方志皆无棉产记载。莱州府属高密、平度位于胶莱平原上，清中后期有一定的棉花种植，高密县"多获者，北鄙为棉花，"每年所产可达200万斤③。其余胶州、潍县、掖县均不产棉，方志物产无载。另外，由于供销地理的变化与其他经济产业的兴起，鲁西南平原棉产地位下降，原来的商品棉产区范围日渐缩小，到清后期大部分地区因植棉不多而大量缺棉。而鲁北平原的济南、武定、青州三府棉花种植却逐渐发展，成为新兴的商品棉产地。

清代曹州、兖州、泰安与济宁三府一州继承有明兖州府的绝大部分辖地，却没能保持住其商品棉生产的规模。清代初期，本区棉花生产仍有一定规模，但到清代中期，其棉花种植日渐减少，以至由棉花输出区变成了输入区。造成这种变化的原因很多，首先，通过运河向江南大规模输出棉花的现象到清中期已趋于消失，乾隆时诸华所著《木棉谱》谈到北棉南运时说："然江北绝无至者，岂时会之不同欤。"这种变化对靠近运河的鲁西南植棉业影响很大。其次，新兴的产业排挤了棉花的种植。清初发展起来的烟草种植业在济宁、滋阳一带兴旺发达，花生也于清中期推广至各地，花生、烟草逐渐成为鲁西南的重要经济作物④。在曹州府部分地区发展起来的麦草辫业，由于其产品供应外贸，经济效益极佳，吸引了大批农村妇女

---

① 李令福：《明清山东省柞蚕业发展的时空特征》，《山东师范大学学报》（社会科学版）1995年第2期。
② 光绪《费县志·风俗》认为本县不产棉花，"妇女往往坐食"。而吴树声：《沂水桑麻话》（《山东史志丛刊》1991年第4期）记："（沂水县）沙地亦有宜种木棉者，沂不务纺织，布匹甚贵，以种棉者甚少也。"
③ 光绪《高密县乡土志·物产》，清宣统元年（1909年）石印本，光绪《平度州乡土志》卷14《物产》，清光绪三十四年（1908年）抄本。
④ 李令福：《清代花生在山东省的引种与发展》，《中国农史》1994年第2期；李令福：《烟草、罂粟在清代山东的扩种及影响》，《中国历史地理论丛》1997年第3辑。

劳力，也妨碍了棉纺织业与棉花种植业的发展，如观城县"贫家妇女皆以麦茎制辫为业，不事纺织"①，朝城县"销行于外境者以五谷草辫为大宗，外境销于本境者以棉花为大宗"②。在诸多因素综合影响下，清中后期鲁西南平原已植棉无多，乾嘉两修《大清一统志》所记曹州、兖州、泰安、济宁四属土产时都无棉花。清末，本区仍有部分州县种植棉花，如峄县"种植者甚少，惟北境山地略有种植"③，阳谷、郓城、邹县、滕县、曲阜、定陶、宁阳等县清末方志也有棉产，但从其简略的记载来看，各地仅是零星种植，自给自足尚且不及。同时，还出现了根本没有棉花种植的地区，如东平、平阴、朝城、观城等地清末方志物产皆无棉花之名，都要从东昌、临清输入大量的棉花。菏泽县棉花"本境出产无多，不足供本境之用，每借资于邻封"。肥城县"棉则种植最少，全境以纺织制布者，大都贩售于高唐、临清诸处"，每岁约出银二万两。东平州"棉花自高唐、临清、堂邑等州县贩来，岁售约十数万斤"。观城县"外境销行于本境者以棉花为大宗。"邹县产棉"不足给本境之用，故棉花及棉绒专恃高唐、郓城诸商出售"。泰安县"本境产棉不多，棉花布匹自黄河之西临清一带运售本境"。平阴县"惟棉花非本地产，自临清、高唐运入"。连原来棉产颇丰的范县，清末也借外来棉花接济了，"陆运自临清、莘县等处，每岁销行四万余斤"④。

济南府明代已有商品棉出售，清代规模继续增大。在清代中期，齐东县"大清河上的地多半是棉花地，一亩地总要值一百多吊钱呢"⑤，"富者积花粮，候时籴粜……一切公赋终岁经费，多取办于布棉"⑥。陵县棉花的输出也很多，"草棉、蜂蜜运之济南、德州、齐河、章丘、直隶河间，贸易

① 道光《观城县志》卷2《风俗》，清道光十八年（1838年）刻本。
② 光绪《朝城县乡土志》卷1《商务》，民国九年（1920年）刻本。
③ 光绪《峄县乡土志·农业》，清光绪三十年（1904年）抄本。
④ 以上分别见光绪《菏泽县乡土志·物产》，清光绪三十三年（1907年）石印本；光绪《肥城县乡土志》卷8《物产》，清光绪三十四年（1908年）石印本；光绪《东平州乡土志·商务》，清光绪三十二年（1906年）石印本；光绪《观城县乡土志》卷1《商务》，清光绪年间抄本；山东邹县地方志编纂委员会办公室：《邹县旧志汇编》第十五章引光绪志，内部资料，1986年；光绪《泰安县乡土志·商务》，清光绪三十三年（1907年）铅印本；光绪《平阴县乡土志·物产》，清光绪三十三年（1907年）铅印本；光绪《范县乡土志·商务》，清光绪三十四年（1908年）石印本。
⑤ 刘鹗《老残游记》第十三回云："娓娓青灯女儿酸语，滔滔黄河观察嘉谟。"
⑥ 康熙《新修齐东县志》卷1《风俗》，清康熙二十四年（1685年）刻本。

茶纸南物"①。历城县棉花"处处有之，东北乡独多"②。长清县"西多木棉，勤纺绩"③。道光《章丘县志·风俗》记："下三乡地宜木棉，秋夏之交，木棉发生，不减夜雪时。"乾隆《平原县志·物产》叙曰："邑之所产甚微，谷属之外惟恃棉花耳。"这些州县棉花种植相对集中，成为商品棉供应地。其余济阳、淄川、新城、德平、禹城等县也有棉花的种植，只是所产仅供自给。

武定府是清中期以后新发展的商品棉产区，清末胶州海关税务司阿理统计山东物产时记输出原棉者仅武定一府，可见其地位颇不一般④。其中蒲台县贸易额最大，为山东五大棉产县之一，"棉花运出本境，由陆运至潍县等处"⑤。滨州物产也以棉花为大宗，咸丰《滨州志·风俗》谓其"地产木棉，种者十八九"。霑化县和"通县所赖惟小麦、棉花二种"⑥。商河县"大布为出境物品，运输平津及承沽一带，进款甚巨"，知其棉产甚丰⑦。光绪《利津县志·风俗》谓利津"土产木棉最多，与五谷等"，邑无通商大贾，"盐商典商而外，诸业以棉花与布为其大端"。光绪《惠民县志·民俗志》也记："商贾之业以棉花为大宗。"是武定府成为仅次于临清、东昌的山东省重要的商品棉基地。

青州府北部位于小清河两岸平原的各州县，从清中期开始棉花播种面积逐渐增加，所产除自给外尚有一定的输出。嘉庆时，寿光县种棉者尤多，"村民大抵以植棉为业"⑧。博兴县"其货物广为民赖者尤以棉花、白酒为最……城以北土兼沙壤，故宜棉，商贾之家借是致小康"⑨。乐安县"新清河北地多斥卤，五谷稀少，宜棉之田占耕地十分之七"，产额一千多

① 道光《陵县志》卷9《风俗》，清道光二十六年（1846年）刻本。
② 乾隆《历城县志》卷5《地域志·物产》，清乾隆三十八年（1773年）刻本。
③ 宣统《山东通志》卷4《疆域志·风俗》，民国四年（1915年）铅印本。
④ 寿杨宾编著：《青岛海港史·近代部分》，北京：人民交通出版社，1986年，第5页。
⑤ 宣统《山东通志》卷41《物产》，民国四年（1915年）铅印本。
⑥ 光绪《霑化县志》卷12《艺文》，清光绪十七年（1891年）刻本。
⑦ 民国《商河县志》卷2《物产》，民国二十五年（1936年）铅印本，又同卷《商务》记民国初年"全县种棉之地北西两乡可占十分之六，南东两乡占十分之一，土壤不同之故"。即使植棉如此之多，仍有商河大布销行日减，今不如昔之感慨，可见清末棉花与棉布生产颇盛。
⑧ 嘉庆《寿光县志·物产》，清嘉庆五年（1800年）刻本；又康熙《青州府志·物产》记棉花"多产寿光境"，知寿光为本区发展最早的棉产地。
⑨ 民国《重修博兴县志》卷7《风土·物产》，民国二十五年（1936年）铅印本。

万斤①。南部各县因位于丘陵谷地，植棉较少，"益都山区（占该县总亩数百分之五）大量种着棉花和水果。……但是尽管一亩棉花的商业价值大于一亩谷物，农民还是宁愿让土地栽种谷物"②。光绪《临朐县志·风俗志》记其县"诘曲万山，十九皆石田……即宜木棉，山田亦不能十之一"。而博山与诸城不产棉，故《颜山杂记·物产》与光绪《诸城县乡土志·物产》均无载。

鲁北平原为河流冲积而成，多沙壤，自然条件适宜植棉，此外，清前中期山东棉花与布匹向北方输出的势头仍然很盛，辽东、承德、京津甚至远到大同府都有山东棉花与布的销行。济南、武定、青州三府位于鲁北，又滨河临海，陆路交通也很便利，向东北运销尤为便捷，故清中期以后发展成为新兴的商品棉基地。

（三）清末长绒棉的引进与总面积总产量的推求

清代末期，山东植棉业的发展因受外来因素的影响而呈现出新特征，外国列强大肆向中国倾销廉价的棉纺织品，沿海的山东在北方首当其冲，洋绒洋布的大量输入夺去了山东棉花土布的部分消费市场，损害了棉农的经济利益，以致棉花种植面积有下降趋向，如平度州"自光绪中叶洋纱输入，织工乐其匀适，相率用之，手织线遂废，驯至种植棉者亦锐减"③，昌乐县农民植棉"旧时所产仅供本境服用，自洋纱兴，种者渐少矣"④。不过，外来因素并不总是起负面作用，也为山东棉产近代化带来了一定的助力。现代纱厂所用棉花要求绒长质高，促使山东人民对原有棉花品种进行改良，引进了美国种长绒棉，试种推广并获得了较大的成就，使山东棉花种植业走向了新的发展阶段。

光绪二十三年（1897年）杨士骧任山东巡抚时，曾令农人改种美国棉种，第一年所得颇未能如人意，秋令骤寒成熟不易，第一次引种没有成功。其后道员赵荫昌经过多次试验，总结出适合山东栽培美棉的方法，必

① 民国《续修广饶县志》卷7《政教志·农业》，民国二十四年（1935年）铅印本。此为民国七年（1918年）所记，反映的清末情形较为靠谱。
② 李文治：《中国近代农业史资料第一辑（1840—1911）》，北京：生活·读书·新知三联书店，1957年，第646页。
③ 民国《平度县续志》卷10《民社志·工商业》，民国二十五年（1936年）铅印本。
④ 民国《昌乐县续志》卷12《物产志·草棉》，民国二十三年（1934年）铅印本。

须"早播种，勤灌溉"①。光绪三十二年（1906年），东昌知府魏家骅由商务局请领美国棉种，按上述方法试种获得成功，据查，"美国棉种高大，三倍于本地之棉，每亩之地本地棉约种七千棵，美国棉至多不过一千棵；本地棉结桃多则二十余，美国棉可结七八十桃。以今年收成计之，本地棉约收七八十斤，美国棉可收百余斤至二百斤不等。且丝长光细，利于纺织"②。因此，次年又购到美国棉种六十包，分送东昌府各属及临清、夏津、滨州、邹平、平度、海丰、定陶等州县扩大种植③。同时，"试种上海棉种，成绩甚佳。在张店区试种的成绩甚至超越了长江流域"④。至清灭亡，美棉推广很快，临清与东昌棉区"从前所种土产，现已悉改美种，收成有十倍之望，去年棉花出市即悉被购尽"，济南东北的黄河与小清河流域滨州、利津、蒲台、博兴一带美棉、土棉参半⑤。美棉单产高，质量也佳，适宜现代工业纺织，故经济效益较佳，美棉的推广又促进了山东棉田面积的发展。

棉花是明清两代山东省最重要的经济作物，但其总种植面积缺乏准确的统计数据，今以光绪三十四年（1908年）《山东实业统计表》为基础，参照日本人的调查资料及方志记载，推求清末山东植棉的总面积。据《山东实业统计表》，鲁西北各主要产棉州县棉田面积为：夏津县356 700亩，临清州264 098亩，高唐州279 800亩，馆陶县115 000亩，丘县80 920亩，冠县71 000亩，清平县32 000亩，堂邑20 000亩，恩县11 000亩，全省共植棉2 000 680亩。笔者认为这个数字稍微偏低，一是从上述各州县细数中可以计算出东昌府属高唐、馆陶、丘县、冠县、清平、堂邑、恩县共有棉田20余万亩。这个数字严重偏低，从前文所述可知，清平、堂邑、恩县皆为重要商品棉产地，产量和外销量很大，每县棉花种植面积绝非本统计所谓的二十万亩。按照日本人清末的调查资料，东昌府棉田总共约有80万亩，

---

① 《中国调查录·山东种植美棉之成效》，《东方杂志》1910年第3期，第27—28页。
② 李文治：《中国近代农业史资料第一辑（1840—1911）》，北京：生活·读书·新知三联书店，1957年，第893页。
③ 《详抚院东省购种美棉情形文》，《山东省劝业公所报告书·农务科文书牍》，第14—16页。
④ 李文治：《中国近代农业史资料第一辑（1840—1911）》，北京：生活·读书·新知三联书店，1957年，第424页。
⑤ 《中国调查录·山东种植美棉之成效》，《东方杂志》1910年第3期，第27—28页。

这个数字似乎更为接近实际①。二是临清州所属仅统计了临清与夏津两地，实际上其属武城县产棉颇多，据《中国现代化的区域研究——山东省，1860—1916》所引1911年的资料，临清各属棉花产额分别为武城县500万斤、临清州300万斤、夏津县100万斤②，武城县产棉最多，故它能成为宣统《山东通志·物产》所记棉花五个重要生产县之一。笔者以为武城县棉田也不会少于20万亩，则临清州各地棉田面积应在80万亩以上。按照上属东昌府、临清州棉田统计数量占全省总面积的61.7%计算，清末山东全省共有棉田260万亩上下，约占全省耕地面积的2.1%③。明清两代山东棉花总产和商品棉总量很大，却没有相关记载，现仅能通过考证求出单位亩产，再大致匡算出清代末年的棉花总产量。据《农政全书》，明末"齐鲁人种棉者，既壅田下种，率三尺留一科（棵）。苗长后，笼干粪，视苗之瘠者，辄壅之。亩收二三百斤以为常"。虽然当时山东植棉技术极佳，有山东人张五典出巡南方，见其植棉颇不得法，特介绍家乡植棉方法，但亩产二三百斤确实太高，这可能是亩积偏大造成的④。乾隆帝《御题棉花图》也提到棉花单产，"稔岁亩收子花百二十斤，次亦八九十斤"。但这是不分南北泛泛而谈的，并且是丰年的产量，无法用以代表山东省的实际。清代末年记载山东棉花单产的资料多了起来，据某传教士的调查，"益都山区（占该县总亩数百分之五）大量种着棉花和水果。每亩地可收棉花一五〇至二〇〇斤"⑤。这看起来单产很高，但实际上是用当地的大亩计算的。当时益都以720号为一亩，等于标准亩240号的3倍⑥。可知益都的棉花每标准清亩可产籽棉在

① （日）东亚同文会：《支那省别全志》第四卷《山东省》第七编"生产业及主要物产·山东的棉花"，东京：东亚同文会，1917年。

② 张玉法：《中国现代化的区域研究——山东省，1860—1916》，台北："中央研究院"近代史研究所，1982年，第613页。

③ 据许道夫《中国近代农业生产及贸易统计资料》记载，1914年山东棉田159万亩，这个数字严重偏低；又据《中国实业志·山东省》第五编《农林畜牧》记载，民国八年（1919年）山东省棉田321万亩，可与本书推求数互相比对。

④ （明）徐光启撰、石声汉校注、西北农学院古农学研究室整理：《农政全书校注》卷35《蚕桑广类·木棉》，上海：上海古籍出版社，1979年，第963—964页。按山东省棉产区明初为移民垦殖重点区，当时授田多以大亩计，每大亩约等于三标准亩。

⑤ 李文治：《中国近代农业史资料第一辑（1840—1911）》，北京：生活·读书·新知三联书店，1957年，第646页。

⑥ 李文治：《中国近代农业史资料第一辑（1840—1911）》，北京：生活·读书·新知三联书店，1957年，第464页。

50—60斤，这个产量基本接近相对贫瘠的山区实际。1906年东昌知府魏家骅调查说："以今年收成计之，本地棉约七八十斤。"有一些中国调查者也持此观点①。而清末日本人经过详细调查后指出，东昌府平均每亩生产籽棉六七十斤②。由此可知，清末有不少人对山东棉花单产进行了调查研究，形成了亩产籽棉五六十斤、六七十斤与七八十斤三种主要观点，结论虽然不同，却极为相近，可靠性较高。今取中以亩产籽棉65斤为山东省平均水平，应该基本接近实际。如此，则山东全省所种260万亩棉花，总产籽棉169万担，可轧成皮棉56万担③。

随着清代山东棉花种植的趋向集中，棉花的商品率也有一定提高。清中期鲁西北沿运河各县木棉专业集市很多，如清平县"木棉市集向来新集最盛，近来王家、康家庄、仓上等处亦多买卖，四方贾客云集，每日交易以数千金计"④。到清末，鲁西北临清与东昌府二属约种棉花160万亩，年产籽棉104万担，轧成皮棉也在34万担以上。如此巨量的棉花当然要向外销售，其消售市场主要有鲁东南、鲁西南缺棉地区和青岛、上海，以及日本的一些纱厂。省内流通多为陆运，对外输出多是水陆联运，清末还有铁路运输。光绪时，高唐州所产棉花"北运往济南、章丘、潍县，南运到济宁、滕县等处销售，俱系陆运，每岁约二千余万斤，为出境第一大宗"⑤。恩县棉花"运至周村、潍县等处销售，系陆运，每岁约几千万斤，为本境之大宗"⑥。据一旅行者观察，由济南到高唐的一日半时间内，见到运棉花的小车36辆，大车6辆，共196担；从济南到临清的二日旅途中，见到26辆大车，11辆小车，共377担，由此可知两地每日约有300担棉花向济南运输⑦。

---

① 《中国调查录·山东种植美棉之成效》，《东方杂志》1910年第3期，第27—28页。又《东方杂志》1907年第4期《各省农桑汇志·山东省》也认为山东棉花通常亩产七八十斤。

② （日）东亚同文会：《支那省别全志》第四卷《山东省》第七编"生产业及主要物产·山东的棉花"，东京：东亚同文会，1917年。

③ 据《中国实业志·山东省》第五编《农林畜牧》，1919年山东省棉田321万亩，生产皮棉89万担，以三籽棉折一皮棉计，每亩约产籽棉83斤，考虑到后来美棉的普及所带来的单产增加成分，本书以每亩65斤籽棉作为清末引种美棉阶段的平均亩产应是中允的。

④ 嘉庆《清平县志》卷8《户书》，清嘉庆三年（1798年）刻本。

⑤ 光绪《高唐州乡土志·商务》，清光绪三十二年（1906年）刻本。

⑥ 光绪《恩县乡土志·商务》，清光绪三十四年（1908年）铅印本。

⑦ 李文治：《中国近代农业史资料第一辑（1840—1911）》，北京：生活·读书·新知三联书店，1957年，第323页。

1912年，经青岛向外输出皮棉6.9万担[1]，经大运河北运天津与烟台、龙口等地出口的也不少，估计山东输出省外的皮棉可达10余万担，而本省内部由鲁北棉区向东南与西南缺棉区的贸易额绝不会少于此数。这样看来，清末除府内州县的短距离贸易外，山东省所产棉花约有20万担皮棉通过长距离贩运供应省内外市场，其商品率接近40%。日本人清末调查山东棉花时所说除下等品外约有皮棉20万担，就是指可供长距离贸易的商品棉产额[2]。

明初山东省引种棉花后，在政府强制性与奖励性政策作用下得以较快地推广，山东省迅速发展成北方最重要的棉产区。明代中期以后，随着商品经济因素的增强，临河滨海的山东省棉花生产在北方率先走向专业化与商品化的轨道，清中期以后鲁西北与鲁北平原成为重要的商品棉基地，在北方的地位仅次于河北省。清末山东全省植棉260万亩，生产皮棉56万担，其中有20万担通过长距离贩运以供应省内外市场。行政措施与商品经济因素构成了山东省棉花引种发展、布局演变的主要限制因子，这要求为保证今天仍为全国重要棉产基地的山东省的棉花生产的持续发展，必须注重政府扶持与经济效益两个方面。

二、麻类

麻类作物品种较多，主要有苎麻、大麻、黄麻、苘麻诸种，其中苎麻生性喜温好湿，明清时仅分布于南方热带与亚热带地区，徐光启《农政全书》即说"而今之所谓苎者，特南方有之"，位于北温带的山东极其少见。大麻，又称火麻或线麻，沤其皮可纺线织布，制绳也较坚实耐用。苘（又写作檾），茎高于大麻，叶圆，其纤维松脆，只可制作绳索，此二种麻适应性强，在山东的分布较为普遍。而黄麻性类大麻，明清山东虽有种植，但地位低微，大多数方志并没有特别提出[3]，故本书只讨论大麻与苘麻的生产

---

[1] 张玉法：《中国现代化的区域研究——山东省，1860—1916》，台北："中央研究院"近代史研究所，1982年，第613页。

[2] （日）东亚同文会：《支那省别全志》第四卷《山东省》第七编"生产业及主要物产·山东的棉花"，东京：东亚同文会，1917年。

[3] 在所检明清山东方志中，与苘麻、蓖麻并列的麻类纤维作物，记作"檾麻"、"火麻"、"线麻"与"苴"者系指大麻而言似无疑义，记作"大麻"者则不一定，见油料作物蓖麻条讨论。间有称"花麻"者，如顺治《登州府志·物产》，其类不详；仅有康熙《邹县志·物产》出现"黄麻"之名，其外多记作"麻"，虽也可能包括黄麻，但似应以大麻为主。

与分布。

（一）大麻

明初，朱元璋下令凡民田五亩至十亩者，栽麻半亩，十亩以上倍之，如不种麻，使出麻布一匹，而且当时山东初步推广植棉，麻仍为平民衣被之重要来源，故各地种植一定较多。明末清初，随着棉花种植业的发展，棉布基本取代了麻布，如兖州府"曹州衣服多用棉，鲜麻枲，从土宜也"①，这必然会导致各地麻类播种面积大幅度下降。虽然有明一代山东麻类生产有逐渐衰落的趋势，但其分布范围一直都很广泛，明末兖州、莱州、登州三府都把大麻作为全府通产。而济南府属历城、新泰，东昌府属夏津、武城，青州府属临朐等县也都有大麻的生产，由此可知，明代大麻的种植遍及山东六府多数州县②。

清代，山东省大的生产分布呈现出新的特征：首先，人们培育出了带一定地域特征的优良品种，如产于汶河两岸的泰安麻，适于胶东丘陵的莱阳麻，宜于山地生长的山头麻。就纤维质量而言，莱阳麻最优，次则泰安麻，山头麻较差③。其次，随着商品经济的发展，麻的种植趋向集中。由于麻宜高燥之土，鲁东南丘陵山区成为清代麻的主要产地。泰山西南麓以泰安为中心包括莱芜、新泰、汶上、济宁、宁阳、泗水、东平等州县，为最大的麻产区④。汶河流域遍地植麻，高可没人，"将近汶滨，麻愈畅茂，沤麻之池亦复相望，臭气扑人，行者皆掩鼻而过……汶阳麻最繁茂，汶南则葭麻相间"⑤，所产以泰安为集散地，年贸易额高于300万斤⑥。位于胶东半岛的莱阳县产麻特盛，清末每亩捐制钱八千文⑦，其附近的招远、威海、平

---

① （清）陈梦雷编纂、蒋廷锡校订：《古今图书集成》卷238《职方典·兖州府物产考》，北京、成都：中华书局、巴蜀书社，1985年，第49—52页。

② 万历《兖州府志》卷25《物产》，明万历元年（1573年）刻本；万历《莱阳府志》卷3《物产》，民国二十四年（1935年）铅印本。其余各州县皆见其明代志书物产类。

③ （日）东亚同文会：《支那省别全志》第四卷《山东省》第七编"生产业及主要物产·山东省的麻"，东京：东亚同文会，1917年。

④ 林修竹：《山东各县乡土调查录》卷1《济南道》，济南：山东省长公署教育科，1919年。

⑤ 张相文：《齐鲁旅行记》，《东方杂志》1910年第2期。

⑥ （日）东亚同文会：《支那省别全志》第四卷《山东省》第四编"都会·泰安府城"，东京：东亚同文会，1917年。

⑦ 《御史王宝田奏》，《政治官报》宣统二年（1910年）八月四日。

度、高密等州县产麻数额也不少①。沂蒙山区的沂水县"南乡仿泉庄居民数百户，尽以绩麻为生，合庄无一穷户"②，所绩之麻应产于本地。兰山县也产大麻，"雄者为叶麻，雌者为苴麻，中绩"③，故乾隆《沂州府志》载有"麻"。除鲁东南丘陵山区集中种植外，鲁西南与鲁西北平原各州县也有大麻的分布，如定陶、冠、观、莘、堂邑、德州、夏津、长清、青城、阳信等州县清末民初志书皆载有麻，只是产额相对较小。

（二）苘麻

同大麻相反，苘麻宜生长于低湿地区④，鲁西北泛滥冲积平原上古河道纵横，洼下之处特多，明清两代都是山东苘麻的主要种植区域。按《大明会典》旧制，河南、山东、北直隶各州县卫所共93处，原有厂地每年解苘麻本色总计28 179斤，山东省共8153斤，占近1/3。山东省苘麻主要分布于鲁西南与鲁西北平原的济南、东昌、兖州三府范围之内，其中济南府共3900斤，分派济阳县1700斤，商河县800斤，长清县500斤，滨州、德州、禹城三属各200斤，蒲台及齐东县各150斤；东昌府共1583斤，分派临清、濮、范、朝城、丘、冠、莘、馆陶等州县；兖州府最少，只有滕县交100斤；各卫所2570斤，其中临清卫1750斤，济宁卫250斤，德州三卫计570斤⑤。厂地所种苘麻仅是极小部分，更多的是农民在各地的种植，如恩县农民种苘麻，"三月种，七月收"为普农活之一⑥，东平州农民在"运河两岸堤根淤滩"种苘麻，因规模较大、收金颇丰，地方官吏丈量其地以收租税，名曰"租苘地"⑦。其实这种情况在鲁西南与鲁西北平原极其普遍，如东昌府属堂邑、冠、莘、丘等县清中期都有此项地亩，尤其是馆陶数目最

---

① 顺治《招远县志》卷5《物产》，清顺治十七年（1660年）刻本；乾隆《威海卫志》卷4《物产》，民国十八年（1929年）铅印本；道光《平度州志》卷10《物产》清道光二十九年（1849年）刻本；民国《高密县志》卷2《物产》，民国二十四年（1935年）铅印本。
② 吴树声：《沂水桑麻话》，《山东史志丛刊》1991年第4期。
③ 民国《临沂县志》卷3《物产》，民国六年（1917年）刻本。
④ 光绪《平度州乡土志》卷14《物产》记："麻宜高，苘宜洼。"
⑤ （清）陈梦雷编纂、蒋廷锡校订：《古今图书集成·食货典》卷133《赋税部汇考·明》，北京、成都：中华书局、巴蜀书社，1985年，第17—20页。
⑥ 万历《恩县志》卷3《贡赋·种植》，明万历二十六年（1598年）刻本。
⑦ 民国《东平县志》卷1《方域·田亩》载："河滩租苘地365亩，此项地系运河两岸堤根淤滩。"应是清代规制。

大，额外苘麻地多达 1070 亩①。兖州府属曲阜县齐王庄也有孔府对坑基地收苘租的记载②，阳谷县有"原额租苘上中二等地 1231 亩"③，济宁州河滩租苘地多达 2178 亩④，宁阳、汶上等县苘麻为出产大宗，并有大量的输出⑤，武定府各处大麻甚少，"苘麻，可作绳索，种者多"⑥。总之，苘麻在鲁西南与鲁西北平原分布广泛，可以说每县都有大量出产。鲁东南丘陵山区部分州县也有苘麻的种植，如新泰、平度、高密、莱阳、宁海等州县明清志书皆载有苘麻，只是所产不多，绳料仍多依靠西部各县输入。明清两代山东省苘麻的这种分布格局基本没有大的变化。

三、葛

山东产葛历史悠久，唐时齐州（今济南市）土贡葛⑦，明清山东仍有不少出产，《聊斋志异·王成》篇记平原县人王成一次就从山东向京师贩运葛布五十余端。当时的主要产地是位于胶东半岛的登莱二府，如登州府的威海卫⑧、宁海县⑨、文登县⑩，莱州府的掖县、平度州、即墨县等地皆有一定量的出产⑪，其中文登、即墨所产最多，所织葛布向外输出，声名远扬。它如青州府的临朐⑫、诸城，济南府的齐东⑬，泰安府的新泰⑭等地也有葛的分布，只是所产较少，"出数无几"，也不能有效地利用，如乾隆

---

① 嘉庆《东昌府志》卷8《垦田》载各地苘麻地数量，堂邑 100 亩，冠县 74 亩，莘县 50 亩，馆陶 1070 亩；乾隆《邱县志》卷4《地亩》记："苘麻地 60 亩。"

② 中国社会科学院历史研究所：《曲阜孔府档案史料选编》第三编《清代档案史料》第九册《租税（一）》，济南：齐鲁书社，1983 年，第 243 页。

③ 民国《阳谷县志》卷 27《田赋》，民国年间抄本。

④ 民国《济宁县志》卷2《法制篇·赋税》，清光绪三十一年（1905 年）石印本。

⑤ 林修竹：《山东各县乡土调查录》卷2《济宁道》，济南：山东省长公署教育科，1919 年。

⑥ 民国《青城续修县志》卷4《物产志》，民国二十四年（1935 年）铅印本。

⑦ 《嘉庆重修大清一统志》卷 164《济南府·土产》，北京：中华书局，1986 年。

⑧ 乾隆《威海卫志》卷4《物产》曰："葛，地亦间出。"

⑨ 民国《牟平县志》卷1《物产》，民国二十五年（1936 年）石印本。

⑩ 雍正《山东通志》卷 24《物产志》记："葛，出文登县多，细而软。"

⑪ 乾隆《掖县志》卷1《物产》，清乾隆二十三年（1758 年）刻本；道光《重修平度州志》卷 10《物产》，清道光二十九年（1849 年）刻本；万历《莱阳府志》卷3《物产》，民国二十四年（1935 年）铅印本，记："即墨有粗葛布。"

⑫ 嘉靖《临朐县志》卷1《风土志·物产》，明嘉靖三十一年（1552 年）刻本。

⑬ 光绪《齐东县乡土志》卷下《物产》，清宣统二年（1910 年）刊本。

⑭ 光绪《新泰县乡土志·物产》，清光绪三十四年（1908 年）石印本。

《诸城县志·方物考》记该县所产之葛"土人用以捆载，亦不能织布，辜负良材，比麻尤为可惜"①。

第二节　柞蚕业和桑蚕业的兴衰与布局

一、柞蚕业

（一）明代柞蚕业的形成及主要产地

中国人工饲养桑蚕已有4千多年的悠久历史，人工放养柞蚕却晚得多。晋代的《古今注》记："（汉）元帝永光四年，东莱郡东牟山，有野蚕为茧……收得万余石，民以为蚕絮。"②所谓野蚕即是柞蚕，晋代郭义恭《广志》最早开始使用"柞蚕"这一名词。虽然登莱柞蚕自古有之，但都是收集其自然结成之茧加以利用，元朝官修《农桑辑要》与王祯私著《农书》对当时农桑树艺技术事无巨细都有描述，却没载柞蚕放养之法，直到明初似乎都无人工放养的柞蚕，因为当时史志中仍以"野蚕成茧"作为祥端之事。到明末孙廷铨说，野蚕成茧，"乃今东齐山谷在在有之"，野蚕成茧现象已很普遍，应是人工培育的现象，说明人们已经掌握了放养柞蚕之法，故诗人吴伟业夜宿蒙阴，能够吟出"野蚕养就都成茧，村酒沽来不费钱"的诗句③。大概明代中期，山东人民在长期采集利用野茧的实践中，总结出留柞蚕种、出蛾、移蚕、赶鸟、捉虫等放养技术，开始了人工放养柞蚕的新阶段。

鲁东南丘陵山区多柞树，放养柞蚕得天独厚，"有野蚕食樗叶，但蓄之树杪无铺眠劳……然亦勤于看视，防诸鸟雀所伤"④；不浴不饲，费力少而成茧多；而且缲丝作绸，朴而坚密，"居民取之制为绸，久而不敝"⑤；用项既广，价格也高，安丘西南山区所产山茧绸"色赫而直，倍白绸"⑥，清

---

① 民国《博山县志》卷7《实业志·杂产业》引旧志，当为清末情形。
② 转引自（清）王元綖辑、郑辟疆校：《野蚕录》卷1《考证》，北京：农业出版社，1962年，第1页。
③ 转引自章楷：《我国柞蚕业的起源和传播考略》，华南农学院农业历史遗产研究室主编：《农业研究》第四辑，北京：农业出版社，1984年，第79—80页。
④ 顺治《登州府志》卷8《风俗·蚕桑》，清顺治十七年（1660年）刻本。
⑤ 嘉靖《山东通志》卷8《物产》，明嘉靖十二年（1533年）刻本。
⑥ 万历《安丘县志》卷1《方志考》，明万历十七年（1589年）刻本。

人谓"在前朝价与绒等，用亦如之"①。因此，促进了山东柞蚕业的发展。青、登、莱三府位于鲁东南丘陵地区，柞蚕养殖较为普遍，其中登州府栖霞县最为突出②，海阳所辖地有村庄名柞岚，明万历年间"建村于柞树岚（即养殖柞蚕的山场）附近，故名"③，招远县也产"山茧绸"④。山茧也是明代莱州府通产⑤，各地贸易较多，胶州甚至有当作行贿馈赠物品者⑥，青州府产柞州县除前述蒙阴、安丘外，临朐县也是"山居者或拾山茧作纳绸"⑦。同时，兖州、济南两府坐落于山区的州县也有山茧的生产，兖州府山邑以野茧为绸，"沂（州）、费（县）二处有之"⑧，济南府则"出青城、莱芜，取山柘野蚕乱丝而理之者也"⑨，与青州接界的淄川县也有出产⑩。

由上可知，明末鲁东南丘陵山区柞蚕的分布已很普遍，但从鲁中南山地北麓地区多"取山柘野蚕乱丝而理之""或拾山茧作绸"的记载看，尚多利用自然茧，说明明代仍处于人工放养的初步阶段，相对而言，登莱二府的发展水平较高，产额也大。

（二）清中期柞蚕养殖技术的发展与外传

清代前中期，山东柞蚕养殖技术进一步提高，从植柞、饲蚕、选留蚕蛾到防虫驱兽各个环节都对明代技术进行了改进，逐渐形成了一整套完备成熟的柞蚕放养技术。第一，选种方法臻于完善，"于蚕头眠起时，即留心查看，剔其硕大无病，通体明亮者，另树饲养，其背腹稍现斑点，及颜色晦暗者，去之；从此眠起一次，则剔一次；下茧后，乃剔其坚实者"⑪，这种方法至今仍然通用。第二，对于鸟兽害虫的危害，除了辛勤看护，"昼则

① （宋）叶梦珠撰、来新夏点校：《阅世编》卷7《食货六》，上海：上海古籍出版社，1981年，第162页。
② 嘉靖《山东通志》卷8《物产》，明嘉靖十二年（1533年）刻本载："登州府，柞丝出栖霞，青莱亦有之。"
③ 荆甫斋、刘志耘主编：《海阳县志》第一篇第四章"县城·乡镇·村庄"，内部资料，1988年，第18页。
④ 顺治《招远县志》卷4《风俗》，清顺治十七年（1660年）刻本。
⑤ 万历《莱州府志》卷3《物产》，民国二十八年（1939年）铅印本。
⑥ 乾隆《莱州府志》卷9《宦绩》，清乾隆五年（1740年）刻本记载："陈尧辅，万历间以举人知胶州……有馈以山茧绸者，却之不得，悬之库中。"
⑦ 嘉靖《临朐县志》卷1《风土志·民业》，明嘉靖三十一年（1552年）刻本。
⑧ 万历《兖州府志》卷25《物产》，明万历元年（1573年）刻本。
⑨ 嘉靖《山东通志》卷8《物产》，明嘉靖十二年（1533年）刻本。
⑩ 嘉靖《淄川县志》卷3《封域志·物产》，明嘉靖二十五年（1546年）刻本。
⑪ （清）王元绥辑、郑辟疆校：《野蚕录》卷2《育蚕》，北京：农业出版社，1962年，第57页。

持竿张网，夜则执火鸣金，号呼喊叫之声，殷殷盈山谷"，还可用白砒糁入米饭置草中，药杀害虫，而且特别注意冬季的灭蚁活动①。第三，开始人工大量种植柞树，据《野蚕录》记载，康熙三十年（1691 年）作为明代山蚕中心的栖霞县才由"诸城人教之植柞树"，康熙四十五年（1706 年），宁海州学正王汝岩"始自青州募人来教民蚕，并督民植柞"。天然生长的柞树虽多，但树龄参差，很难有效地利用，而且数载后，树叶既小又硬，不中蚕食，人工植柞技术发明后，柞蚕山场的培育、管理与砍伐再造才能得心应手，这是大规模发展柞蚕生产的基础。第四，开发了多种饲蚕资源，除柞树叶外，人们还发现樗、柳、椿、椒等树叶也可饲蚕，而且所成之茧各有特点。于是，柞蚕因成茧时间与饲源不同"有春茧、秋茧之分，以秋为胜。又有饲以椿叶者为椿茧，饲以椒叶者为椒茧，或得野茧于土中者为小茧，品较珍贵"②。宣统《山东通志·物产》则以为："山茧有椿、樗、柳、柞之目，而柞蚕为最盛。"由于椿、椒、樗、柳等蚕种与柞蚕同出一源，放养技术也基本相同，人们一般仍把它们归于柞蚕一类。

柞蚕放养技术的完备推动了山东柞蚕生产的发展，康熙《邹平县志·物产》记载："柞绸，山中野茧织成，大峪中，柞树遍峪……栽树数千株，收茧数万，先杀蚁，亿万万矣。"山东养蚕山场不断增多，面积逐渐扩大，民间柞蚕养殖渐具规模。登州府仍是山东柞丝的主要产地，生产中心仍在栖霞县，其余文登、招远、海阳、莱阳产额也多③，胶东半岛顶端的宁海州自乾隆初知州李湖教民植柞育蚕后，柞树几遍全境，同治《宁海州志·土产》记载："春茧成于五月，秋茧成于八月，俱有茧市，饲蚕有柞、有槲、有栩、有栲，其类甚繁。"沂州府也发展成为山东柞蚕生产的重要地区，吴树声《沂水桑麻话》记载："沂多山，山必有场，种栲栳以养山蚕。"大约在乾嘉之际，"岁出山茧山绸无算，西客皆来贩卖，设经纪以抽税，岁入数千金焉"，府属兰山、郯城、蒙阴各县所产在质量与数量方面也

---

① 《中国古代农业科技》编纂组：《中国古代农业科技》，北京：农业出版社，1980 年，第 450 页。
② 雍正《山东通志》卷 24《物产志》，清乾隆元年（1736 年）刻本。
③ 乾隆《大清一统志》卷 137《登州府·土产》云："柞蚕，登州府志出栖霞县，文登、招远等县亦有之。"《嘉庆重修大清一统志》同。荆甫斋、刘志耘主编：《海阳县志》，内部资料，1988 年；（明）谈迁著，罗仲辉、胡明校点校：《枣林杂俎》中集，北京：中华书局，2006 年，记载："今莱阳之山茧绸，盖樗茧也。"

不逊色①。青州府各地也普遍养殖柞蚕，其中诸城县山场最多，产量颇丰。乾隆《诸城县志·方物考》载："其利久而且大者曰山蚕，蚕养于槲与柞，皆名不落树，树生于山，春秋两次，蚕老吐丝……织为山绸，虽不如椿绸之贵，而衣被南北为一方之贵。"咸丰所修《青州府志·物产》记载："博山，茧绸有椿、椒、槲（樗）三种，惟槲绸颇多……寿光货之属……山茧次之，虽少山，而椒、椿、樗、柘所在有之。蚕不待饲，食叶成茧，各以其名，与桑蚕同功。"它若益都、临朐、安丘等地也有多量出产。其余位于鲁东南丘陵山地的州县也多养殖柞蚕，如莱州府的即墨、胶州、高密及济南府的历城等地，但其生产水平远较上述三府为低。

总体来看，清中期，山东柞蚕养殖为自然条件所限，分布范围仍与明代相同，并未超出鲁东南丘陵山区，但各地养殖规模扩大，尤其是登沂青三府所产柞丝产量与质量都比明代有了大的提高。

清代中期，山东省的柞蚕养殖技术逐步外传，促进了全国各地柞蚕生产的全面发展。明朝时期，全国仅有山东一省开始人工放养柞蚕，其他各省虽有满山遍岭的柞树，却苦于没有蚕种和技术，只能供居民炭薪之用。入清，随着养殖技术的完善，山东柞蚕业逐渐繁荣起来，外省官吏特别重视，乾隆八年（1743年），四川按察使姜顺龙呈请皇帝谕令山东巡抚"将前项椿蚕、山蚕二种作何喂养之法详细移咨各省，如各省现有椿树、青杠树，即可如法喂养，以收蚕利"。这条建议立即被采纳了。次年，山东省政府根据柞农的经验编成《养蚕成法》分发各省②。陕西省的柞蚕业即是在此书的指导下发展起来的。其实在此以前，山东人民流亡关外者已经在辽东及承德塔子沟一带开辟山场，进行柞蚕养殖活动了。同时，山东人在安徽、四川、贵州等地做官，也积极提倡植柞养蚕。通过这些途径，山东省的柞蚕种及养柞技术逐渐传播到全国多数适宜养柞蚕的地区，为中国的蚕业发展做出了巨大贡献。

（三）清末柞蚕业的繁荣

清代山东柞蚕生产也不是直线上升的，约在道咸之际，一度出现了衰

---

① 乾隆《大清一统志》卷141《沂州府·土产》云："蚕绸，兰山、郯城、蒙阴、沂水四县俱出。"沂水位置垫后，《嘉庆重修大清一统志》同。
② 《清实录·高宗实录》卷204 "乾隆八年十一月丁亥"条，北京：中华书局，1985年，第631页。

落的现象。如吴树声在咸丰四年（1854年）所记沂水县的情形："近则小民贪目前之利，伐其树以助薪，刨其根以为炭，无山不童，而山蚕之利在官在民皆不及昔之十一二。"①似乎这种现象并非沂水一县所有，个中缘由据笔者考察当与山茧绸价格下跌有关。先时山东一地出产，全国皆是销售市场，于是价格颇高，乾隆初年的资料表明，丝类织物中"山绸为最，椒茧、樗茧谓之小茧，其价贵，柞茧谓之大茧，价次之，桑谓之绵，又次之"，柞丝价值远高于桑丝，更高于棉花绒②，这刺激了山东柞农的生产积极性。然而，到了道光末年，"山东茧绸，集蚕茧为之，出于山东椒树者为最佳……年来，价日贱而此种亦绝。今最上者，价不过钱许一尺，甚而有三四分一尺者"③。由于各地普遍出产，价格甚贱，柞农养蚕利薄，故有毁坏山场种植粮食作物者，市场的需求决定了山东柞蚕业的兴衰变化，表明其受商品经济的影响很深。

由于欧洲人喜欢中国丝织品，国际市场上中国丝及织物需求量增大，山东生丝的出口显著增加。1876年，山东出口柞蚕丝1597担，1880年上半年即出口1361担（表5-2）。到清代末年，山东每年约出口柞蚕丝11 450担，约占全国输出量的1/3（表5-3）。与此同时，柞丝制品的输出量也逐年提高。同治初年，鲁绸"始通洋庄时，销路极微，每年不过数万金，其所销绸匹种类亦甚少。至光绪十年左右，逐渐发达，销数日增，每年约四五十万金。迨至光绪二十年后益形发达"，通过上海一埠的销数每年增至百余万金，至清末已达二百余万金，其中营业最盛之年，出口总数有六七百万金④。

表 5-2　19世纪70年代山东出口生丝统计　（单位：担）

时间	桑蚕丝	柞蚕丝	总计
1875 年	34	283	317
1876 年	1629	1597	3226
1877 年	124	161	285
1878 年	1115	425	1540

---

① 吴树声：《沂水桑麻话》，《山东史志丛刊》1991年第4期。
② 乾隆《威海卫志》卷4《食货·物产》，民国十八年（1929年）铅印本。
③ （宋）叶梦珠撰、来新夏点校：《阅世编》卷7《食货六》，上海：上海古籍出版社，1981年，第162页。
④ 彭泽益：《中国近代手工业史资料（1840—1949）》第二卷，北京：生活·读书·新知三联书店，1957年，第97页。

续表

时间	桑蚕丝	柞蚕丝	总计
1879 年	1034	475	1509
1880 年上半年		1361	1361

资料来源：张玉法：《中国现代化的区域研究——山东省，1860—1916》，台北："中央研究院"近代史研究所，1982 年，第 552 页

表 5-3 　清末山东生丝输出统计 　　　　　（单位：担）

类别	烟台	青岛	山东省	全国
手工柞蚕丝	10 923	2	10 925	33 848
机械柞蚕丝	525		525	535
柞蚕丝总计	11 448	2	11 450	34 383
手工桑蚕丝	221	5325	5546	22 949

注：手工柞蚕丝是 1912—1914 年三年输出的平均数，手工桑蚕丝是 1912—1913 年两年输出的平均数

资料来源：（日）东亚同文会：《支那省别全志》第四卷《山东省》第三编"山东省的贸易·概况"，东京：东亚同文会，1917 年

　　清末，在国际市场需求的刺激下，山东省柞蚕生产获得了较快的发展，达到了一个新的繁荣时期。全省柞蚕产额增加很快，1870 年左右，年产柞蚕丝 7125 担，樗蚕丝 6 担，其余椒、椿茧丝尤为有限①。其后山东柞蚕丝产量直线上升。1900 年左右，猛增到 32 万担②，1912 年，达 50 万担以上，仍是全国最大的柞蚕产地。由于东北的柞蚕多运到烟台等地缫丝、织绸，山东海关输出量不能全部看作山东的出产③。清末，山东省柞蚕丝的产量与输出量都远超过桑蚕丝，故宣统《山东通志·物产》谓"本省桑茧较少，山茧较多"。

　　清末，山东省各地出现了专以养柞为生的柞农，栖霞县牙山周围的居民"均以养蚕业，种柞为本，依此山茧，以为养生之源"④，宁海州"产柞

① 张玉法：《中国现代化的区域研究——山东省，1860—1916》，台北："中央研究院"近代史研究所，1982 年，第 52 页，又根据彭泽益：《中国近代手工业史资料（1840—1949）》第一卷（北京：生活·读书·新知三联书店，1957 年，第 59 页）记载，1870 年山东产丝 6625 担，与此相差不多。
② 《中国古代农业科技》编纂组：《中国古代农业科技》，北京：农业出版社，1980 年，第 445 页。
③ 据日本人 1911—1912 年的调查资料，清末山东与东北的柞蚕，茧产量在 100 万担左右，其中山东所产 50 万—55 万担，东北所产 45 万—50 万担，在调查者心目中，山东所产仍高于东北，见（日）东亚同文会：《支那省别全志》第四卷《山东省》第七编"生产业及其主要物产·山东省与南满的柞蚕"，东京：东亚同文会，1917 年。
④ 孙钟萱：《山蚕辑略》序，1916 年。

之处，俗名蚕场，亦名蚕岚，其价格比普通山林为昂，问富者至数蚕场以对……育蚕系农家副业，本无所谓专户，惟山主（即蚕场所有人）招人育蚕，始称蚕户，实则自行育蚕者，亦未尝非蚕户也[1]，峄县也有饲养椿蚕的专业户百余[2]。鲁东南各地"凡有山谷之处，无不种植（柞树），不论顷亩，以一个所饲为一把手，有多至千手之家，不供赋税，坐享千金之富"，柞蚕生产成为清末山东人民的重要经济来源。

二、桑蚕业

山东的桑蚕生产曾有过辉煌的历史，早在战国时就成为全国蚕丝生产的中心地区，《史记·货殖列传》以为"齐鲁千亩桑"之人富可比千户侯。不过，中唐以后，山东蚕业逐渐衰落，金元时期更是一蹶不振，于世无闻。明太祖朱元璋初立国即下令，凡民田五亩至十亩者栽桑半亩，十亩以上者倍之，不如令者使出绢一匹，利用强制手段令农民栽桑育蚕[3]。同时实行鼓励扶持政策，令所栽桑树四年后起科，而自洪武二十六年（1393年）以后山东人民新栽桑株不论多寡俱不起科[4]。洪武二十七年（1394年），又令天下州县各设劝农主簿，督民种植桑枣且授以种植之法，具体做法为，每一里出二亩官园培育秧苗，"待秧高三尺，然后分栽，每五尺阔一垄，每一户初年二百株，次年四百株，三年共六百株，栽种过数目造册回奏，违者全家发遣充军"[5]。官园又叫"官桑园"或"桑枣园"，初为植桑的育秧试验田，后为赡养贫民寒士的善政措施，在明代前期山东各县普遍存在，如福山县二十九里，每里各一官桑园[6]，恩县"桑枣园在各里，成化十三年，山东参政唐虞公照里数设立，种植桑枣赡给贫民"[7]，又《长清县志》记载，建文帝时税课司大使樊童病故，"贫不能归，邑大夫以官桑园四十亩及

---

① 民国《牟平县志》卷5《实业·蚕业》，民国二十五年（1936年）石印本。
② 光绪《峄县乡土志·农业之农产》，清光绪三十年（1904年）抄本。
③ 《明史》卷78《食货·赋役》，北京：中华书局，1974年，第1894页。
④ 《明太祖实录》卷243"洪武二十八年十二月壬辰"条，台北："中央研究院"历史语言研究所，1962年，第3532页。
⑤ （明）何孟春：《余冬序录摘抄内外篇》卷5，北京：中华书局，1985年，第62页。
⑥ 民国《福山县志》卷1《物产·附官园》，民国二十年（1931年）铅印本，录旧志文，应为明代规制。
⑦ 万历《恩县志》卷2《建置·恤政》，明万历二十六年（1598年）刻本。

劝农主簿厅给之"①,其后各朝也能继续提倡种桑养蚕,宣德、正统年间屡有申令,这就促使明代山东的桑蚕生产得到了一定程度的恢复和发展。各地桑田规模大,长清县一次赠人即给官桑园40亩,面积不小,安丘县"官民桑已起科42 072株,不起科1 500 790株",合154万余株,均之全县20 130户,则平均每户拥有桑树76株②。位于胶东半岛东端的宁海州桑树栽植更多,"起科农桑折大绢179匹,不起科桑4 452 051株",均之全县9029户,每户拥有不起科桑493株。文登县"丝绵433斤……官桑8800株,民桑25 909株",大概仅是起科桑树③。一县桑树如此之多,使人不难想见广阔的原野到处绿桑成行的景象,山东其他州县也不会与此相差太远,齐鲁大地又恢复了千亩桑田的规模,其蚕丝产量也是一个不小的数字④。

由于按亩植桑的平均主义强制政策及自给自足的自然经济的影响,明前期山东桑蚕生产具有普遍分布的特征。这可从以下方面得到证明,一是山东省济南、兖州、东昌、青州、登州、莱州六府普遍征收农桑丝绢,各府征绢匹数分别为165 455、13 797、4110、10 436、3544、4698匹,济南府多派2109斤丝绵⑤;二为各地都有种桑习蚕的风气,济南府历城县"田妇皆知蚕桑,刘子诗:桑间采尽千条叶,机上抽成万缕丝"⑥,青州府临朐县"民勤耕,晨务蚕丝作细绢"⑦,兖州府"妇女务为蚕桑,织丝为绢,亦能为绫",东昌府"阖境桑麻,男女织绩以给朝夕",就连登州府也是"农作外间治蚕桑,其铺眠分担之劳属之田妇,练丝之役多男共事"⑧,虽然都

---

① 乾隆《大清一统志》卷127《济南府·古迹》,清乾隆五十五年(1790年)刻本。

② 万历《安丘县志》卷8《赋役考·桑枣》,又嘉靖《山东通志》卷3《建置沿革·青州府》记安丘县明前期编户183里,以每里110户计算。

③ 嘉靖《宁海州志》卷上《民赋第二·赋税》,明嘉靖二十六年(1547年)刻本;又嘉靖《山东通志》卷3《建置沿革·登州府》记宁海明前期有82里。

④ 安丘县约每百株桑征丝一斤,以三十税一计,则每株桑可产丝3两,这也与郫城县清末产量相近,如山东省104县皆按安丘县150万棵桑树计算,则全省年产桑蚕丝40万担左右。

⑤ 嘉靖《山东通志》卷8《田赋》,明嘉靖十二年(1533年)刻本。

⑥ 崇祯《历乘》卷12《方产考》,明崇祯六年(1633年)刻本。

⑦ 嘉靖《临朐县志》卷1《风土志·民业》,明嘉靖三十一年(1552年)刻本。

⑧ (清)陈梦雷编纂、蒋廷锡校订:《古今图书集成》卷238《职方典·兖州府物产考》,北京、成都:中华书局、巴蜀书社,1985年,第48—52页;(清)陈梦雷编纂、蒋廷锡校订:《古今图书集成》卷255《东昌府物产考》,北京、成都:中华书局、巴蜀书社,1985年,第20—21页;(清)陈梦雷编纂、蒋廷锡校订:《古今图书集成》卷278《职方典·登州风俗考》,北京、成都:中华书局、巴蜀书社,1985年,第1—2页。

是明末清初的数据，但风俗流习并非一朝一夕之成，明前期情形似乎相差仿佛。

明初人为地用税收等强制手段促使山东桑蚕生产得到了一定的恢复和发展，但好景不长，明中期以后，随着赋役折银政策的实施，蚕丝绢绸大量进入市场，商品经济的竞争机制打破了过去普遍种植的平均分布格局，使山东桑蚕生产出现了区域集中化的趋势。与此同时，棉花的种植日渐兴盛，平民的衣着发生了很大变化，棉花的地位日渐重要，遂至衣被天下，丝绢则慢慢退出大多数居民的衣被原料之外，于是需用量锐减，导致山东桑蚕事业走向衰落。虽然清代后期蚕丝成为山东出口贸易的重要物资，市场扩大后对生产有了刺激，但是明清新发展来的柞蚕生产更适合鲁东南地区的自然条件，从而排挤了桑蚕业在山东省的重新振兴，这是明代中期以后山东桑蚕生产发展的大趋势，在各个历史阶段的发展变化与分布格局各有特征，兹具体分析如下。

明代中期，山东省桑蚕事业开始衰落，以恩县为例，成化年间设置的30多所桑枣园，到万历时基本破坏无存，有2/3连地点都无法考求了。而农民所栽桑株"近剪伐数倍种植，剜肉医疮非计甚矣"，即便县令提倡春季家植数株，也于事无补①。到明代末期，山东省桑蚕生产的整体水平较前期下降不少，尤其是青、登二府广大地区，仅登州府属福山、黄县稍有桑丝出产，然也"不能当滕郡之万一"②。济南、东昌、兖州、青州四府的个别州县桑蚕业仍较发达，济南府的章丘、邹平二县产丝③，尤其是章丘城东北"清平乡，地宜桑蚕，成织纱绢，为利颇不赀"④，历城县也是"多桑麻，人知耕织"，居民织纺黄绢、绵绸、屯绢，出售各地⑤。东昌府"产丝颇

① 万历《恩县志》卷2《建置·恤政》谓照里数（32里）设置桑枣园，万历时知确址者11所，"余湮没无考"，又万历《恩县志》卷3《贡赋·种植》，明万历二十六年（1598年）刻本。

② 顺治《登州府志》卷8《风俗·织作》，清顺治十七年（1660年）刻本载："有蚕丝织本色绢，福、黄为多……然不能当滕郡之万一。"又（清）陈梦雷编纂、蒋廷锡校订：《古今图书集成·职方典》卷279《登州府物产考》，北京、成都：中华书局、巴蜀书社，1985年，第5—6页记："黄县、福山有业蚕者。"可见织绢之丝为本地产。

③ （明）李贤等：《大明一统志》卷22《济南府·土产》，西安：三秦出版社，1990年。

④ （清）顾炎武撰，华东师范大学古籍研究所整理，黄珅、严佐之、刘永翔主编：《顾炎武全集》第14册《天下郡国利病书·山东备录上·章丘县志》，上海：上海古籍出版社，2011年，第1645页。

⑤ 崇祯《历乘》卷12《方产考》，明崇祯六年（1633年）刻本。

盛，纺织成绢绸"，"濮州、冠县之清水称良"①。因此，济南、东昌两府是明代山东向朝廷贡献蚕丝的地方。兖州府"其利丝纩"，尤其是滕县织绢颇盛②。

清代康雍乾三朝比较注重民生，对桑蚕养殖也有提倡，促进了山东桑蚕生产较明末有一定的发展，但仍没恢复到明初的水平。清中期，蚕丝的主要产地较明末有所扩展，据道光《济南府志·物产》记载，济南府属"历城茧丝最良，邹平、济阳次之，齐东又之，其桑不同也"。康熙《邹平县志·物产》也说："长醴二乡多蚕桑，贸丝织绢殊饶。"东昌府各州县皆产丝绵，但似因棉花的扩种，本区桑蚕水平较前下降，明末著名的冠县之绸已经不见记载了③，出产蚕丝的地方还有临清与济宁④，武定府阳信县产一种绵绸，"色不甚白，然坚细匀净，故以信绸著名"，曹州府菏泽县、青州府寿光县、莱州府潍县所产丝绢质量颇佳⑤。这些丝绢原料应该源于本县或其附近地区，如寿光南面临朐县就有大量蚕丝供应市场，据咸丰《青州府志·物产》记载，"临朐，绵绸、山绸、生绢皆织自土人。丝有生熟二种，聚于冶源集，益都贾购至京师为纶巾、韬穗、带绅之属，货行远方"。寿光织之丝多为临朐所产⑥。

道光咸丰年间，山东桑蚕生产较乾嘉之际似有下降，当时全省年产黄丝1024担，白丝80担，桑养天来蚕丝15担，总计1119担⑦。其后由于对外贸易的发展，出口桑丝逐渐增多，清末出口额已达五千多担（表5-3），

---

① （清）陈梦雷编纂、蒋廷锡校订：《古今图书集成·职方典》卷255《东昌府物产考》，北京、成都：中华书局、巴蜀书社，1985年，第20—21页。

② （清）顾炎武撰，华东师范大学古籍研究所整理，黄珅、严佐之、刘永翔主编：《顾炎武全集》第14册《天下郡国利病书·山东备录上·滕县志》，上海：上海古籍出版社，2011年，第1654—1655页。

③ 乾隆《大清一统志》卷133《东昌府·土产》，清乾隆五十五年（1790年）刻本，《嘉庆重修大清一统志》同。

④ 乾隆《大清一统志》卷147《临清州·土产》，清乾隆五十五年（1790年）刻本；乾隆《大清一统志》卷146《济宁州·土产》，清乾隆五十五年（1790年）刻本。

⑤ 乾隆《大清一统志》卷139《武定府·土产》，清乾隆五十五年（1790年）刻本；乾隆《大清一统志》卷145《曹州府·土产》，清乾隆五十五年（1790年）刻本；乾隆《大清一统志》卷136《青州府·土产》，清乾隆五十五年（1790年）刻本；乾隆《大清一统志》卷138《莱州府·土产》，清乾隆五十五年（1790年）刻本。

⑥ 光绪《寿光县乡土志·物产》云："本境野狐庄、杨家庄机房亦有织成绢绸者，然所用丝多由益都、临朐等县购置。"虽系清末记载，以证中期似无大谬。

⑦ 张玉法：《中国现代化的区域研究——山东省，1860—1916》，台北："中央研究院"近代史研究所，1982年，第552页。

这刺激了桑蚕生产的发展，而且地方官吏注重蚕业，开始创办新式蚕业学堂，引进湖桑，改良土法饲养，显示出一番新气象。然而，成效并不大，如平度州"自光绪季年知州曹倜设农桑学堂，邑绅许崇城、崔锡禄等提倡，购南种栽湖桑，邑人间知其利，出丝颇洁白，惜未能扩充"[①]，高唐州"光绪三十一年知州周家齐推广蚕桑之利，改良土法，购南桑二千株"仅试种而已[②]，菏泽县"蚕桑之业几视若有若无，近设有农桑学堂，派农桑毕业生充当教习，将来蚕桑之业可望起色"，也寄希望于未来[③]。有人以为："近年来封疆大吏无不以此为要务，而先出示晓谕者，然终未见成效，非有司奉行之不力，亦非间阎之狃于积习，而不惯趋时也。盖蚕多借力于女红，东省男女皆尽力于南亩，无暇及此，土复不润，故桑亦不肥，因地制宜，固非可强。"[④] 盖因蚕丝进入国际商品市场，必然会出现竞争，山东的土壤、气候、桑树、蚕种及技术条件较东南沿海地区差得太远，这种自然与历史的因素造成了山东桑蚕生产衰落的不可逆转。

当然，在出口贸易增加和地方官吏的提倡下，清末山东桑蚕生产水平确有一定程度的回升，从输出额的增加即可得到证明。当时，桑蚕生产主要集中在三个地区，其中位于鲁中南山地东北麓的产区，由于位置靠近寿光、潍县等丝织品加工地，而且与烟台、青岛的交通尤其便利，发展最快，蚕丝产量最大，尤其是临朐县桑蚕生产最为发达。光绪《临朐县志·物产》记载："桑叶厚宜蚕，连冈被野，盛甲青州……货之属，丝为冠，互洋以西所产尤坚韧，色有黄白，练之则一。土人所货者皆生丝也，远方大贾皆集益都，逐末者转鬻就之，村人坐鬻集于冶源五井，亦多自至益都……贸迁之远及泰西诸国……美利孔溥，他县所无，岁计其通常获银百数十万。"当地每亩桑田年均收入远超过种粮食及其他经济作物，故全县"有三分之一的农家种桑育蚕"，蚕业之盛为山东省诸县之冠[⑤]。其附近益

① 民国《平度县续志》卷2《疆域志·物产》，民国二十五年（1936年）铅印本。
② 光绪《高唐州乡土志·物产》，清光绪三十二年（1906年）刻本。
③ 光绪《菏泽县乡土志·物产》，清光绪三十三年（1907年）石印本。
④ （清）孙点：《历下志游》，清光绪年间铅印本。
⑤ 李文治：《中国近代农业史资料第一辑（1840—1911）》，北京：生活·读书·新知三联书店，1957年，第433页，这是1899年的情形，其后仍有发展，民国《临朐县志》谓："邑人养蚕，其来甚久，种桑之田十亩而七，养蚕之家十室而九。"

都、博山[1]、长山[2]等县所产也自不少。

泰安府与曹州府北部的产区范围较大，包括新泰、肥城、莱芜、泰安、东平、朝城、范县、郓城等地，但各地产额不多，如新泰县桑柞"茧丝岁可收二万余斤，由山路运至长山之周村销售"[3]。肥城县的桑业"近日逐渐振兴，则每岁远售于省垣、青岛诸处者颇获厚利"[4]。郓城县"蚕桑颇称发达，计栽湖桑三千五百株，鲁桑、椹桑等三千二百株，养蚕者三千家，年产额约一千四百余斤"[5]。范县"丝，陆运聊城之沙镇、长山之周村等处，每岁销行约千余斤"[6]。朝城县的丝销路同上，"每岁销十余捆"[7]。本区所产多运往济南、长山、青岛以供输出。

鲁中南山地西南边缘地带的泗水、邹、滕、峄、蒙阴、沂水、兰山等地也组成了一桑蚕产区[8]。各县产量不大，峄县有"接桑二千三百五十株，椹株六千余株，养蚕户约五百户"[9]，所产多转运周村等处，如邹县"桑茧缫丝行销兖州郡及长山周村等处"[10]。

第三节　油料、染料与嗜食作物的全面发展与分布

一、油料作物

明清山东用于榨油的作物品种很多，除传统的黄豆、芝麻、菜籽、苏子、蓖麻外，明代开始出产的棉花种子与清代增添的花生很快成为农民日常用油大宗，更丰富了山东油料作物的内容。黄豆、棉花的生产与分布已见前述，这里

---

① 民国《续修博山县志》卷7《实业志·蚕桑》记载："邑内蚕桑向以县境东南东北各方产量最多，墙下田畔无不植桑，以东临朐得仿其芟接之术，几无家不事蚕业。民国十九年以前……小户亦卖洋数十元，利之所在不劝而趋。"清末民初蚕业颇盛。

② （清）孙点《历下志游》指出山东蚕桑之利曰："以长山为最，他郡所产皆不能及。"

③ 光绪《新泰县乡土志·商务》，清光绪三十四年（1908年）石印本。

④ 光绪《肥城县乡土志》卷八《物产》，清光绪三十四年（1908年）石印本。

⑤ 光绪《郓城县乡土志·农业之农产》，光绪十九年（1893年）抄本。

⑥ 光绪《范县乡土志·商务》，清光绪三十四年（1908年）石印本。

⑦ 光绪《朝城乡土志》卷一《商务》，民国九年（1920年）刻本。

⑧ 以上各产地除已注明者外，皆出自（日）东亚同文会：《支那省别全志》第四卷《山东省》第七编"生产业及主要物产·山东省的黄丝"，东京：东亚同文会，1917年。

⑨ 光绪《峄县乡土志·农业之农产》，清光绪三十年（1904年）抄本。

⑩ 山东邹县地方志编纂委员会办公室：《邹县旧志汇编》，内部资料，1986年。

只论新兴的油料作物花生与传统小油料作物芝麻、菜籽、苏子、蓖麻。

(一)花生

清中期才引种山东的花生发展很快，至清末山东已成为我国花生种植面积最大、输出额最多的省份。其迅速发展的原因有三：一是出口需求剧增与价格上升；二是自然条件特别适宜，因而花生产量高，质量也高；三是积极引种推广美国大花生种。

清代中期花生引种山东后很快就超过了传统油料作物菜籽与芝麻的种植地位，至清，山东省已发展成为我国花生种植面积最大、输出额最多的省份。本书即论述花生在清代山东省引种和发展的历史过程，并简要地分析其发展原因。

1. 清中期花生的引种

花生原产南美，明末传入中国，直到清雍正年间，山东省未闻有花生的种植，乾隆十四年（1749年）新修《临清州志·物产》记有"落花生"，说明是年以前当地已经引种，临清成为山东种植花生最早的地方①。临清为大运河上的重要商埠，南北经济交流频繁，最早引种花生并非偶然。其后花生在鲁西沿运河平原缓慢传播，百年以后丘县②、冠县③、观城④等地逐渐种植。这仅限于文献资料范围，实际传播区域可能较大，但从当时"落花生颇少"的记载来看，各地种植面积不大。

嘉庆年间东部沿海的海阳、平度两地通过海路从南方引进种子，也开始有了花生的种植，嘉庆十年（1805年）夏，闽商庄慕陶自福建带来长生果（花生）一袋，献给归省知府李宜升为寿礼，李家植于黄金洼，为海阳县花生种植之始⑤。嘉庆二十二年（1817年）平度州知州周云凤始教民试种

---

① 《中国实业志（山东省）》第五编《农林畜牧》认为："山东省之有花生，始于一百年前英国安穆哈司持卿之宣传。"把山东推广种植的年代当作试种年代，从而使山东省试种花生的年代推迟了近百年。实业部国际贸易局编：《中国实业志（山东省）》第五编《农林畜牧》，实业部国际贸易局发行，1934年，第188页。

② 乾隆《邱县志》卷1《物产》载："落花生，颇少。"

③ 道光《冠县志》卷3《物产》，清道光十一年（1831年）刻本。

④ 何炳棣：《美洲作物的引进、传播及其对中国粮食生产的影响》，王仲荦主编：《历史论丛》第五辑，济南：齐鲁书社，1985年。

⑤ 荆甫斋、刘志耘主编：《海阳县志》第四篇，内部资料，1988年，第154页。

花生①，道光二十五年（1845 年）花生在胶州的种植面积已经不小，志称："落花生……东鄙种者尤广。"②咸丰初年，沂蒙山区"沙地宜种长生果，蒙阴种者甚多，沂水尚少"③，咸丰九年（1859 年），郭嵩焘在金家口港"见小车运载豆饼、花生上船，以数百辆计，填塞行道"④，由此可见，鲁东南地区引种花生虽较鲁西为晚，但传播发展却比较迅速，从其产量之大来看，实际种植区远非上述州县所能概括。

2. 清末花生的迅速扩种

清代末年，花生在山东省迅速推广普及，全省多数州县都开始种植花生，而且播种面积急剧增大，在一些自然条件适宜对外贸易的便利地区逐步形成了集中种植区域。

位于鲁中山地西南麓的泰安、兖州两府是清末山东花生的主要产区，这里多沙质土，尤宜花生，而且有大运河，转运方便，史称泰安"居民以能辨土宜之宜，种植花生获大利"，以至穷乡僻谷都变得较为富饶⑤，新泰县除输出大量花生果外，还有"花生果油，岁可收万斤，由陆路用手车运至清口销售"⑥，肥城县花生等物亦皆随地种植，可获厚利者也，每年也有输出，"番薯、长生果每界冬春以手车肩挑贩运于济南、东昌等处，约亦岁进银万余两"⑦，东平州"大小清河、泣河沿岸淤沙地多种之"⑧。兖州府属各州县所产也多，光绪末年邹县志记载："花生一项：十年前鲜有种者，近来邑东乡、东北乡、东南乡沙土之区遍行种植，旱涝皆可有秋。每岁所出以斤计约数十万，有洋庄收买。田舍骤增此利，可谓耕稼外之余资矣。"⑨

---

① 道光《平度州志》卷 1《物产》，清道光二十九年（1849 年）刻本。"长生果知州周云风教民种之"，查本志卷四周云风为嘉庆二十二年知州。民国《平度县续志》卷 10《民社志·工商》记："道光初年知州……教民种花生。"与上略有不同，不取。
② 道光《胶州志》卷 14《物产》，清道光二十五年（1845 年）刻本。
③ 吴树声：《沂水桑麻话》，《山东史志丛刊》1991 年第 4 期。
④ 《郭嵩焘日记》，转引自寿杨宾编著：《青岛海港史·近代部分》，北京：人民交通出版社，1986 年，第18 页。
⑤ 民国《泰安县志》卷 4，民国十八年（1929 年）泰安县志局印刷本。道光以后泰安未有志书之修。
⑥ 光绪《新泰县乡土志·商务》，清光绪三十四年（1908 年）石印本。
⑦ 光绪《肥城县乡土志》卷 11《物产》，清光绪三十四年（1908 年）石印本；光绪《肥城县乡土志》卷 9《商务》，清光绪三十四年（1908 年）石印本。
⑧ 民国《东平县志》卷 4《物产志》，民国二十五年（1936 年）铅印本。
⑨ 山东邹县地方志编纂委员会办公室：《邹县旧志汇编》第十五章，内部资料，1986 年，第59 页。

峄县"花生每年生产约一万二千余斤"①，是指可供输出的数量。曲阜、济宁州也以花生为输出农产大宗②。本区所产花生，除北部少数地区陆运济南、清口，转运出省或供应北边缺花生地区外，大部分集运滕县，靠运河水运供应国内外客商，如清末滕县"销售本境及华洋各商贩运出口岁约八百余万斤"③。总之，本区花生产额巨大，有人以为"几占全山东省产量之一半"④。

胶东平原多砂壤，受海洋性气候影响大，适于花生栽培，而且靠近山东第一良港青岛，外运条件最佳，各地普遍种植花生，形成清末山东省另一主要花生产区。胶州花生扩种较早，清末种植更多，为出口大宗⑤，安丘县"自青岛通商以来，舟车便利，落花生始成为出洋大宗"⑥，高密县"多获者……南鄙为花生，利倍五谷"⑦，每年输出花生油五万余斤，此外，即墨、平度、诸城、潍县、掖县、昌邑等地也都有大量的花生供应出口⑧。

沂州府兰山县花生有"大小两种……用以榨油，销行极广"⑨，它若蒙阴、沂水、日照生产也很可观。故日本人也认为沂州府的沙质地带是清末山东花生产地之一。济南与东昌府交接地带在清末也形成了较大的花生产区，高唐、夏津、禹城、平原、聊城等地的沙土地上多植花生⑩，清平、茌平、博平等地在外国调查者眼中是鲁西北平原生产花生最多的地区⑪，而德

---

① 光绪《峄县乡土志·商业状况》，清光绪三十年（1904年）抄本。

② （日）东亚同文会：《支那省别全志》第四卷《山东省》第四编"都会"，东京：东亚同文会，1917年。济宁不属兖州府，但位当此区。据民国《济宁县志·农业》记载，民国初年每年产一百余万斤，而民国《曲阜县志·物产》也记曲阜所产花生"榨油剥米销上海、青岛，为本县出口货之大宗"。

③ 光绪《滕县乡土志·商务》，清光绪三十三年（1907年）石印本。

④ （日）东亚同文会：《支那省别全志》第四卷《山东省》第四编"都会·泰安府城"，东京：东亚同文会，1917年。

⑤ 民国《增修胶志》卷9《物产》记："花生，农民多种之，为出口大宗。"

⑥ 民国《续修安丘新志》卷9《方产考》，民国九年（1920年）石印本。

⑦ 光绪《高密县乡土志·物产》，清宣统元年（1909年）石印本。

⑧ （日）东亚同文会：《支那省别全志》第四卷《山东省》第七编"生产业及主要物产·山东省的花生及花生油"，东京：东亚同文会，1917年。

⑨ 民国《临沂县志》卷3《物产》，民国六年（1917年）刻本。

⑩ 光绪《高唐州乡土志·商务》，清光绪三十二年（1906年）刻本，是书记载"花生为本境行销之物"；民国《夏津县志续编》卷4《物产》，民国二十三年（1934年）铅印本，是书记"花生为出口大宗"，可知清末出产不少。光绪《禹城县乡土志·物产》、光绪《聊城县乡土志·物产》等都有关于花生种植的记载。

⑪ （日）东亚同文会：《支那省别全志》第四卷《山东省》第七编"生产业及主要物产·山东省的花生及花生油"，东京：东亚同文会，1917年。是书记述花生产地时鲁西北平原仅有上述三县。

州①、恩县②、陵县③每年都由卫河水路把大量花生运到天津销售。

登州府与青州府北部各州县也普遍种有花生，且有一定数量的花生集运青岛、烟台以供出口，不过数额较前几区为少，是山东花生的次要产地。曹州与武定两府为山东花生出产量最少的地区，仅个别州县如曹州府北端的朝城县花生种植面积较大，年产50万斤以上，除本境消费外，尚可外销10余万斤④。

清末山东省花生种植发展迅猛异常，很快成为全国产量与出口量最大的省份，有人根据1908年的海关贸易情况推测"山东花生产量，每年约有四百万担"⑤，大致为这十年平均年产量，因此本书估计，清末山东全省花生产量约在450万担，以亩产250斤计，则清末山东花生播种面积在180万亩左右，约占全省总耕地的1.5%，发展成为山东省第二大经济作物⑥。山东省花生及其制成品花生油大量输出，除部分供应中国沿海省份外，大多出口国外，成为山东农产品中较大的输出物。表5-4列出了1912—1914年山东省与全国平均每年输出总额，无论是花生还是花生油，山东一省的输出量都差不多为全国的1/2，可见山东在全国花生生产中具有举足轻重的地位。

表5-4　1912—1914年山东省与全国平均年输出花生总额

（单位：担）

类别	烟台	青岛	山东省	全国
花生米	46 186	693 164	739 350	1 544 106
带壳花生	150 959	246 696	397 655	637 855
花生油			151 499	383 318

资料来源：（日）东亚同文会：《支那省别全志》第四卷《山东省》第三编"山东省的贸易"，东京：东亚同文会，1917年

---

① 光绪《德州乡土志·商务》载："花生水运至天津销行，岁计十三万斤。"

② 光绪《恩县乡土志·商务》载："花生由卫河水运天津。每岁数百万斤。"

③ 光绪《陵县乡土志·商务》载："花生销售本境及天津客商岁约十五六万斤。"

④ 光绪《朝城县乡土志》卷1《商务》，民国九年（1920年）刻本，是书记所产花生"本境销行每岁三四十万斤，外境销行每岁十余万斤"。

⑤ 李文治：《中国近代农业史资料第一辑（1840—1911）》，北京：生活·读书·新知三联书店，1957年，第437页。

⑥ 《中国实业志·山东省》第五编《农林畜牧》记民国二十三年（1934年）山东花生播种面积379万余亩，产量1082万担，可验证本书估计数。

清末山东省每年从烟台、青岛两地输出的花生米、带壳花生与花生油，折成花生米约在 150 万担，实际上从山东输出的花生总数还应加上卫河水运天津与大运河南运的花生，这两处输出的数额相对较小，以其占青岛、烟台两地输出的 1/2 计，则全省每年输出的花生达到 225 万担，是总产量 450 万担的一半，可见其商品率之高[①]。

3. 清末花生扩种的原因

清代末期山东省花生迅速扩种有下列历史、地理因素的刺激，第一，出口需求大增与价格上升。道光年间英国安穆哈司特卿盛言花生宜于在中国栽培，唤起了中外商人到中国北方购买花生的热情，而山东省东靠大海，又多良港，西有大运河，对外贸易尤其便利。咸丰时胶东的金家口港已经大量向南方转运花生，沂水县所产花生也可由沂水运至河南销出[②]。当时，山东所产花生主要供应国内市场，19 世纪 80 年代开始进入国际市场，大量地向日本等国输出。1908 年直接输至欧洲市场，而且出口量直线上升，三年之间"以马赛为主要目的地的花生输出，已经从九万五千担上升到一九一一年的七十九万七千担"。由于当时国际市场上花生价格上涨，农民种植花生获利特丰。宣统二年（1910 年），"青岛一处出口已将及一万四千余吨，价值约在一千五百万元左右。而台儿庄运往江南，德州运往津沽，及零星运销各处者，尚不在此数，其利益之厚概可想见"[③]。国际市场需求量的扩大刺激了农民扩种花生的积极性。第二，山东各地的自然条件特别适宜花生生长，因而单产既高，质量也佳。全省各地的光热水土条件一般都能满足花生正常生长的需要，尤其是鲁东南丘陵区，热量充足、土质沙性、排水良好，为花生最适宜种植区。鲁西北冲积平原沙质土壤较多，也很适宜种植花生。清末花生单产没有精确的统计数据，有人认为"每亩产量从前曾经达到一千二百斤，而一九○二年平均产量降为八百斤，

① 以带壳花生 1 担折 0.7 担，花生油 1 担折 3 担花生米计算，总共两地输出花生米 147 万余担，又《中国实业志·山东省》第五编《农林畜牧》记民国二十二年（1933 年）山东省花生外销额占总产的 55.8%，可证本书估计。
② 吴树声：《沂水桑麻话》，《山东史志丛刊》1991 年第 4 期。
③ 李文治：《中国近代农业史资料第一辑（1840—1911）》，北京：生活·读书·新知三联书店，1957 年，第 437 页。

有些地方甚至少到五百斤。减产原因，据说是由于虫害"①，这是偏高的估计，可能利用的是各地私亩即大亩的产量数据。日本人经过调查得出"平均一亩收获三四担，丰年五担"的结论②，如以三四担花生仁计算，仍然偏高。本书以带壳花生计，折成花生仁平均亩产250斤左右，高于当时全省粮食平均亩产100斤左右③。山东花生不仅单产较高，而且质量好，深受国内外消费者的喜爱，主要是因为它含油成分大，并有香甜脆的特点。第三，积极引进推广美国大花生种。有人认为花生"大者其种来自外国，荣城种之最早"④，但没有说明引进时间。记载年代最早的是平度州"同治十三年，州人袁克仁从美教士梅里士乞种数枚，十年始试种，今则连阡陌矣"⑤。新品种大约是同治末年由美国传教士带来的，首先在胶东半岛试种，然后很快传播到山东主要种植区，莱阳⑥、兰山⑦、东平⑧、新泰、邹县、滕县等地清末志书都有引进大种花生的记载。美国种花生与原种花生相比，虽含油量稍逊，但颗粒大，产量特高，它的推广有利于提高经济效益，后来美种独盛，发展成为驰名中外的山东大花生。

（二）芝麻

芝麻有黑白两种，取油宜白，服食宜黑，山东各地主要种植白芝麻。子可榨油，称为麻油，因味最香，俗称香油；也可炒食，或杂和馍饭里食用，为"五谷之中最贵者"⑨。同时它不择土壤，虽"瘠土确硗皆可种

① 李文治：《中国近代农业史资料第一辑（1840—1911）》，北京：生活・读书・新知三联书店，1957年，第437页。

② （日）东亚同文会：《支那省别全志》第四卷《山东省》第七编"生产业及主要物产・山东省的花生及花生油"，东京：东亚同文会，1917年。

③ 据《中国实业志・山东省》第五编《农林畜牧》记载，1934年山东省花生平均亩产2.85担，由于当时花生品种较优，多为改良后的高产大花生，必较清末为高，即今日山东花生平均亩产在250—500斤。综上所述，可知本书亩产250斤的估计基本接近清末实际。

④ 山东邹县地方志编纂委员会办公室：《邹县旧志汇编》第十四章，内部资料，1986年，第56页。

⑤ 光绪《平度州乡土志》卷14《物产》，清光绪三十四年（1908年）抄本；又民国《平度县续志》卷2《物产》载："光绪十三年邑教民袁克仁从美教士乞大种落花生，与人试种，后遂繁滋，田种几绝。"与前记不同。

⑥ 民国《莱阳县志》卷2《物产》，民国二十四年（1935年）铅印本，是书载："光绪末又有自外洋来者，颗粒较大种植尤多。"

⑦ 民国《临沂县志》卷3《物产》载："落花生……自光绪时大者盛行，小者几废。"

⑧ 民国《东平县志》卷4《物产》载："落花生大者光绪年间由西洋传来，俗名洋花生。"

⑨ 崇祯《历乘》卷12《方产考》，明崇祯六年（1633年）刻本。

之"①。因此，作为传统小油料作物的芝麻在山东分布比菜籽更普遍。

明时，山东各地皆有芝麻的种植，兖州、青州、莱州、登州四府明末清初所修府志都把芝麻排在五谷之后，作为全府的通产，在所检济南府属德州、乐陵、新泰、新城、淄川、莱芜、历城与东昌府属恩县、莘县、夏津、武城等州县明末清初志书中无一不有芝麻的出产。明代山东还向京师光禄寺与供用库缴纳部分芝麻②，兖州府属曹州、曹县、定陶、东平、东阿、寿张六地每年上交芝麻781石，而且曹州所产香油远近闻名③，可知这些地方出产芝麻较多。济南府历城县每年纳供用库芝麻510石，也是芝麻的重要产地④。又永乐时，张三丰在"日照县傅疃庄张翔家佣工……一日布芝麻数亩"⑤，虽非信史，却可以说明青州府某些地方芝麻的播种面积相对较大。

清代前中期，山东省芝麻的生产与分布特征基本没有变化，虽然山东省每年解部本色芝麻550石，高于直隶、河南二省，但总体来看，输出的数量仍然有限⑥。清末随着山东农产品大量进入国内外市场，芝麻的输出量也增加不少，据宣统三年（1911年）《中国年鉴》记载，通过烟台、青岛向外输出的芝麻1906年是10 209担，1908年是11 348担，1909年是13 512担。大量的外销促使山东省各地芝麻种植面积普遍增加。兖州府属峄县所产芝麻较多，"每年运销南方或济南等处，获利颇厚"⑦，滕县年产芝麻二万余石，由临城镇向外输出，"为数亦巨"⑧，济宁州每年生产麻油二三十万斤，除土销外，也有不少输出，如肥城县的"芝麻，多自济宁

---

① 民国《临朐县志》卷10《食货略·物产》，民国二十四年（1935年）铅印本。

② 嘉靖《山东通志》卷8《田赋》，明嘉靖十二年（1533年）刻本。

③ 万历《兖州府志》卷24《田赋》，明万历元年（1573年）刻本。每年供应光禄寺与供用库的芝麻石数为曹州311、曹县99、定陶88、东平140、寿张88、东阿55。又同书卷25《物产》谓曹州香油质量甚佳。

④ 崇祯《历乘》卷7《赋役考》，明崇祯六年（1633年）刻本。

⑤ 嘉靖《青州府志》卷16《方技》，明嘉靖四十四年（1565年）刻本。

⑥ （清）陈梦雷编纂、蒋廷锡校订：《古今图书集成·食货典》卷137《赋役部》，北京、成都：中华书局、巴蜀书社，1985年，第36—40页。

⑦ 光绪《峄县乡土志·商业状况》，清光绪三十年（1904年）抄本。

⑧ 林修竹：《山东各县乡土调查录》卷2《济宁道》记1919年滕县产芝麻2.9万石，输出"芝麻为数亦巨"。又（日）东亚同文会：《支那省别全志》第四卷《山东省》第四编"都会·临城"记农产品时也把芝麻放在粟前。

输入"①，莱州府属平度州与高密县，芝麻的种植较多，每年都有一定数量的输出②。

（三）菜籽

菜籽，明时称蔓菁，"秋食茎，冬食根，叶茎俱可作菹，多种可备饥岁"③，子可榨油，为用甚溥，而且种于初秋，成于初夏，可以充分利用冬闲地。因此，菜籽在中国传统油料作物中地位比较重要。

明清时候，山东省西部的沿运平原与胶莱平原是菜籽的主要产区，前者范围广大，以清代行政区划来说包括临清州与东昌、曹州二府之地，其中临清、丘、恩、冠、莘、朝城、范、郓城、菏泽、曹、巨野等州县种植较多④。胶莱平原的高密县菜籽栽植很突出，故宣统《山东通志·物产》把高密与临清视为山东菜籽两大生产中心。鲁中南山地及其北麓平原地带也有分布，清前中期，菜籽是沂州府的通产⑤，而在小清河流域的章丘等县割菜籽成为普通农活之一⑥。不过，从方志记载的简疏来看，本地种植似没有上述两区普遍。

（四）苏子

苏子结实可榨油，明代与清代前中期，山东省运西平原的曹县、巨野与观城等地有少量种植⑦，其余地方很少见，仅半岛东端的威海卫乾隆时

---

① 民国《济宁县志》卷2《法制略·实业篇》，清光绪三十一年（1905年）石印本；光绪《肥城县乡土志》卷9《商务》，清光绪三十四年（1908年）石印本。

② 光绪《高密县乡土志·商务》，清宣统元年（1909年）石印本，记出口货"芝麻……为数无定"。

③ 万历《兖州府志》卷25《物产》，明万历元年（1573年）刻本。

④ 宣统《山东通志》卷41《疆域志·物产》，民国四年（1915年）铅印本；乾隆《邱县志》卷1《物产》，民国二十二年（1933年）排印本；万历《恩县志》卷1《舆地·物产》，明万历二十六年（1598年）刻本；道光《冠县志》卷3《食货志·物产》，清道光十一年（1831年）刻本；正德《莘县志》卷2《土产》，明嘉靖年间增刻本；光绪《观城县乡土志·物产》，清光绪年间抄本，记载"灯油系菜籽所出，多来自郓城，本境造之"；光绪《菏泽县乡土志》，清光绪三十三年（1907年）石印本；（清）陈梦雷编纂、蒋廷锡校订：《古今图书集成·职方典》卷238《兖州府物产考》，北京、成都：中华书局、巴蜀书社，1985年，第48—52页。

⑤ 乾隆《沂州府志》卷11《物产》，清乾隆二十五年（1760年）刻本。

⑥ 西周生《醒世姻缘传》第二十四回《善气世回芳淑景，好人天报太平时》记章丘明水镇一带夏初农活为割麦、种稻、播豆、锄地与割菜籽。小说家言虽不属信史，但离开了现实，绝对无法杜撰出农村经济的具体翔实活动，据说该书为淄川名士蒲松龄著。淄川、章丘皆位于济南府南部。

⑦ （清）陈梦雷编纂、蒋廷锡校订：《古今图书集成·职方典》卷238《兖州府物产考》，北京、成都：中华书局、巴蜀书社，1985年，第48—52页；道光《观城县志》卷2《舆地志·物产》，清道光十八年（1838年）刻本。

"亦间有种者"①。清代后期，苏子因单产少、油质差而渐遭淘汰，各地方志再无其名。

（五）蓖麻

蓖麻也写作草麻，又称油麻或"大麻"、"麻子"②，"干长丈余，叶径尺，七出或九出最佳，子可药用，亦可取油，熬印色"③。它并不是大田作物，农家一般在田边隙地沟堰零星种植，明清时候鲁西平原分布较广，曲阜、巨野、东平、汶上、范、观城、长清等地并产，他若齐东、青城、利津、临朐、淄川、平度、莱阳、宁海等州县也有零星的栽植④。

二、染料作物

明清之际，随着棉花的普及发展，棉布成为最大众化的衣被之物，而棉布除本色外，为美观要染成各种颜色，于是染料作物逐渐被培育出来。染青的蓝靛，染绛的红花、茜草最为常见，它如紫草染紫，槐子染黄，皂夹染皂，油绿子染绿等，品种多样，而且生产区域范围逐步扩大开来。下面分类叙述明清山东各地染料作物的分布情况。

（一）蓝靛

明代山东各地普遍种植蓝靛，所检明代各府州县志书基本都有记载，或称蓝或称靛。兖州府"靛青可以为染，田间多种之"⑤。全府各州似都出产，尤以曹州、沂州为最⑥。东昌、莱州、登州三府多数地方也产蓝，明末

---

① 乾隆《威海卫志》卷4《食货志·物产》，民国十八年（1929年）铅印本。
② 最后两种名称易与现代意义上的大麻混淆，万历元年（1573年）《兖州府志·物产》前说"大麻即草麻"，道光《观城县志·物产》同。但并不是所有的大麻都是蓖麻，如崇祯《曲阜县志·物产》把大麻与油麻并列，顺治《招远县志·物产》，清顺治十七年（1660年）刻本说："大麻即火麻，绩皮为线。"此二处的大麻系现代意义上的"大麻"。大麻除皮可织布外，其子也可榨油，因而易与专用于榨油的蓖麻相混淆，如民国《福山县志·物产》记"麻子"，"其稽皮，可以织布结绳"，则系指大麻而言，但这仅是极少数，本书一般把"大麻子"或"麻子"看作蓖麻。
③ 万历《兖州府志》卷25《物产》，明万历元年（1573年）刻本。
④ 巨野、东平、汶上三县见（清）陈梦雷编纂、蒋廷锡校订：《古今图书集成》卷238《职方典·兖州府物产考》，北京、成都：中华书局、巴蜀书社，1985年，第48—52页，其余各州县见明清各该州县志书物产门，此不赘述。
⑤ 万历《兖州府志》卷4《风土志》，明万历二十四年（1596年）刻本。
⑥ 万历《兖州府志》卷25《物产》，明万历元年（1573年）刻本，记载："靛青，夏日取茎叶打之，出曹沂等州县。"

清初各府志都把它作为全府通产。济南府的德州、新泰、淄川、乐陵与青州府的临朐、安丘等州县明末清初方志物产也记有蓝靛，从所检济南府所属州县位于府境四周来看，其府蓝的分布也较广泛。

入清以后，蓝靛的生产范围更广大，其清代及民国初年方志物产门有记载的州县占全省的 2/3 左右，计有济南府历城、新城、长山、邹平、平原、陵、齐东、德平、长清、济阳、淄川十一属，武定府海丰、乐陵二属，东昌府聊城、恩、茌平、馆陶、博平、冠、堂邑七属，临清州及丘、夏津共三属，泰安府泰安、新泰、东平、肥城、东阿、平阴六属，兖州府滋阳、邹、汶上、曲阜、阳谷、寿张、滕七属，沂州府沂水、日照、费、莒四属，青州府临淄、昌乐、诸城、寿光四属，莱州府掖、胶、高密、平度、潍、昌邑、即墨七属，登州府蓬莱、莱阳、福山、宁海四属。不过，多数方志仅载其名，至多说明有大、小、槐三种，可知出产不多，仅是本地应用，只有少数几个州县产额较大，除自给外还有多量输出。道光《泰安县志·物产》谓其正南各乡"土沃民勤，园圃麻蓝诸利远近赖之"，济宁州每年用蓝靛四五万斤，除当地生产外，"亦有自泰安及附近各县来者"[①]，肥城县"亦皆随地种植，可获厚利"，所产"运于泰安、沂州"等地转销[②]，邹县"蓝靛为庄朱社大宗园艺"[③]。新城县靛为输出货第一，为本邑出产大宗[④]。咸丰时，沂水县"有水处宜种靛，亩可获钱数十千"，"若广造船只，靛青可运远方"[⑤]，临淄县"蓝靛生时水左右及东乡，多销售于外邑"[⑥]，莱阳县"蓝向为县农业重要副产，清时种植颇盛"[⑦]。

（二）红花与茜草

二者皆可染绛，而红花作染料外尚可入药，故种植更广泛，明时山东

---

① 民国《济宁县志》卷3《法制略·实业篇》，清光绪三十一年（1905年）石印本。

② 光绪《肥城县乡土志》卷8《物产》，清光绪三十四年（1908年）石印本；光绪《肥城县乡土志》卷9《商务》，清光绪三十四年（1908年）石印本。

③ 山东邹县地方志编纂委员会办公室：《邹县旧志汇编》第十四章，内部资料，1986年，第57页。

④ 民国《重修新城县志》卷3《方舆·物产》曰："大蓝、小蓝，前为本邑出产大宗，今久不栽植矣。"该志所载皆民国以前事。

⑤ 吴树声：《沂水桑麻话》，《山东史志丛刊》1991年第4期。

⑥ 民国《临淄县志》卷12《物产志》，民国九年（1920年）石印本。

⑦ 民国《莱阳县志》卷2《实业·物产》，民国二十四年（1935年）铅印本。

向京库提供大量的本色红花以供朝廷织染局使用①，清代遵沿未改，康熙二十五年（1686年）定例，山东每年解部本色红花两千斤，成为全国唯一向京师纳红花的省份。由此可知，山东省是全国最重要的红花产地②。

明代山东红花的种植较普及，青州府属安丘、临朐两县出产不少③，由嘉靖《青州府志·物产》有红花而无蓝靛来看，本府红花的种植地位较为重要。万历《莱州府志》及万历元年（1573年）《兖州府志》也把红花作为全府通产，而登州府属莱阳县出产的红花颇为著名，招远县也是"处处有之"。相比之下，东昌、济南两府红花的种植较少，万历《兖州府志》与济南府属新泰、德州明代志书物产门都无红花。当然此二府也有部分州县出产红花，如东昌府恩县与济南府淄川、乐陵，济阳县每岁还有京府红花的输纳④。总之，嘉靖《山东通志·物产》所谓"红花，六府皆有之，青莱为多"，说明了明代山东红花分布的特征。

清时，山东红花的"种植颇盛"，而且"处处有之"⑤，笔者所见到的地方志记有红花的州县有济南府属历城、济阳、淄川，武定府属乐陵，东昌府属聊城、堂邑、恩县，临清州属丘县，曹州府属曹、定陶、范、观城，济宁州属嘉祥，兖州府属曲阜，沂州府属兰山，青州府属平度、安丘、高密、临朐、诸城，登州府属福山、招远、宁海。这当然并未包括山东红花产地全部，如乾隆《莱州府志·物产》就有记载，但其数量无法与上述产靛州县统计数量相比。可知红花虽在山东各府州多有分布，但远不如靛的种植范围广。

① 嘉靖《山东通志》卷8《田赋》，明嘉靖十二年（1533年）刻本。秋粮项下有京库本色红花及甲、乙二库颜料。
② （清）陈梦雷编纂、蒋廷锡校订：《古今图书集成》卷137《食货典·赋役部》，北京、成都：中华书局、巴蜀书社，1985年，第36—40页。
③ 万历《安丘县志》卷10《方产考》，明万历十七年（1589年）刻本，嘉靖《临朐县志》卷1《风土志·物产》，明嘉靖三十一年（1552年）刻本。
④ 万历《恩县志》卷1《舆地·物产》，明万历二十六年（1598年）刻本；嘉靖《淄川县志》卷2《物产》，明嘉靖二十五年（1546年）刻本；顺治《乐陵县志》卷3《土产》，清顺治十七年（1660年）刻本；乾隆《济阳县志》卷3《田赋》，清乾隆三十年（1765年）刻本，记载万历时开始"京库本色红花折银"。
⑤ 宣统《山东通志》卷41《物产》，民国四年（1915年）铅印本；雍正《山东通志》卷24《物产志》，清乾隆元年（1736年）刻本。

茜草在明清山东的分布范围很小，兖州府属曹州，济南府属历城①，莱州府属掖、平度，沂州府属兰山，登州府属招远、福山等地有一定的出产。

（三）紫草及其他

紫草可染紫，亦可入药，原多采集山间谷地的天然生长者，明后期方逐渐在园圃中人工栽培②，清代出产尚多，宣统《山东通志·物产》把它与染料大宗蓝靛、红花并列，并说："以上三项，从前种植颇盛。"其主要产地为历城、高密、兰山、福山、招远等县，多位于鲁东南丘陵山区③。

它如油绿子、皂荚、槐子、琉璃枝等染料作物，一是所染并非主色，需用量较少，二是多取之于天然植物，故虽分布颇广，各地都有出产，但方志少有记载。

清末，化学颜料随着西方倾销廉价商品的热潮大量进入中国市场，沿海的山东省受其冲击颇大，原有各种传统染料作物的种植日益减少，宣统《山东通志·物产》的作者已经感叹"自洋靛入口，而此业遂绝"，遂至淘汰。

三、嗜食作物

烟草是清初引种山东的，因利甚溥而很快地推广。罂粟在山东早有栽培，但先前仅系观赏或药用，需求量少，种植甚微，清末才在山东扩大种植。烟草与罂粟的种植不仅给广大吸食者带来了严重的身心危害，也对粮棉生产造成了一定影响。明清时代山东也有少量茶叶的生产。

（一）烟草

明中期传入中国南方的烟草，因天启初调用南兵征辽而逐渐北传，"二十年来，北土亦多种之"④。不过，此说太笼统，山东省明时种烟与否并不清楚。最早明确记载山东引种烟草的是清顺治四年（1647 年），兖州府滋阳

---

① （清）陈梦雷编纂、蒋廷锡校订：《古今图书集成》卷238《职方典·兖州府物产考》，北京、成都：中华书局、巴蜀书社，1985年，第48—52页；（清）陈梦雷编纂、蒋廷锡校订：《古今图书集成》卷202《职方典·济南府物产考》，北京、成都：中华书局、巴蜀书社，1985年，第5—7页。

② 顺治《招远县志》卷5《物产》，清顺治十七年（1660 年）刻本记载："紫草，昔皆掘之山谷中，近多园圃种之。"

③ 以上产地除注明外，皆见各该州县明清方志。

④ （明）杨士聪：《玉堂荟记》卷下，北京：中华书局，1985年，第69页。

县（今兖州市）"城西三十里颜村店史家庄创种"烟草，其后相习渐广，迅速发展起来。至康熙中期，滋阳县已是"遍地栽焉（烟），每岁京客来贩，收卖者不绝，各处因添设焉行"，沿运河向北输出数量颇大，为当地一大利源①。其附近的济宁州也很早就广植烟草，清中期发展成全省最大的烟产地。据记载，"若淡巴菇（烟草）……济州之产，甲于诸郡，齐民趋利若鹜"，济宁"环城四五里皆种烟草"，当地农民把种烟当作最重要的工作②。与此同时，鲁西南曲阜、鱼台、巨野、菏泽、城武、东阿、泰安等州县也相继引种了烟草，而且产额不少，如泰安县四乡"处处有之"，尤以"西南乡独盛"③。至清中期，以济宁、滋阳为中心的鲁西南运河沿岸成为山东烟草种植最广、产额最多的地区。

康熙年间，烟草种植逐渐由济宁州向东传播，鲁中南山地东北地带的烟草就是通过济宁人的引种而发展起来的。青州府寿光县本不产烟，"自康熙时有济宁人家于邑西购种种之，获利甚赢，其后居人转相慕效，不数年而乡村遍植，负贩者往来如织"，遂成邑产大宗④。乾隆时，莱州府潍县也已引种烟草，城内"烟行"应运而生⑤。济宁人东去寿光走的是鲁中南山地北麓的大道，其间所经的章丘、长山、淄川等县在清中期开始种植烟草应该顺理成章，怪不得蒲松龄撰著的《农桑经》记载有烟草从播种到收获、制作全过程的管理和加工技术。鲁西北平原的冠县、馆陶、阳信、乐陵、德平、商河等县在清中期也有烟草的种植，而且冠县、阳信两县还是康熙时已见于方志记载，只是各县产额较少，未闻有大量的输出。

胶东半岛烟草的栽培也很早，康熙时黄县出产的烟叶已颇负盛名，远输各地，康熙《延绥镇志》的作者把它与崇德（今浙江石门镇）烟、美源（今陕西富平县属镇）烟、曲沃（今山西同名县）烟相提并论⑥，其种子似乎是由海路传播而来的。沂蒙山区烟草的种植同样很早，康熙《蒙阴县

---

① 康熙《滋阳县志》卷2《物产》，清康熙十一年（1672年）刻本。
② 乾隆《济宁直隶州志》卷2《物产》，清乾隆四十三年（1778年）刻本；（清）王培荀著、蒲泽校点：《乡园忆旧录》卷3，济南：齐鲁书社，1993年。
③ 乾隆《泰安县志》卷8《风土·物产》，清乾隆四十七年（1782年）刻本。
④ 嘉庆《寿光县志》卷9《物产》，清嘉庆五年（1800年）刻本。
⑤ （清）郑板桥：《郑板桥集·潍县永禁烟行经纪碑文》，上海：上海古籍出版社，1962年，第178页。
⑥ 陈树平：《烟草在中国的传播和发展》，农史研究编委会：《农史研究》第五辑，北京：农业出版社，1985年，第113—124页。

志·物产》即有烟草，咸丰四年（1854 年）吴树声所著《沂水桑麻话》谓沂水县各地"俗竞种烟草"，东里店居民技术尤好，收入也高。

如上所述，烟草在清初传入山东后，得到了较快的传播，至道光年间，全省至少已有 24 州县开始种植，占全省州县总数的 1/5 以上，而且在鲁西南的济宁、滋阳、鲁中南山地东北地带的寿光及胶东半岛的黄县等地发展成具有一定规模的烟草生产基地。

清代末期，山东烟草种植的发展更加迅速，很多州县引种了烟草，其分布范围更加广泛，而且以中期产烟基地为基础形成了较大规模的烟草种植区。鲁西南仍以济宁、滋阳为中心，形成了包括兖州府、济宁州、泰安府几乎所有州县在内的广大种植区。其产烟数额巨大，除本区消费外，还大量地通过运河水运向北销售，供应京津市场，也有部分向西向北通过陆运或卫河水运供应北直南部各地及鲁北地区。宁阳所产"烟质柔润，都门大贾恒辇资购取于滋阳北乡，辗末运去以供鼻烟之用"，"岁约一百二十万斤"[①]。邹县"石墙一带种烟者多，邻境年年收买，直隶商贩亦来运购"，每岁外销都在百万斤上下[②]。滋阳县贸易更盛，每年运往济南与运往河北大名等地的烟叶分别达到了百万余斤，转销北京者在五六十万斤[③]。滋阳为兖州府附郭，为本区烟草最大集散地。上述外销数并非滋阳一县所产，却可说明清末兖州府烟草种植业的兴旺发达。泰安府属肥城、东平二地"亦皆随地种植"烟草，所产主要供应黄河以西少烟之区[④]。兖州、济宁与泰安产烟州县连成一片，成为清末山东最大的烟草输出地。其西邻曹州府的烟草种植较中期大为普及，但多数州县产额较少，只有个别交通便利之地自给有余，能够向外输出。据清末地方志与乡土志记载，府属菏泽、巨野、单县、城武、郓城、观城、范县、朝城并植烟草，只有菏泽县能够向外输出，"每年销售本境约有七十万之谱"外，"兼为东明、长垣烟客采买"[⑤]。

① 光绪《宁阳县乡土志·物产》，清光绪三十三年（1907 年）石印本；光绪《宁阳县乡土志·商务》，清光绪三十三年（1907 年）石印本。
② 山东邹县地方志编纂委员会办公室：《邹县旧志汇编》第十四章与第十五章，内部资料，1986 年。
③ 光绪《滋阳县乡土志·商务》，清光绪三十二年（1906 年）抄本。
④ 光绪《肥城县乡土志》卷 8《物产》，清光绪三十四年（1908 年）石印本；同书卷 9《商务》谓："烟叶之运于河西。"又光绪《聊城县乡土志·商务》记聊城县所用烟叶多由东平州贩来。
⑤ 光绪《菏泽县乡土志·物产》，清光绪三十三年（1907 年）石印本。

鲁中南山地东北地带的烟草种植区在清末也有扩大，昌邑、安丘、昌乐、寿光、临朐、益都、临淄等地种植面积不少，据说一般约"有千分之一（的耕地）种植烟草，收入甚丰"①。这些地方生产的烟草主要集运潍县，然后通过铁道运至胶州（青岛）转销出境，使潍县发展成山东东部最大的烟草集散地。清末德国人、日本人对山东农产的调查资料都有类似记载。其西邻博山、淄川、章丘、长山等县也有多量的生产，却无能力大量供应省外市场，仅有部分销往鲁北平原缺烟地区。鲁西北平原是山东产烟最少地区，除个别州县基本自给外多数州县很少种植或根本没有引种。东昌府与临清州是山东传统的棉产区，种烟较少，虽有不少州县如聊城、茌平、馆陶、冠县、临清、夏津引种了烟草，但大多不能自给，需要从鲁西南输入。聊城县所需烟叶即多自东平州贩来②。济南府大清河以北与武定府广大地区清中期已有德平、商河、乐陵、阳信四县引种烟草，但在清末，不仅上述各县产烟较少，而且未闻有新的州县引种烟草，这是因为本区在清中期以来普遍扩种棉花。

清末胶东半岛的产烟中心随烟台的开港通商而由黄县东移到离烟台较近的福山、栖霞一带，宣统《山东通志·物产》把栖霞、福山与兖州、潍县并列，日本人清末调查也认为此二县为山东省主要烟草产地③。其余宁海、莱阳、黄县、掖县等地也有大量的出产。鲁中南山地的沂水、蒙阴、兰山、费县、莱芜、新泰等地烟草生产也很可观，光绪年间各县方志与乡土志皆有记载，如兰山"以种烟制烟为业者甚多"④。只因对外交通不便，各地虽普遍种植但输出额较少。

清代末期，山东传统烟草产地种植面积加大，向外省输出数额渐有增加，同时，烟草的种植区域也迅速向周围扩展。据不完全统计，清末全省已有56州县种有烟草，占全省州县总数的半数以上。直至清末，山东烟草

① 李文治：《中国近代农业史资料第一辑（1840—1911）》，北京：生活·读书·新知三联书店，1957年，第647页。
② 光绪《聊城县乡土志·商务》，清光绪三十四年（1908年）石印本。
③ （日）东亚同文会：《支那省别全志》第四卷《山东省》第七编"生产业及主要物产·山东省的烟草"，东京：东亚同文会，1917年。
④ 民国《临沂县志》卷3《物产》，民国六年（1917年）刻本。

业虽然受"洋纸烟盛行，土烟之利渐为所夺"的影响①，出现了短暂停滞的现象，但同时开始引种美国烤烟品种，改变了过去全部是晒烟的局面，其烟草种植跨入了一个新的发展阶段。

（二）罂粟

道光以后，由于英国的走私贩卖，人们吸食鸦片的现象日益严重，为此中国进行了两次失败的战争，结果不仅没能禁止鸦片的走私，反而签订条约，使鸦片贸易合法化，外国鸦片源源不断地进入中国，导致白银大量外流。为改变这种局面，中国各地开始扩种罂粟，生产土药自给，因获利特大而畸形地发展起来。

山东省为收集鸦片售卖获利而种植罂粟开始于光绪初年。光绪七年（1881年），上谕："栽种罂粟之有妨民食，始于甘肃，延及陕西、山西，近复江苏、河南、山东等省亦有渐行栽种者。"② 至清末山东省罂粟种植面积急剧扩大，1905年及其后两年山东生产鸦片数目分别为5717担、5863担与3155担，如以每亩产量50两计算，则各年占用耕地面积分别是18万、21万与10万余亩③。不过，这仅是官方的登记数，实际种植面积远较此为大。1904年开办鸦片亩捐，每亩捐京钱一千，为少交亩捐，种烟者会想方设法少报，种烟者虽已领照，仍恐偷漏甚多④。有人考虑到这种因素，估计1906年山东生产鸦片18 000担，是登记数的2.6倍⑤。此数字在北方各省低于山西，而略高于直隶、江苏与河南，笔者认为还是比较接近实际的。如此，则清末山东罂粟种植面积在57万亩上下。下列事实可以印证这个估计数基本接近实际。据《山东巡抚袁树勋奏东省办理禁烟情形折并单》⑥，1908年在禁种罂粟的情形下，济宁州所属金乡县与曹州府单县仍分别种有8299亩与6842亩。1906年未禁时的播种面积绝对不会低于此数，考虑到禁种后减少及漏报等因素，罂粟种植集中的泰安、兖州、济宁、曹州、沂州五属每

---

① 宣统《山东通志》卷41《疆域志·物产》，民国四年（1915年）铅印本。
② 光绪《大清会典事例》卷168《户部·田赋》，清光绪二十五年（1899年）重修本。
③ 《光绪三十一、二、三等年各省出产土药数目》，《东方杂志》1908年第10期。
④ 《各省财政汇志》，《东方杂志》1905年第7期，第128页。
⑤ 李文治：《中国近代农业史资料第一辑（1840—1911）》，北京：生活·读书·新知三联书店，1957年，第457页。
⑥ 《山东巡抚袁树勋奏东省办理禁烟情形折并单》，《政治官报》宣统元年（1909年）四月二十日。

州县均应在 10 000 亩上下，如此，五属 38 州县已种罂粟 38 万亩。而山东全省共有 83 个州县种有罂粟（表 5-5），上述五属以外种植相对较少，折半以 5000 亩计，则其余 46 州县种有 23 万亩，全省共种罂粟 61 万亩，与上述数字大致相近。

表 5-5　1908 年冬至 1909 年春山东各府州禁种罂粟地亩统计表

区别	县数	禁八百亩以上者	禁一百至八百亩者	禁一百亩以下者	上年未种者	向无烟地	总禁地亩	每县平均
济南府	16		5	3	3	5	1009	63
东昌府	10		3	6	1		836	84
武定府	9					9	0	0
兖州府	9	4	2	3			12 717	1413
沂州府	7	2	5				3589	513
曹州府	11	3	4	2	1	1	6183	562
登州府	10		1	4		5	292	29
莱州府	4	1		2	1		1089	272
青州府	11	3	6		1	1	4662	424
济宁州	4	2	1		1		3899	975
胶州	3		3				1117	372
泰安府	7	3	4				10 815	1545
临清州	4			3		1	113	28
全省	105	18	34	23	8	22	46 321	441

资料来源：《山东巡抚袁树勋奏东省办理禁烟情形折并单》，《政治官报》宣统元年（1909 年）四月二十日

山东省罂粟种植范围广泛，除武定府滨海斥卤，土性不宜，各州县向无所产外，其余府州分布较广，"虽登州枕海环山，砂石相错，亦复多有种者"，尤其是鲁西平原各地习染相从，相率私种，几于无地蔑有，成为著名的鸦片产区[1]。1906 年，清政府明令各地禁种罂粟，山东省设立了禁烟总局，实行按年递减的渐禁方法，"予限十年，一律断绝"，但效果不大。

---

[1] 李文治：《中国近代农业史资料第一辑（1840—1911）》，北京：生活·读书·新知三联书店，1957年，第 464 页。

1908年袁树勋巡抚山东，实行严厉措施，通饬一律于次年禁绝，调查全省百余州县，当年种烟者76州县，共占耕地86 937亩，委员52人分赴各地查禁。据称这次禁种活动成效显著，除济宁等四州县外，罂粟毒草全在大田中消失了①。不过，1910年有人反映这次办理禁烟事多蒙混，谓泰安、曹州、青州等府，新城、齐东、金乡、淮州、曹县等地凡旧日种烟地亩，仍旧种烟，并未闻一律认真遵减②。故袁树勋报告附单所开各州县罂粟禁净亩数很不可靠，但我们用以分析罂粟在山东各县的分布差异似无不可。表5-5分等级开列了山东各府州县禁种罂粟的亩数，然后算出各府州每县的平均数。由表5-5可知，山东除22州县向无罂粟外，其余地方总禁烟地为46 321亩，平均每县441亩③。每县净禁地亩超过平均数的有五属，即泰安、兖州、济宁、曹州、沂州四府一州，共有38州县，其中仅朝城县向无种植，其余各县栽种数量很大，平均每县979亩，禁种2000亩以上的七县全部位于本区，泰安与兖州府各县平均禁烟地亩都超过1000亩。这五属位于山东西南部，连成一片，是山东省罂粟的主要种植区。青州、莱州、胶州三属共18州县，罂粟分布也很广泛，只有青州府博山县向无烟地，但每县栽种数量较前区为小，平均只有381亩。此三属位于鲁东胶莱平原地区，连成一片，是山东省罂粟的次要种植区。东昌、济南、登州与临清这三府一州有不少州县向无种植，且各种烟县份的罂粟面积相对很小，是山东省罂粟的零星种植区。而鲁北滨海平原上的武定府无一县有罂粟的分布，总算为山东省保留有一片净土。由上可知，山东省罂粟的种植有由西南向东北逐渐减少的趋势。

（三）烟草、罂粟扩种的影响

烟草所晒制成的烟叶与罂粟果浆熬制的鸦片，皆可供吸食，故专业书中多称其为嗜食作物。它们在清代山东各地的推广，尤其是罂粟的急剧扩种是种植业不良分支的畸形发展，虽然带来了一定的经济收益，但在社会风习与种植经济方面负面效应更大，应该认真地分析总结。

种植烟草有利的影响是给地方与烟农带来了较高的经济收益，光绪十

---

① 《山东巡抚袁树勋奏东省办理禁烟情形折》，《政治官报》宣统元年（1909年）四月二十日。

② 《林院待读荣光奏山东办理禁烟事多蒙混，请饬查办折》，《政治官报》宣统元年（1909年）一月二十九日。

③ 此为各县细数合计而得，与原报告所说全省8万余亩不同。

四年（1888年）有一美国牧师对山东栽烟与种谷植桑的收益做过具体的调查和比较，临朐一带每亩耕地种植粮食每年可收益12元，植桑养蚕每年收益21元，种烟则收益高达50元[①]。每亩地的收入栽烟竟分别相当于种粮与植桑的四倍与两倍还多，故道光《巨野县志·方舆》一针见血地指出，烟农"种烟者，其功力与区田等，而不畏其难者，为利也"。确实，烟草的种植可以使农民的收入大幅度增加，咸丰时沂水县"东里店居民善种烟叶，地方亦颇殷实"[②]。当时的一首《乡村竹枝词》吟济宁农村曰："瓜园夏潦梦全枯，不怕东君秋索租，连日牙人连叩户，满村丰打淡巴菰。"[③]因清代农村商品经济已较为发达，农民可用卖烟草得来的银钱纳租交税、置衣等，故只要烟草丰收了，就不怕谷物瓜果失收，不怕没钱交租纳税。州县官员在烟草的大宗交易中抬高税率，所收烟税也成为地方一大利源。

　　但种烟的正面效应似乎仅限于此，而其带来的负面影响是巨大的、无法估量的，也是上述经济收益无法弥补的。从社会文化意义上说，推广种植烟草迎合了人们的不良嗜好，迅速造就了一支庞大的烟民队伍，烟雾严重地污染了社会风气。烟草传入中国北方后，吸烟者日众，嘉庆时山东不少地方已是"一家男妇无虑数口，尽解吃烟"[④]，后来竟发展成"男子吸者十属八九，女子亦三四"的局面，乡俗不重敬茶，客至奉烟以进，以至成人几乎都有旱烟袋[⑤]。虽然吸烟有一定的御寒驱虫醒神功用，但那是短暂的，从长远看，吸烟会对身体造成极大的损害，故今人有"吸烟无异于慢性自杀"之说。鸦片是众所周知的麻醉毒品，吸食后易上瘾，对人体身心造成的危害更大。

　　烟草与罂粟的扩种不仅严重地污染了社会风气，危害了人民的身心健康，而且给山东的种植业带来了较大的不良影响。首先，种烟占用了大量耕地，而且多是较肥沃的良田。根据前文的推算，罂粟种植最盛时，山东

① 李文治：《中国近代农业史资料第一辑（1840—1911）》，北京：生活·读书·新知三联书店，1957年，第647页。原资料为"每亩烟田每年可获约六十元的收益。但每亩地须购买十元的肥料"，为比较计，均折成纯收益。
② 吴树声：《沂水桑麻话》，《山东史志丛刊》1991年第4期。
③ 咸丰《济宁直隶州志》卷9《艺文志》，清乾隆四十三年（1778年）刻本。
④ （清）郝懿行：《证俗文》卷1，清光绪十年（1884年）刊本。
⑤ 民国《莱阳县志》卷2《礼俗·嗜好》，民国二十四年（1935年）铅印本。

全省有50多万亩良田被占，而此时期烟草占用的耕地绝不会少于此数，二者合计种植面积应在120万亩上下。这种数目是不小的，相当于清末山东省棉花种植面积的1/2，相当于山东特产花生种植面积的2/3[①]，而棉花是人民的衣被之源，花生则为山东省出口创汇的大宗。在清末山东人多地少、粮食缺乏的特殊情况下，更显其对粮棉生产危害之烈。而且烟草种植多择肥地，据《沂水桑麻话》记载，沂水县有条件灌溉的水浇地原来多栽植其他经济作物，咸丰以来"竞种落叶"。产烟中心济宁州"大约膏腴尽为烟所占，而五谷反皆瘠土"[②]，很多人为之感叹"良田滋毒草""无异弃膏腴以树粮莠"。此种情形雍正帝都已知晓，他指出："烟叶一种于生人日用毫无裨益，而种植必择肥饶善地，尤为妨农之甚者。"谕令限种[③]。其次，烟草种植与粮棉生产争劳力，夺粪肥。种烟要汲水灌溉，精耕细作，所需劳力特多，在农忙季节，烟农宁愿抛弃其他农活也要照顾烟草，正如刘汶《种烟行》诗描述的那样："新谷在场欲糜烂，小麦未播播已晚，问何不敛复不耕，汲水磨刀烟上版。"[④]种烟是烟农最重要的工作，连打谷子、播小麦也置之不顾。种烟又需上十成粪，据美国牧师的调查，每种烟一亩，"须购买十元的肥料"[⑤]。因此，种烟在劳力与肥料等方面极大地妨碍了其他种植业生产。

清末有万余亩良田种植了烟草与罂粟，而且多分布在山东传统的粮食产区，严重地危害了各地的粮食生产。鲁西南平原是明中期以来的棉花输出区，清中期以后棉产式微，到清末这个传统棉产区变成了缺棉区。促成这种变化的原因很多，而烟草在本区的扩种应算作一个因素。在鲁西北棉产区，清代末年的调查资料说，由于棉花利少，鲁西北的棉农"遂改种罂粟"[⑥]。故罂粟的扩种对棉花栽培造成的危害也不应低估。有识之士有鉴于此，早已建议禁种烟草，改种玉米，雍正帝也有明令限种的谕示。而清末大规模地禁种罂粟，虽非令行禁止，也有一定的成效。

① 根据笔者本书相关章节的考证，清末山东全省棉花种植面积约在260万亩，花生种植面积则在180万亩上下。
② （清）王培荀著、蒲泽校点：《乡园忆旧录》卷3，济南：齐鲁书社，1993年。
③ 雍正《山东通志》卷1《典谟》，清乾隆元年（1736年）刻本。
④ 乾隆《济宁直隶州志》卷2《物产》，清乾隆四十三年（1778年）刻本。
⑤ 李文治：《中国近代农业史资料第一辑（1840—1911）》，北京：生活·读书·新知三联书店，1957年，第647页。
⑥ 《中国调查录·山东种植美棉之成效》，《东方杂志》1910年第3期，第27—28页。

（四）茶叶

《山东省种植业的过去与将来》认为山东现有茶树品种三十余个，均为20世纪50年代以后引自皖浙一带。实际上，清初山东已经种茶。"茶，莱阳县出"，但不知是何品种①。清末诸城县生产的茉莉花茶分销各处，宣统《山东通志·物产》记载："茉莉，诸城人业此，分销各处，然不及闽广所产。"宣统三年（1911年）的《中国年鉴》也记载烟台、青岛输出货物中有红茶与绿茶。

明清时候山东省还有两种自己的特产茶，一为蒙顶茶，出费县蒙山巅，同时蒙阴、历城两县也有出产，见明清《一统志》、《古今图书集成》与乾隆《历城县志》的记载。蒙茶生于山地，"上接云雾，下附岩石，状似苔藓，色白黑似石衣"，花如茶状，土人取而制之，其味清香异他茶，"前苦后甘，生津止渴，宁嗽化痰，回味尤良"，被人誉为"若教陆羽持公论，应是人间第一茶"②，为当时"贡之异品"③。二为平山茶，齐河县"东北乡马塞一带多产虾蟆秧，亦名红巴剌秧，叶小而绿，茎色红，花细碎，蔓延地上，土人多采此如法炮制，出售济南各茶庄，大者为平山茶，小者为京庄小叶，间有集股收买转行贩运者，获利甚丰"④。其西邻长清县所产麾笋茶，似与此为同种茶料，见民国《长清县志·土产》。山东这两种独特的茶用植物，今天若能开发利用，定会创造出更大的经济效益。

---

① 顺治《登州府志》卷8《〈物产〉》，清顺治十七年（1660年）刻本。
② 万历《兖州府志》卷25《物产》，明万历元年（1573年）刻本。
③ 嘉靖《山东通志》卷8《物产》，明嘉靖十二年（1533年）刻本。
④ 民国《齐河县志》卷17《实业·植物制造产》，民国二十二年（1933年）铅印本。

第六章　明清山东农业地理的综合特征

明清山东农业地理在时间上的发展主要表现为，随着人口数量的迅速增长，农地垦殖由平原向丘陵山地与湖泊沙碱地的空间推移；其在结构上的变化主要表现为，新兴作物的引种与传统农作物组合内部的调整，促使两年三熟轮作复种制度的形成与推广，极大地提高了土地利用率，增加了粮食的单产和总产；其在空间上的差异主要表现为，明中期以后随着商品经济因素影响的加强，农业生产布局从均衡趋向集中，各区域内部形成了与其自然地理条件基本相适应的优势作物种植区。这里根据以上各章按要素分析论述的结论进行综合概括，并附带论述华北平原两年三熟轮作复种制形成的时间。

第一节　明清山东农地垦殖的时空特征

明朝初期，面对山东省多是无人之区，"近城之地多荒芜"①的经济残破局面，统治者采取了多方移民、鼓励垦荒的政策，使山东农业经济得到迅速恢复和发展。当时移民形式多样，有行政迁移、自由应募与军事屯田诸种，数量规模也很大，从鲁西北各州县迁入氏族源地及年代分析，明初外省移民来源广泛，涉及十余省份，其中以山西与河北两省为主。政府给

---

① 《明太祖实录》卷53 "洪武三年六月丁丑"条，台北："中央研究院"历史语言研究所，1962年，第1049页。

迁民耕牛、种子、农具助其安家置屯垦荒，免赋役三年。除上述移民屯田外，政府还大力招抚当地流亡农民，给予优惠条件鼓励其垦荒生产，洪武二十八年（1395 年）令山东省"二十七年以后新垦田地，不论多寡，俱不起科"①，更调动了人们开垦荒田的积极性，促使了明初洪武永乐年间垦殖的发展。

明朝初期山东农业的迅速发展可以从人口与耕地的迅猛增加方面看出来，洪武二十四年（1391 年），全省人口 567 万人，相当于元朝至顺元年（1330 年）山东载籍人口的四倍还多。洪武二十六年（1393 年），山东载籍耕地为 7240 亩，比百年后弘治年间的统计数还多 1/2，故知它远远超过了实际耕地的规模，应该是农民认垦与官吏限定田亩的数字。一般认为明初的人口数据基本准确，本书通过对山东十六属人口资料的统计分析，认为成年男子占总人口的比例在 32%—36%，平均为 34%，并不随时代与地区发生大的变化；成年男子中再除去从事其他行业者如当官、经商与做工者，则明初全部人口中农业生产劳动力比例为 32.3%。同时，北方每个男劳力的耕种能力约为 30 亩地。以此计算，明初山东全省实际耕地面积约为 5496 万亩，折为 4781 万市亩。这个数字虽比载籍数少了，但与其前各代相比，仍有很大的提高。宋元时代山东耕地规模均在 2271 万市亩左右，可知明初二三十年垦殖速度特快。

明初各地田额既已确定，而额外荒田垦成熟地又永不起科，则明中期载籍耕地数量不仅没能较明初有一定的增加，反而随着地主的隐报与贫民的逃徙而逐渐减少，根本不符合历史实际。嘉靖年间，山东不少州县为均税进行了土地的实地测量，但全省统一标准的丈田活动并未展开，多数地方的清丈仅是为恢复耕地原额以保障税收，故嘉靖年间山东省载籍耕地数仍无法代表各地实际垦殖的水平。万历初年，张居正在全国范围内主持进行了土地的清丈活动，山东省积极响应，当时政府号召统一以官亩为标准，认真进行实地测量，而且是"但有田土，尽数报官"②，既无遗漏，也

① 《明太祖实录》卷 243 "洪武二十八年十二月壬辰"条，台北："中央研究院"历史语言研究所，1962 年，第 3532 页。
② （明）张居正：《答山东巡抚杨本菴》，（明）陈子龙等：《明经世文编》卷 328《张文忠公集》，北京：中华书局，1962 年，第 3519 页。

不受原额大小的限制，较多地体现了田地丈量的真正意义。但由于此次丈田时记入了不少非耕地亩，而不少地区又进行了折亩，丈田所得的 10 947 万亩纳税田额并不能视为全省实际的耕地面积。通过具体的分析论证，笔者认为由于宅基、山岭、堆沙、硝碱、沟渠、道路、树林、果园等非耕地的大量计入及丈田时不少地方缩减弓尺，丈田后结果会较实际耕地浮增 25%左右。同时，由于当时山东约有 58%的州县进行了折亩，受其影响，全省载籍耕地数又会较实际耕地偏低 15%上下，两相抵消，知万历丈田数额仍高于实际耕地数约 10%，则明末山东省实际耕地约为 9852 万亩，折成 9457 万市亩，较洪武末年增加了 0.79 倍。明中后期近二百年，山东省耕地面积的增长速度相对缓慢。

位于鲁西南与鲁西北平原的东昌、兖州、济南三府明初接收了不少外来移民，其后人口自然增长也很快，因此，其耕地面积的增长速度很快。而鲁东南丘陵山区的青、登、莱三府明代人口增长速度相对缓慢，仅为全省平均数的一半，其耕地增长速度也相对较慢。垦殖速度的这种区域性差异促使山东农业生产力布局发生了根本性的转变，耕地分布重心由沂泰山地东北麓平原西移到沿运平原地带。明末山东全省垦殖系数为 40%，其中东昌府垦殖系数最高，达 63.5%，兖州、济南二府也高于全省平均水平，莱州府的 34.7%已经低于全省平均数，青州与登州两府垦殖系数更低，都没达到 30%。由此可知，明初尚保持一定生产规模的青莱登三府明后期垦殖水平偏低，农业经济相对落后，而明初一片荒凉的鲁西南与鲁西北平原东昌、兖州、济南三府明末垦殖水平较高，成为山东农业的发达地区。

清前期是山东复垦抛荒的时期。明末清初的天灾和战争使山东耕地损失了将近 50%，清朝统治稳定以后，为恢复农业经济，屡申垦荒之令，除豁荒田，减免钱粮，"助以牛种，宽其征输，或悬爵赏以励招徕，或给投诚以资养瞻，或遣部员以课耕获，区划周详"[1]。因此，清初山东省垦荒速度较快，每年复垦抛荒地都在 60 万—80 万亩。在充分讨论了清初载籍地可能产生的偏差以后，本书得出康熙二十四年（1685 年）山东总耕地达 7958 万市亩的结论，已占明末实际耕地的 84.5%，康熙五十年（1711 年）前后，山

---

[1] （清）陈梦雷编纂、蒋廷锡校订：《古今图书集成》卷 51《食货典·田制部·皇清》，北京、成都：中华书局、巴蜀书社，1985 年，第 6—9 页。

东省复垦过程基本完成。

清代前中期，山东省人口增长很快，远远超过耕地的增长速度，因而山东省人多地少的矛盾日益尖锐，雍正帝上台后迫于人口增多带来的压力，令山东开垦闲旷之地，但由于政策上的急功近利，结果欲速而不达，雍正朝垦殖边缘老荒土地的尝试以失败告终。

乾隆帝上台后不仅很快纠正了雍正时期报垦中的浮夸现象，还制定了一系列与新形势相适应的垦殖措施，对开垦的瘠薄地亩减则起科，而畸零地亩永不征粮，同时新引种的外来作物如玉米、番薯、花生特别适宜丘陵山地的种植。这些都促使清中期山东土地垦殖由平原沃壤向山冈丘陵与低洼沙碱地的空间推移，如乾隆二十七年（1762 年）山东省报垦旱地 19 951 亩，乾隆四十四年报垦旱地 2732 亩，报垦州县多集中于鲁东南丘陵山区与鲁北滨海平原。又如东州境内的安山湖，广阔约百里，为运河之水柜，湖周浅处渐涸，至乾隆朝，巡漕御史都隆额请以安山湖地给民垦种，竟获批准，由是安山湖地"垦种如鱼鳞，无隙地矣"[①]。上述垦殖耕地多是劣等岗地、沙碱地与河滩湖泊地。到道光末年，山东省多数湖泊河洼、盐碱荒滩得到开发，山冈丘陵林地也被耕种出来，全省耕地面积达到 12 090 万市亩，较雍正二年（1724 年）增加了 2562 万市亩，这是清中期土地深化垦殖的成果。

咸丰以后，山东省在天灾战祸的频繁侵袭下，土地垦殖基本处于停滞的状态，除了复垦战乱造成的抛荒地，新的垦殖仅局限于济宁、兖州一带的湖田、东部山荒与沿海滩涂等小片地区，数量规模不大。

清代山东省的土地垦殖不仅在时间上有恢复、深化与缓滞的发展过程，而且在各发展阶段也有其区域差异性，从而导致清代山东各地垦殖水平的高低兴衰变化。清初受战乱影响严重的西北平原豁荒比例最高，清前期复垦工作进展也特快；鲁中南山地的沂州府抛荒数量很大，复垦的速度却相对缓慢；鲁东南丘陵地带的青登莱三府抛荒率不太高，复垦速度也不快。到清中期深化垦殖时期，山东省垦殖中心逐渐转移到鲁中南山地广大地区。

---

① 光绪《东平州志》卷4《漕渠志》，清光绪七年（1881年）刻本。

清代山东垦殖水平最高之时，垦殖系数高达52.5%，其中东昌、曹州、临清、济宁四属垦殖水平最高，有70%—80%的土地得到耕种利用；济南、武定、胶州三属垦殖系数也都高于全省平均数，垦殖水平相对较高；兖州、青州、莱州三府垦殖系数都在50%上下，垦殖水平中等偏下；泰安、沂州两府一般约有30%的土地被垦成耕地，垦殖水较低；登州府垦殖系数仅为26.7%，垦殖程度最低，成为清末开垦荒山的重点地区。

明清时期，农地垦殖即耕地面积的扩大仍是山东人民提高农业生产力的重要途径之一。以上结论表明，明清山东农业垦殖与社会治乱、王朝更替有直接的关系，带有鲜明的阶段性。明初洪武永乐两朝是山东农业经济迅猛恢复发展的时期，其后直到明代后期耕地面积虽也有一定数量的增长，但速度相对缓慢，而在明末清初的改朝换代之际，因连年灾祸，山东出现了不少耕地荒芜的倒退时期。好在清朝迅速建立并稳定下来，采取了积极恢复生产的政策，在顺治康熙两朝基本上完成了复垦过程。清中期乾隆至道光年间是清朝的鼎盛时代，山东垦殖水平仍不断提高，不少岗丘林地与湖泊沙滩地被垦辟出来，耕地面积达到传统农业时代的最高峰。其后直到清朝灭亡，社会一直动荡不安，土地垦殖也基本上处于停滞状态。

第二节　明清山东农作物结构的演变与区域特征

山东省的自然条件适宜多种作物生长，故全省农作物的品种多样、门类齐全，所有旱地农区凡恒有之作物无不有之。不过，由于土壤、地貌、气候等自然条件的不同，农作物内部的相互作用、社会经济技术条件的发展及国内外市场需求等多种因素的影响和制约，各种作物所占的耕地面积比重或播种面积比率，不仅在区域上有很大差异，而且在时间上有较大的变化。

一、明清山东粮食作物结构的演变特征及其意义

第四章对各种粮食作物在明清山东粮作结构中的地位变化分类进行了较详细的论述，这里仅在其基础上做一整体概括。明代前期粟米播种面积最大，产额也最高，在粮作结构中地位最为重要，其次是二麦、豆类、高

粱，它如黍、稷、穆子仅在个别州县占据了农作物结构的较重要位置。有明一代，小麦、高粱的播种比率逐渐增加，到明末清初，小麦发展成为山东最重要的粮食作物，无论是播种面积还是产量都位居粮食作物榜首。高粱在全省主要农业种植区的鲁西南与鲁西北平原上播种面积超过了粟米，粟米的种植地位在全省范围来看，似由第一位下降到了第三位。大豆基本完成了由春播向夏播复种的转化过程，随着复种率的缓慢上升，大豆栽培面积也在稳步增加，但其地位似仍位于四大主粮作物之末。清代山东省小麦、高粱、大豆的播种比率仍然继续增大，清末小麦成为全省种植最多的主导粮食作物。高粱的播种面积在绝大多数地区超过粟米成为春播杂粮的首选作物，粟、黍、稷在整个粮食作物结构中的地位越来越不重要。大豆主要是黄豆在清后期的播种面积随着国内外市场的需求剧增而迅速膨胀，成为麦后复种的主要作物品种，一般为复种麦地的70%—80%。荞麦为灾后救荒作物，在受灾年份播种较多。水稻则随水利工程的兴废而时盛时衰。明清两代，除上述传统粮产作物在结构比率上的发展变化以外，域外作物开始引入推广，到清末栽培面积大量增加，番薯成为胶东丘陵山地居民冬春主要食物，玉米也在某些县份的农产大宗中占据了一席之地。

明清山东粮作结构的这种演变给农业生产带来了深远影响。作物结构的调整与品种的引进改良，对提高粮食产量有巨大的促进作用。小麦播种面积的扩大是两年三熟制形成的基础，夏种豆类栽培面积的增加是两年三熟制的实现，这样就逐步增加了复种面积，提高了单位产量。高粱、穆子、水稻、小麦在夏秋积水的低洼地区都能基本保证有一季的收成，玉米、番薯则适宜于贫瘠的丘陵山地，它们的扩种与引入可以充分利用原来放弃了的低湿与高亢土地，增加土地播种面积，提高粮食的总产量。玉米、番薯在清中期以后得到大规模的推广，是同山东农民向山区丘陵高地进军开拓边界土地进程同步的。有些作物本身就是高产的，在没有任何投资增加的情况下提高了亩产量，如新引进种植的玉米、番薯、马铃薯较一般杂粮作物单产为高，高粱部分代替品种退化的粟、黍、稷等，都在一定程度上增加了粮食的生产能力。在自然灾害频繁的北方推广种植适应性强的作物品种也可减少收成的波动，相应地增加粮食产量，有些品种具有抗旱涝、耐瘠薄沙碱、喜沙壤等特征，如高粱之于洼碱地，番薯、玉米之于沙地山田等。有些品种生长期短，如荞麦、穄子能在严重洪水或干旱结束后剩下的很短的植物生长季节里成熟收获，具有补种救荒性质。还有晚播早熟的品种如春小麦，粟米中的回头黄，大豆中的五月黄、六月爆、牛毛黄等可以争取种植季节，甚至形成一年两熟。由上可知在传统农作物中合理地调整粮食作物种植结构，培育改良优质品种，引入推广高产新兴作物，仍然可以不断地提高粮食的单产与总产，这是明清山东农业向纵深发展的一个重要特征，也代表着北方旱地农业发展的时代特色。

粮作结构的演变还促使明清山东耕作种植制度发生了较大的改变。明代前期盛行一年一季的种植制度，粟与大豆春播为多，可能也有夏播复种，但数量一定很少，即以麦田占总耕地30%，麦茬后复种70%计算，复种指数仅为121%，估计明初不会超过此指数。明末以至有清一代，在低洼高亢等贫瘠地上仍然存在着一年一季的种植制度，如沂水县"洼地，常有积水，遇旱年涸出始可播种，不过种麦一季或蜀黍一季耳"。石田地、岭地多种玉米，也是一年一收。但是，随着小麦播种面积的扩展及夏播大豆的普及，麦豆杂秋的两年三熟轮作制度逐渐成为山东省绝大多数地方农业种植的主流，尤其是清中期人口的急剧增加，不仅提供了大量的农业生产劳动力，而且给粮食生产造成了一定压力，故在尽可能的情况下，农民要在麦后复种，如沂水县涝地上"麦后亦种豆，雨水微多，颗粒无收，徒费工本，沂俗有种稻者……收成虽薄，较之种豆，终可望收也"①。济阳县低洼之区，收麦后农民"即与高阜并种秋禾"，因收获波动太大，地方官令其多开沟渠，发展水利，"否则只可种麦及高粱、穄子，不应种植豆禾"②。两年三熟制一般将种粮田地平均分成两份，一半秋季播种小麦，来年春季在其余一半田地上播种高粱、粟、黍、稷等杂粮，待五月麦收后复种大豆、晚粟、荞麦等作物，秋季又轮到春播的田地上种小麦，这样周而复始，基本实现两年三收。考虑到麦地部分塌旱（晒垡）的实际情形，以80%的麦田实现复种计算，复种指数在140%左右，因为仍有部分土地实行一年一季种植，实际复种指数应略微下调，大数在130%—140%，这较明初复种指数为100%有了较大的增长。清末之际，山东部分地区开始萌芽麦豆两熟制，

---

① 吴树声：《沂水桑麻话》，《山东史志丛刊》1991年第4期。
② 民国《济阳县志》卷5《水利志·文告》，民国二十三年（1934年）铅印本。

鲁西北原肥沃地带少数地方借助早熟大豆品种抢节气，可得一年两熟之利，"如牛毛黄，很'知'（聊城农家术语谓农作物早熟曰知），在白露节即可收割，割后正好种麦，明年割麦后又可种豆，当年白露又可种麦，如此，便可在一年中得到麦豆两季也"①。因此有人说："固然山东的普通农地多是二年之中只有三季收成，但在经营集约的农地也有不少是一年两季收获的。"②

随着两年三熟轮作种植制度的发展与成熟，明清山东各地的土壤耕作制度逐渐与之适应，形成了翻耕、耙糖与免耕相结合的耕作系统。农民终年忙碌，三月里耕地播种，"挨次种完了棉花蜀秫，黍稷谷粱，种了稻秧，已是四月半后天气；又忙劫劫打草苦，拧绳索，收拾割麦。妇人收拾簇蚕。割完了麦，水地里要急忙种稻，旱地里又要急忙种豆。那春时急忙种下的秋苗，又要锄治。割菜子，打蒜苔……才交过七月来，签蜀秫，割黍稷，拾棉花，割谷，钐谷，秋耕地，种麦子，割黄黑豆，打一切粮食，垛秸秆，捽稻子，接续了昼夜，也还忙个不了；所以这个三秋，最是农家忙苦的时月"③。这是农事活动的一般描述，具体与两年三熟轮作制相对应的主要农田作业项目及耕作制度如表6-1所示，这种耕作、种植制度一直影响到20世纪80年代初期。

表 6-1　两年三熟制对应的耕作种植制度

种植制度 （复种轮作的 两年三熟制）	春作物 高粱或粟 →			冬作物 小　麦 →			夏作物 大　豆 →				冬闲 休耕
月份	3	4—6	7—8	9	10	11—次 年3月	4	5—6	7—8	9	10	11—次 年3月
主要 田间 工作	播种春作物	中耕	收获	秋耕耙糖	播种冬麦	麦田管理	收麦	耕种大豆	中耕管理	收豆	秋耕耙糖	休耕地
耕作制度	翻耕　　　　　→				免耕　　　　→				翻耕			

① 陶玉田：《鲁北十县农业调查报告》，《山东农矿公报》1930年第13期。这虽是民国初年的情形，但据此推及清末似无较大差距。

② 王文甲：《博山农地之特征》，《农业周报》1935年第21期。

③ （明）西周生撰、黄肃秋校注：《醒世姻缘传》第二十四回，上海：上海古籍出版社，1981年，第355—356页。

二、明清山东粮食作物的区域组合

山东全省皆属北方旱地农区，明清时候，各地农产大宗皆不出小麦、高粱、大豆、粟四种，但由于各种作物对土壤、水分的不同需求，粮作结构随地形高下发生极大的差异性。如历城县位于鲁中南山地与鲁北平原的过渡地带，"历以南多山利黍谷，历以北多水利秫稻"①。峄县"邑境西北高亢，宜谷、麻、黍、稷、诸豆、木棉，东南地卑下，独宜秫稻，至二麦则阖境有之"②。位于邹县境内的不同村庄也因地形高下的不同，农作物差异很大。毛家堂村的地势比较低洼，大小麦播种面积占净耕地的70%以上，其次是高粱占23.9%，复种的黄豆在15%左右，谷子播种率最低，仅有3%。地势较高的夏涧铺小麦播种面积占净耕地的50%，而耐旱的谷子播种比率相对较高，达30%，高粱则为20%，复种的黄豆占总耕地面积的24%左右。因此，县志记载"近山一带多谷粟、豇豆、绿豆及甘薯、芝麻，平原一带多小麦及黄黑豆类"③。乾隆《威海卫志·物产》也说："高地宜麦、黍、谷、黄豆、绿豆，洼地宜秫、稗、黑豆。"位于沂蒙山区沂水流域的沂水县地形复杂，田地类型繁多，而且宜种作物也有不同，俗称平壤为坡地，以麦豆高粱两年三熟制为主；污下之地为涝地，亦能两年三收，惟大秋概种稜子，麦后种豆，收成惟艰，多种旱稻；较涝地尤下地叫洼地，不过一年种麦或蜀黍一季耳；高阜者为石田、岭地、山场地，多种玉米、甘薯、花生、谷子等，按土壤性质又可分为沙土地，尤宜番薯、花生、棉花、谷子等④。胶东半岛顶端的宁海州各地亦有类似分法，"平原天地俗称泊地（原田），山坡地俗称塂地，山间地曰山地也，坡田（即塂地）、山田多种花生、甘薯、烟草……而原田则宜小麦、高粱、青黄豆、玉蜀黍、黍、谷子等。又河流两岸辄有小块水田，种植稜稻"⑤。假如把它们缩小到一个小范围之中，就可以看出一种垂直地带差异特征。

从山东全省来看，鲁西南平原地区地势低洼，绝大多数位于海拔50米

---

① 崇祯《历乘》卷12《方产考》，明崇祯六年（1633年）刻本。
② （清）陈梦雷编纂、蒋廷锡校订：《古今图书集成》卷238《职方典·兖州府物产考》，北京、成都：中华书局、巴蜀书社，1985年，第48—52页。
③ 山东邹县地方志编纂委员会办公室：《邹县旧志汇编》第十四章，内部资料，1986年。
④ 吴树声：《沂水话桑麻》，《山东史志丛刊》1991年第4期。
⑤ 民国《牟平县志》卷5《政治·农业》，民国二十五年（1936年）石印本。

以下，而鲁东南丘陵山地区域地势相对较高，多数地方海拔高过50米，且有1/3的地区海拔高度在200米以上，因此，这两大区域在农作物结构上存在一定程度的差异。

明代末年，鲁西南与鲁西北平原地区，粮产结构以小麦、高粱、大豆为主，其次为粟，其余绿豆、黍、稷、荞麦、稻子等皆为零星出产。如前文表4-6与表4-7所示，顺治年间，汶上、邹县、曲阜、菏泽、鱼台五县近二十村庄的实际播种情形告诉我们：麦子播种面积占总播种面积的60%左右，至少不低于35%，位居粮食作物结构榜首；各庄每年都有高粱的种植，多数播种比率可达20%，多数村庄却很少有粟米的种植，甚至有三分之一的年份一亩不播，可见粟米地位低微。黄黑大豆多为麦后复种。一般农事安排如下：大麦正月中种，五月初收；粟二月种，八月中收；蜀秫三月初种，八月中收；黍、稷四月种，七月中收；绿豆、黑豆、黄豆俱五月初种，九月中收；荞麦六月中种，九月中收；小麦八月中种，五月初收[1]。从豆类夏种来看，两年三熟轮作制度基本流行，但大麦仍是春月播种。

鲁东南丘陵山地区的粮产结构则以粟、大豆为主，其次为小麦、黍、稷，穄也在某些地区成为农产大宗，高粱、稻类作物地位较轻，如青州府安丘县"齐民岁所树艺菽粟为多，麦次之，黍、稷又次之，稻颇不宜……又有秫（高粱）穄二种，亦谷属最下品者"[2]，而宁海州则是"五谷同于天下，而麦为佳，多黍及穄"[3]。区域变化很大，与鲁西南和鲁西北平原的特征不同。同时，因多山地，节气较西三府稍晚[4]。一般农事为"春时播百谷，正月种麦，二月布谷及黍、稷、蜀秫、麻枲等项，三月种大豆与稻，稻有水旱两种，谷雨前种棉花，俱秋收，麦后种豆，黍后俟秋耕种麦，又有冬麦俱来年五月初收"[5]，大麦也是春月播种，麦后种豆表明也有两年三熟制。但从存在三月种植春大豆来看，两年三熟制不如西三府普及。

清代末年，鲁西南与鲁西北平原的粮食作物结构与明代变化不太大，只是高粱的地位得到加强，同时，番薯、玉米逐渐得以引进推广，在有些

---

① 万历《恩县志》卷3《贡赋·种植》，明万历二十六年（1598年）刻本。
② 万历《安丘县志》卷10《方产考》，明万历十七年（1589年）刻本。
③ 嘉靖《宁海州志》卷上《地理·物产》，明嘉靖二十六年（1547年）刻本。
④ 顺治《招远县志》卷4《风俗·稼穑》，清顺治十七年（1660年）刻本。
⑤ 顺治《登州府志》卷8《风俗·稼穑》，清顺治十七年（1660年）刻本。

地方成为农产大宗，如光绪年间蒲台县农产物以"棉花、高粱、豆、柳树为大宗，麦谷次之，其余黍稷、番薯、芝麻……又次之"①。乐陵县则以麦、粟、高粱、菽、玉米为农产大宗②，曲阜县南池庄高粱播种面积最大，占总播种面积的36%，小麦次之，占32%，其次为豆类占25.7%，其他杂粮仅占6.3%③。

鲁东南丘陵山区的粮作结构与明末相比变化较大，首先是高粱、小麦播种比重上升，与大豆同居主要位置，新兴作物番薯与玉米得到大规模扩种，在有些地方成为居民的主要食物，而黍、粟、稷的播种比重相对下降。高密县的例子最为典型，"密之植，麦、谷、秫、豆为多，黍、稷次之，稻与穆又次之……别种曰玉蜀黍……又有薯蓣者俗名地瓜……至今生殖繁衍乡人皆蓄以御冬"④。

三、明清山东经济作物结构的演变及其区域特征

（一）明清山东经济作物结构的演变

明清时期，山东省新兴高产高效作物的引种推广给山东经济作物结构带来了巨大变革。

第一，随着棉花的引种与不断发展，传统衣被来源的桑麻产业日趋萎缩，而在蚕业生产内部，人工养殖山蚕方法的成熟与柞蚕业的兴旺，也与桑蚕业的衰落形成鲜明对照。山东自古为桑麻产区，历史上有"齐鲁千亩桑麻"之称，明初朱元璋规定："凡民田五亩至十亩者，栽桑、麻、木棉各半亩，十亩以上倍之。"⑤ 不如令者罚。这一政策促进了新兴作物棉花的引种与迅速普及，同时也应看到这种强制政策对恢复传统的桑麻事业仍有很大的作用，经济作物结构增添了新成员棉花，但地位仍不重要，只能排在末位，桑麻仍然居于前列，经济作物结构没有发生大的改变。明中期以前，山东各州县均有夏税丝绢的征收，少者数千匹，多者万余匹，至嘉靖

① 光绪《蒲台县乡土志·物产》，清末抄本。

② 光绪《乐陵县乡土志·物产》，清宣统元年（1909年）石印本。

③ 中国社会科学院近代史研究所中华民国史研究室、山东省曲阜文物管理委员会：《孔府档案选编》上册，北京：中华书局，1982年，第300—303页。

④ 光绪《高密乡土志·物产》，清宣统元年（1909年）石印本。

⑤ 《明史》卷78《食货·赋役》，北京：中华书局，1974年，第1894页。

初年山东全省仍征收税绢约 54 990 匹，占了全国总额的 1/4 以上[①]，可见桑蚕业之发展程度还很高。因为棉花产量较桑蚕丝为高，而作为衣被材料其质量也远远优于麻，所以棉花与棉布逐渐成为广大平民百姓衣被之主要来源。需求量的增多，促使植棉经济效益丰厚，而丰厚效益又刺激农民植棉积极性的提高，于是棉花获得了较大的发展，尤其是明中期以后赋役折银，商品经济因素的影响逐步加强，棉花在自然条件适宜、交通便利的东昌、兖州、济南三府平原州县开始集中栽培，发展成专业化生产，产量特丰。如此，棉花在纤维作物中的地位上升，最后完全取代了蚕丝与麻，到清代中期，麻已不再作为衣被原料，种植也很稀少，栽桑养蚕也在明中期以后逐渐衰落，不少地方甚至趋于消亡。至清代中期，各地方政府时有积极倡导，但鲁西南与鲁西北广大平原地区的桑蚕事业已经式微，只在鲁中山区及其东北麓平原少数州县仍有桑蚕的生产。如元代曾以"茧丝之富"著称的高唐州，明代棉花种植发展很快，成为该邑的财富之源，到清代中期已是野无一亩桑麻矣。时人包世臣在《安吴四种·齐民四术》中说："兖州古称桑土，今至莫识桑丝。"其言虽不免夸张，却也说明了山东桑蚕业的衰落已是相当严重了。清代末期，海外蚕丝需求量大增，出口贸易的扩大对桑蚕生产产生了刺激作用，但明清新发展起来的柞蚕（又叫山蚕）生产更适合鲁东南地区的自然条件，从而限制着桑蚕业在山东的重新振兴。山蚕，山东自古有之，但多是采集野生蚕茧，明后期开始人工养殖。养柞蚕之柞、柘、槲、椿等树多野生或人工栽植于丘陵山地，只要稍作培育，即可成养蚕山场，故放养山蚕与植桑养蚕相比，既不需占用耕地，又节省人力，同时山茧绸价值也较高，故明中期以来柞蚕养殖发展十分迅速，除民间自行传播外，地方官也加意提倡，至清中期鲁中南山地丘陵与胶东丘陵广大宜柞地区都有了较为发达的山蚕业。同时，山东省柞蚕种与养殖技术也传至辽东及全国其他地方，成为全国柞蚕养殖的起源地。

　　第二，传统油料作物芝麻、菜籽、苏子、蓖麻等的地位仍不显要，尤其是苏子由于油质差，竟遭淘汰，而明代开始的黄豆油与清代新增的花生油很快成为百姓常用油大宗，大大丰富了油料作物的内容，也改变了以小

---

① 梁方仲：《中国历代户口、田地、田赋统计》乙表41，上海：上海人民出版社，1980年，第352页。

油料作物为主体的结构。黄豆原为大田种植的粮食作物，黄豆榨油技术的产生，使其兼有经济作物的性质，至清中后期随着豆油、豆饼向外输出的大量增加，其经济作物的身份愈加明显。清代中期引种的花生在山东推广很快，至清末种植规模很大，成为除黄豆、棉花外最重要的经济作物，也使山东成为全国花生产量最多的地区。

第三，烟草在清初引种山东后，因获利丰厚而迅速地推广，在清代中期某些地方开始与粮食作物争地争人争肥，而清末为收集鸦片而种植的罂粟也获得了畸形发展，嗜食作物烟草与罂粟成为明清山东经济作物结构中的一块毒瘤。

第四，随着棉布成为最大众化的衣被之物，蓝靛、红花、茜草等染色作物逐渐在明代培育出来，并在各地广泛种植，清末随着西方化学颜料的大量输入，这些作物的种植日益减少。

总体来看，因为山东位居沿海，又是连接南北方的京杭大运河的必经之地，交通便捷，所以在北方各省常能得风气之先，继棉花在明初引种推广后，染料作物也随之有了种植，明末清初从域外传入中国的高产高效作物如烟草、花生等也很快沿运河或海路传播到山东，改变了过去北方旱地农区经济作物仅有桑麻的旧体系，使经济作物种类日益繁多，结构也趋向近代化。

由于明中期经济作物种植出现了区域专业化的趋势，其经济效益甚高，经济作物在种植作物中的中心地位也日渐加强，如清中期鲁西北棉产区棉花种植已占有相当大的比重，第五章的论述中，曾征引文献说棉花之多，"大约所种之地过于豆麦"，"种花地多，种谷地少"，即反映了这种粮棉并重的现实。当然，这不是棉花这种经济作物独有的现象，清中期烟草在济宁一带也是如此，时人认为："大约膏腴尽为烟所占，而五谷反成瘠土。"花生等经济作物也都在某些州县成为"其收获乃至与五谷埒"的重要作物。这些都说明了经济作物在明清山东种植业结构中的重要地位。

（二）明清山东经济作物的区域组合

明代初期，朱元璋指令各地按耕地面积的一定比例来种植桑、麻与木棉，使山东经济作物的分布具有广泛均衡的特点，似乎无论是平原还是丘陵山区，其经济作物都具有桑麻棉的组合形式。明中期以后，山东省各区域的经济作物组合形式才有较大的变化与差异。当然，由于经济作物的区域性较强，布局相对集中，比如棉花、烟草对耕地条件要求较高，故多集中在平原地带，而花生对土壤肥力的要求不高，在耕地条件较差的胶东半岛与鲁中南丘陵山区更能显示其经济效益，柞蚕又称作山蚕，更是丘陵山区的优势产业。这就决定了明清山东经济作物的区域组合不太复杂。

（1）鲁西南平原区。明中期以后棉花种植增多，成为商品棉产区，桑蚕下降成第二位，靛青、茜草染色作物也有出产，而织布之麻基本绝迹，万历《兖州府志·风土志》曰：“地多木棉，以棉为布，东南山中亦能采葛，而无苎麻……茜草、靛青可以为染，田间多种之。”清代初期烟草引入本区并得到迅速发展，清中期其种植地位已经赶上停滞的桑棉。清后期花生与烟草一样，在本区获得较大发展，而棉花与桑的种植地位式微。

（2）鲁西北平原区。明中期以后，本区棉花种植趋向专业化，成为山东省最重要的商品棉产区，其地位直到清朝结束都未曾改变。桑蚕业的地位则逐渐衰落，至清中期退出主要经济作物之列，此时期引种的花生缓慢扩展，到清末地位上升，在主要经济作物中位居棉花之后。

（3）沂泰山地东北麓平原区。明末本区靠山之地兴起柞蚕业，万历《安丘县志·方产考》曰“桑则阡陌成行，别有木棉，有蓝淀（靛），有红花……西南山产”多柞蚕。清初引种了烟草，棉桑也有一定的恢复，至清中期成为棉桑柞烟多种经营的地区。清末花生引种本区并得以发展，光绪《高密县乡土志·物产》记载清末高密县有烟叶、红花、紫草、蓝靛，“多获者北鄙为棉花，南鄙为花生”。本区交通发达，地形多样，经济作物种植较为发达，组合复杂。

（4）鲁中南丘陵山区。明中期以后棉花种植减少，而柞蚕业逐步发达，超过了桑蚕的地位，清中期引种推广的花生、烟草则与柞蚕、桑蚕同为本区主要经济作物。

（5）胶东丘陵区。明中后期棉花的种植减少，桑麻事业也走向衰落，清前期，烟叶传入并逐步发展，柞蚕养殖也普及扩大，清中期以后花生又迅速地推广，至清末期，本区的主要经济作物为柞蚕、花生与烟草。

第三节　明清山东农业综合区划

所谓农业综合区划是指根据农业自然条件、生产布局与结构及经济水平的差异，对各区农业发展特征进行综合分析，据此划分各类农业区。历史时期种植业的综合区划很难全面遵循现代的区划标准，因为有很多数据不太全面或无法定量，因此，只能是初步的与定性的。本书在保持县级行政区划完整的基础上，主要依据农业生产的自然资源条件与社会经济条件的相对一致性，农作物结构与种植制度的相似性，以及垦殖系数、亩产量与复种指数的相近性，把山东省划分成五大农业区，即鲁西南平原区、鲁西北平原区、沂泰山地东北麓平原区、鲁中南丘陵山区与胶东丘陵区，分别对明清两代各区农业布局与结构特征进行简要的概括。

一、鲁西南平原区

范围包括明代兖州府除费县、沂州、郯城的全部23州县，还有济南府西南部的泰安、肥城与东昌府西南部的朝城、观城、范县、濮州，总共29州县。清时则相当于兖州、曹州与济宁二府一州全境，以及泰安府西部平阴、肥城、东平、东阿、泰安，州县总数不变。

该区平原广漠，为黄济泗汶河冲积而成，耕地资源相对充裕。由于本区位于山东南部，气候温暖，降水丰富，农业种植条件良好。当然，容易决泛的黄河、运河流经本区，积涝泛滥也成为发展农业的限制因素。明末本区是山东种植业最为发达的地区，垦殖系数约为57%，居各区首位；同时，开始推广两年三熟轮作复种制度，增加了复种指数，所产粮食自给有余，常有许多粮食输出。主要粮食作物为小麦、高粱与大豆。经济作物则以棉桑靛为主，其棉花种植较为集中，形成了商品棉产区，所产棉花经运河运往江南。

清中期，本区农业生产水平又有提高，垦殖系数约为60%，同时由于两年三熟轮作制的普及，复种指数也上升到135%以上，每亩粮食单产150斤左右，在垦殖、复种、单产各方面均为山东省最高地区。粮食作物仍以小麦、高粱与大豆为主，乾隆时鲁西南一带每年约有数百万石小麦、大豆、杂粮销往江南、直隶、河南与鲁西北棉产区，是山东最主要的余粮区。清初引种的烟草在本区发展很快，清中期成为山东烟草种植最盛地区，所产远销京津直隶各地。清末本区仍保持了清中期的上述发展趋势，同时在经济作物结构方面发生了一些变化，花生在清末飞速发展，成为经济作物的大宗，而原来出产颇丰的棉桑靛种植减少，退出了主要经济作物的行列。

二、鲁西北平原区

范围包括明代东昌府的聊城、堂邑、博平、茌平、莘县、清平、冠县、临清州、丘县、馆陶、高唐州、恩县、夏津、武城，共14州县，还有济南府大清河以北的18州县，合计32州县。清代则相当于东昌、武定府、临清州三属全境，以及济南府大清河以北8州县，州县总数仍为32。

本区地势为全省最低。一般地面海拔20—50米，主要是黄河历代决徙泛滥堆积形成的黄泛平原，耕地资源相对充裕；土壤以潮土、沙碱土为主，热量与水分条件相对较差，农业生产的自然环境条件较好。明前中期本区为山东省移民垦殖的重点区域，种植业发展速度首屈一指，至明末成为山东农业发展水平较高的地区，垦殖系数约为54%，仅次于鲁西南平原，同时开始推行两年三熟轮作复种制，粮食单产与总产大增，除供应本区商品棉产地所需粮食外，尚有一定的剩余。粮食作物由明初的以粟麦豆为主改变为小麦、高粱、大豆与粟并重。明末该区为山东最重要的商品棉产区，同时桑蚕业与染料作物的生产水平也居全省前列。值得注意的是，该区内部仍有较大的差异，举其最著者当为东部滨海之地多盐土，不利种植，居民多以捕鱼、煮盐为生，有终生未见五谷者，具有鲜明的区域经济特征。本书论述时考虑到濒海设县较少，为保证州县辖区的完整性，并未将此区单独划分出来。

清代鲁西北平原农业生产仍有一定的提高，清中期垦殖系数达到57%左右，而复种指数随两年三熟制的普及也基本上升到130%，粮食亩产在140斤左右，在垦殖、复种、单产方面大于鲁西南平原。粮食作物主要为小麦、高粱、大豆与粟，临清是当时山东省乃至华北最大的粮食市场，每年的交易额高达五六百万石至一千万石，它的存在也为鲁西北棉花集中种植的发展提供了坚实可靠的保障。清代本区棉花种植一直保持着较快的发展势头，东昌府、临清州所属各州县棉田在总耕地中的比例逐步上升，商品棉产区还不断向东部扩展，清末武定、济南两府都有一些新发展起来的商品棉州县。由于大量植棉，桑蚕业在本区日渐式微。此外，本区作为引种花生最早的地方，却在相当长的一段时间内并没有得到扩种，只是到了清末，花生才在一些州县推广种植，上升为主要经济作物。

三、沂泰山地东北麓平原区

范围横跨明代济南、青州、莱州三府，包括济南府的长清、历城、章丘、齐东、新城、长山、邹平、淄川，青州府的高苑、博兴、临淄、益都、寿光、临朐、安丘、诸城、乐安、昌乐与莱州府的昌邑、潍县、平度州、高密、胶州，共23州县。清代则相当于济南府大清河以南8州县，青州府全部11州县，莱州府除去即墨、掖县的5州县，共24州县，多出者为清中期升格颜神镇设置的博山县。

本区东部为胶莱河与潍河等河流冲积形成的胶莱平原，土壤以潮棕壤为主，肥力较高，而西部以泰山与沂山东北麓的山前平原地形为主，地表倾斜平坦，地下水丰富，土质肥沃。总体来看，该区农业生产的自然条件较好，在山东属中等偏上水平。本区农业开发历史悠久，明初是全省经济基础相对较好的地区，明末垦殖系数达到38%，处于中等发达水平；粮食生产除自给外，尚有一定的输出，主要运往辽东地方，种植作物以粟、小麦、大豆为主，同时本区引水灌溉的农田水利事业在山东全省最为兴盛，水稻种植也相对较多。明初本区是桑麻棉并重地区，明中期以后，麻的地位下降，柞蚕业开始发展起来，与桑棉同为主要经济作物。

清代中期，海禁渐弛，山东对外经济交流日渐增强，横穿本区中部的济南至青州、莱州的陆路是沿海口岸与山东腹地联系的最繁忙陆路交通线，沿途的济南、周村、博山、益都、潍县等城镇经济逐步发达，综合经济实力的增强带动了农业生产水平的提高。清中后期，本区垦殖系数在42%左右，仍位居中游，两年三熟制基本普及，复种指数上升，粮食单位产量提高较快。主要粮食作物结构演变为小麦、大豆、高粱与粟，部分地区番薯种植较多，仍然是全省水稻种植最多的地方。由于人口繁庶，耗粮特多，粮食生产丰年方能基本自给，一般年景要从鲁西南或辽东调运。本区经济作物发展水平较高，桑蚕业在部分州县得到进一步发展，直到清末，该区一直是山东桑蚕业得以保留的少数地区，如临朐县光绪年间约有 1/3 的农家种桑育蚕，生丝与丝织品为该县商品之最大宗。明中期发展起来的柞蚕业也走向兴旺发达。清中期，青州府小清河流域及胶莱平原不少州县扩种棉花，相继发展成新的商品棉产区。烟叶在清初引种本区并得到较快的发展，清末种植普遍，产量与输出量在山东省仅次于鲁西南平原。清中后期引种的花生在胶莱平原发展迅速，清末输出数量规模较大。

四、鲁中南丘陵山区

范围包括明代济南府莱芜、新泰，兖州府沂州、费县、郯城及青州府蒙阴、沂水、莒州、日照共9州县。清代则相当于沂州府全部7州县及泰安府莱芜、新泰，州县数量未变。

该区北有鲁山、沂山，西有泰山，东有五莲山，南括蒙山，是全省丘陵山地最多的地区。沂沭河自北向南流贯其中，平原谷地占全区总面积不到三成，耕地资源较差，种植业尤其是粮食生产受自然条件的制约很大。该区明代农业经济水较低，垦殖系数约为26%，在山东全省各区中略高于胶东丘陵地区，而且土壤多发育岗地丘陵上，肥力贫瘠，粮产不丰，平时尚可勉强自给，一遇灾歉则有大量人口外出逃荒，因为山区的交通不畅，外来粮食很难输入救济。万历《兖州府志·户役志》记明末："见今沂费郯滕之间荒田至万余顷，人烟断绝，周回几百里，庙堂之上经画招徕开垦者二十余年，竟无一人归尺地垦者。"主要粮食作物为粟、豆、麦。柞蚕养殖是本区的优势产业，明中后期有较大的发展。

清中期，本区农业经济水平有了一定的提高，垦殖系数达到30%左右，平坡地开始推广两年三熟轮作制度，粮食平均每亩产量在110斤上下，丰年尚可基本自给，并沿沂河向南方输出少量小麦、黄豆。但是本区耕地贫瘠，水利不修，耕作粗放，正常年景粮食已稍嫌不足，故一遇灾荒，不免流徙。同时该区还是农业生态环境趋于恶化之区，时人已经意识到这一点，咸丰时任沂水知县的吴树声在《沂水桑麻话》中已经指明。经济作物在清中后期较兴盛，适宜山地的柞蚕养殖事业十分发达，据《沂水桑麻话》载，沂水县"多山，山必有场，种梓栎以养山蚕，岁出山茧、山绸无算"。对土质要求不高的花生在清中后期也得到迅速推广，兰山、费县、新泰、莱芜等县是山东花生的重要产地，产销量占到全省的半数以上。烟草也在本区扩大种植，成为主要经济作物之一。

五、胶东丘陵区

范围包括明代登州府全部8州县与莱州府掖县、即墨，总共10州县。清代府级政区没有变化，只登州府属撤卫设县，增加了海阳、荣成二县，使其总州县数达到12。

本区是胶东半岛的主体，三面环海，水力资源较好，土壤以粗骨棕壤为主，肥力偏低；同时，地多丘陵，"无五十里之平壤"，农业种植条件相对较差，明末垦殖系数为22%，为全省最低。主要粮食作物为粟、豆、麦，仅丰年可望自给，一般年景已感粮食不足，经济"连年凋敝，人户多逃"，土旷人稀，一望尚多荒落。经济作物以柞蚕、桑蚕为主，但由于对外贸易受到限制，其发展也不充分。本区明末农业综合水平位居全省各区最后。

清代中后期，本区农业呈现出迅速发展的强劲势头，垦殖系数为26%，部分地区开始实行两年三熟轮作复种制，小麦、大豆、粟与高粱成为粮食作物大宗，高产作物番薯得到大力推广，粮食单产由清中期的位于全省中下水平一跃而接近全省最高水平，上升速度为全省各区之最。尽管如此，由于人口增加速度更快，人多地少的矛盾十分突出，本区仍是全省最严重的缺粮区，即使丰年也不足自给，好在清中期以后海禁开放，本区沿海多良港，对外贸易便利，所缺粮食可由关东海运输入，而山东各地出产的黄豆、柞蚕、花生、烟草等农产品，也可大量集运本区并经烟台、龙口、金家口、青岛港等地向外输出，江南、京津以至外国都成为其销售地区。本区各州县从事沿海贸易者为数甚多，同治《黄县志·食货》谓黄县之民，半数经商。粮食的输入、本地经济作物产品的输出及南北货物的转运均十分繁忙。至清末烟台、龙口、青岛开港通商，胶济铁路相继建成，这种对外贸易优势更加明显，通过与关东、江南等地区的双向流通，胶东丘陵区不仅摆脱了耕地资源匮乏的劣势，而且后来居上，日渐成为山东的"富庶之区"。

第四节　论华北平原两年三熟制形成的时间

华北平原两年三熟轮作复种制是中国北方旱地农区传统种植制度的典型，当今学术界对其形成时间的认识却有很大分歧，笔者曾对此略有研究，建立了两年三熟制明中后期形成的新观点①。起初，因条件所限很少能看到日本学者的论文，1997年11月赴日拜读了许多日本学者的论文，才发现日本学者对此问题的研究非常深入。本书即是在此基础上撰写的，主要目的是评述中日两国学者在两年三熟制形成时间问题上的研究方法与主要观点，并对自己的观点做一反省和定位②。

一、两年三熟制及其形成的条件

两年三熟是指在一块土地上春季种植粟、高粱等作物，待秋收后耕地播种冬小麦，次年五月收麦后，又播种豆、粟等，在连续两年的时间内实现三季收获。如果能够在同一块地里这样周而复始，连续多年地坚持下去，那么，就可以说形成了一种制度——两年三熟轮作复种制。

华北平原两年三熟制的形成必然要受到自然环境、种植技术与社会经济条件等诸多因素的制约。从自然环境条件来看，气候因素对种植制度影响最大。历史时期华北平原的温湿程度虽有一定的上下波动，但无论如何变化，华北总不出暖温带地域范围，正常年份其积温与降水状况都完全可以满足农作物的两年三收。也就是说，华北平原实行两年三熟制的自然条件自古具备。因此，下面着重从种植技术与社会经济两方面论述它的形成。

限制两年三熟制形成的种植技术主要有三个方面。第一，冬小麦的推广种植。冬小麦秋季八九月播种，翌年五月初收获，充分利用了气温寒冷的冬季，可与其他作物错开节气搭配形成倒茬轮作复种。因此，冬小麦在

① 李令福：《论华北平原二年三熟轮作复种制的形成时间及其作物组合》，《陕西师范大学学报》（哲学社会科学版）1995年第4期，后被人大报刊复印资料《中国地理》1996年第3期全文转载。此前，该文还获得中国农史学会1994年中青年农史论文优秀论文奖。
② 这里要说的是，如果没有筑波大学妹尾达彦与学习院大学鹤间和幸两位先生的邀请访日，我就无缘拜读日本学者的论著，本书的写作也就无从谈起。如果没有流通经济大学原宗子先生在我于筑波大学发表同名讲座时的提问和商榷，有些问题我也不会深入思考。在此谨向以上三位先生致以衷心的感谢。

两年三熟轮作制中处于中心作物的地位。第二，冬小麦播种前的当年必须收获一季庄稼。第三，收麦后当年必须夏播豆粟等作物，而且当年要有收成。其中，第二与第三项条件必须同时具备，即冬小麦的前作与后作轮种技术必须结合起来，才能实现两年三熟，只达到其中的一项是不行的。比如第二项实现，春种秋收谷物后在其地上播种了冬小麦，但如果没有在次年麦收后进行复种，也仅是谷地改茬种麦，只能实现两年两熟。第三项技术成立，收麦后有夏播之豆粟，但如果前一年种麦前无谷物收获，也只是在两年中实现两熟。

社会经济条件也是制约两年三熟制形成的重要因素。两年三熟制是一种复种制，在同一块地里一年内种植不止一季作物，这必然会较多地耗费地力。因此，补充肥力，加强养地措施就成为最重要的一个环节。在中国传统农业时代，养地之法不外两种，一种是多施肥粪，增强地力。在北魏《齐民要术》时代，中国已经使用踏粪、火粪、人粪、泥粪与蚕矢，但这些肥粪数量太少，故《齐民要术》中只有给经济作物瓜、葱、葵等施肥的记载，而没有给粟、麦等主粮作物施肥的记载，到元代王桢《农书》时代，北方仍然是这几种类型的肥料。故笔者以为靠多施肥粪的养地之法很难支持两年三熟制的形成。另一种是充分利用作物轮作的生物养地之法，其中有两大措施：一是利用绿肥作物与粮食作物的轮作，发挥"美田之法"的养地功效，这在《齐民要术》卷一《耕田第一》中有详细说明："凡美田之法，绿豆为上，小豆、胡麻次之。悉皆五六月中穬种，七月、八月犁掩杀之，为春谷田，则亩收十石，其美与蚕矢、熟粪同。"[1] 这是一种大面积的养地方法，但是以牺牲一季收获为代价的，也与两年三熟的增加复种、提高土地利用率背道而驰！二是利用豆类作物与麦谷类作物的合理轮作，因为大豆具有独特的根瘤固氮作用，收获后能遗留一部分氮肥于土壤中，不仅无害反而有利于下一季作物的收成。实验证明："种一亩大豆，就可吸收空气中氮素差不多为7斤，相当于三十多斤硫酸铵。"[2] 与其他作物的耗损

---

[1] （后魏）贾思勰原著、缪启愉校释：《齐民要术校释》卷1《耕田第一》，第2版，北京：中国农业出版社，1998年，第38页。

[2] 中国农业科学院中国农业遗产研究室、南京农学院中国农业遗产研究室编著：《中国农学史（初稿）》上册，北京：科学出版社，1959年，第254页。

地力相比，黄黑大豆是用地与养地相结合的良好换茬作物，它又可大面积种植，养地效果好，规模大。因此，种植大豆是在肥粪不能充分供应的社会经济条件下增加复种的最佳方法。华北农谚中有"麦后种黑豆，一亩一石六"，"麦不离豆，豆不离麦"，正说明麦豆复种能够增产，是最好的搭配形式。而且大豆"地不求熟"[①]，适宜免耕直播。故笔者认为麦后夏播大豆的推广种植是两年三熟制形成的主要标志。

形成两年三熟制另一重要的社会条件是要有一定的人口压力与劳力资源。两年三熟制度下，无论是秋收后种麦，还是麦收后种豆，都要抓紧节气抢收抢种，前者还要耕地整地，播种后都有大量的田间工作诸如中耕锄草、治虫与收获等，这就促使劳动量与劳动强度的大增！而人的劳动能力是有限度的，在地广人稀之时，人们可以大量垦殖荒地，靠扩大耕地面积简单粗放地经营即可获取足够的生活必需品，无心更无力去精耕细作增加复种。只有在土地日辟，生齿日繁，人多地少的矛盾尖锐起来以后，为满足不断增长人口的衣食之需，人们才必须去努力变革种植制度，争取一年多熟，靠增加复种指数来提高产量。同时，人口压力既给实施精耕细作多熟种植带来了必要性，又提供了实现的可能性，因为农业生产劳动力也会随人口增加起来。

判断两年三熟制在华北平原的形成时间，必须从上述自然环境、种植技术与社会经济三方面全面考虑，三者缺一不可！那么，以此标准来衡量，则无论两汉、北魏还是唐代中期都没有完全达到上述三方面条件的要求，是可知，当前学术界流行的某些观点是很难成立的。

二、对传统各家观点的评述——明代以前华北平原没形成两年三熟制

综合中日两国学术界有关两年三熟制形成时间的观点，大致可以归纳为以下三种：两汉时形成，北魏时形成，唐代中期形成。下面就这三种观点，先列其论证依据，接着按上部分内容所述标准进行衡量，看其是否能够成立。

---

① （后魏）贾思勰原著、缪启愉校释：《齐民要术校释》卷2《大豆第六》，第2版，北京：中国农业出版社，1998年，第109页。

（一）两汉形成说

日本的米田贤次郎先生最早提出此观点[①]，中国的郭文韬与韩国的闵成基两位先生皆赞同此说[②]。

西汉中期，汉武帝接受董仲舒的建议，在关中推广种植冬小麦，使小麦逐渐普及于华北各地，而且种植地位不断提高。正因为此，他们认为"冬麦推进了轮作复种制的发展，冬麦和其他作物搭配形成了倒茬轮作。西汉《氾胜之书》里有'禾（粟）收，区种麦'的记载，说明西汉时期已经实行谷子和冬麦之间轮作复种的二年三熟制"[③]。认为西汉形成两年三熟制的学者主要是依据上述小麦推广与"禾收区种麦"的两个证据。实际上，这两个证据都不足以说明其观点的成立，因为冬麦的推广种植仅是其条件之一，不能仅仅据此立论，而氾胜之所谓区种是分区精耕细作的方法，粟收种麦不在同一块地里，不是复种。退一步说，即使粟收后在其地上播种冬麦，但麦收后如没有复种，也仅是两年两收。

坚持两汉形成说的最重要证据是郑玄注《周礼》所引东汉初年郑众的话语。郑玄注《周礼·稻人》引郑众："今时谓禾下麦为荑下麦，言芟刈其禾，于下种麦也。"注《周礼·薙氏》又引郑众："又今俗间谓麦下为荑下，言芟荑其麦，以其下种禾豆也。"[④]前条说的是禾后种麦，后条说的是麦后种植禾豆，是冬季作物小麦前茬与后茬的当年都有了复种的技术，故有人把它作为华北出现多熟种植的确切的文字记载。但是，史料本身并没有提供把禾下麦与麦后禾豆联结在一块地里的证据，前文已经说明，如果两者不能结合起来，仍然不能实现两年三熟，仅仅是两年两熟。

西汉时著名的农书《氾胜之书》曰："凡麦田，常以五月耕，六月再

---

① （日）米田贤次郎：《齐民要术与二年三熟》，《东洋史研究》1959 年第 4 号；（日）米田贤次郎：《关于中国古代的肥料》，《滋贺大学学艺学部纪要（社会科学）》第 13 集，1963 年；（日）米田贤次郎：《中国古代麦作考》，《鹰陵史学》1982 年第 8 号。三文后来皆收入（日）米田贤次郎：《中国古代农业技术史研究》，京都：同朋舍，1989 年。

② 郭文韬著有《中国农业科技发展史稿》（北京：中国科学技术出版社，1988 年）与《中国古代的农作制和耕作法》（北京：农业出版社，1982 年）两书，皆坚持两年三熟制西汉时普及说；闵成基先生的《汉代麦作考——禾麦轮作成立期》（《东洋史学研究》1971 年第 5 号）认为两年三熟制成立于西汉武帝时，到东汉时盛行。

③ 陈丹：《清代前期的人口问题——兼论决定中国历史上人口规模的主要因素》，《山东社会科学》2001 年第 1 期，第 44 页。

④ 后一条不见于《十三经注疏》，而见于孙诒让《周礼正义》。

耕，七月勿耕，灾摩平以待种时。"①明确地指出种麦地要在五六月耕地，种麦之前的当年不可能有一季作物的种植。崔寔《四民月令》按月叙述农事活动，在五月、六月的记事中皆有"灾麦田"的记载，"灾"乃耕义，这正与《氾胜之书》记载的种麦方式相同。郑众提出的禾下麦与其前后时代农书所载种麦的基本方式不同，这只能说明其禾下种麦方式是特殊的没有普遍意义的种植法。两大农书同时也没有五月麦后种植禾豆的记载，同样说明麦后种植禾豆也是特殊的没有普遍意义的种植法。这两种轮作方式既然都是很不普及的，其结合在同一块地里的可能性更应该是微乎其微的。

从当时的人地关系比例来看，人口并没有形成对土地的压力，缺乏形成两年三熟制的可能性和必要性。据《汉书·地理志》记载，西汉元始二年（前2年）人均占有耕地9.6市亩，每个劳力约需耕种30市亩。这在当时较为落后的生产力情况下，每年种植一季作物已很困难，怎还会有余力去进行复种呢？何况，每年一收已足以自给，何必再去辛辛苦苦地复种二茬作物呢？

（二）北魏形成说

坚持此观点的学者主要是以贾思勰《齐民要术》为依据的，认为此书所记的轮作方式可以构成相当发达的两年三熟制。日本米田贤次郎先生在《齐民要术与二年三熟制》一文中首倡此说，中国研究《齐民要术》的学者多信从之。但仔细分析，北魏时代是没有两年三熟制的。《齐民要术》卷二《大小麦第十》载："大小麦皆须五月六月暵地（不暵地而种者，其收倍薄）。"暵，即后来的耕地晒技术。这里明确表示种麦之前必须从五月份开始耕地，因此当年不可能存在麦子的前茬——春播作物，因任何春播作物都不太可能早在五月份成熟。也就是说，北魏时代的普通轮作种植技术中没有粟后当年种植冬小麦者。从《齐民要术》关于麦、粟、大豆等作物播种日期的记述来看，仅有麦与粟豆的年际轮作，没发现有年内复种者。

坚持北魏形成说的还有一个证据，即《魏书·世宗本纪》载："诏：缘淮南北所在镇戍，皆令及秋播麦，春种粟稻，随其土宜，水陆兼用，必使地无遗利，兵无余力，比及来稔，令公私俱济也。"②只要认真分析，就可

---

① 《氾胜之书》原书已佚，此文见《齐民要术》卷1《耕田第一》所引。
② 《魏书》卷8《世宗本纪》，北京：中华书局，1974年，第198页。

肯定秋种麦与春种粟并不在同一块地上，既不是指麦后种粟，也不是指粟后种麦。

从北魏时代的社会经济形势来看，当时中国北方连年混战，经济残破，劳力缺乏，抛荒地较多，没有必要也没有可能来增加复种。

（三）唐代中期形成说

西嶋定生先生首倡此说，而后得到天野元之助与大泽正昭两位先生的赞同与补充①。他们三人都是著名的中国农业史研究专家，故此观点在日本影响很大。中国的农史学者也多接受此说，给人一种已成定论的感觉。不过，仔细考察，便会发现此说颇多破绽，很难成立。

西嶋定生先生从唐代碾磑的普及论述到当时小麦种植的推广，又引东汉郑众之话，证明东汉初年已出现粟与麦的前后轮作技术，《齐民要术》记载的早熟性与晚熟性谷子品种都有十多种。这些条件相加起来，使唐代两年三熟制普遍起来，形成了早粟→冬麦→晚粟的轮作复种体系。

笔者认为这样的轮作形式是很难成立的，首先，它不符合《齐民要术》所总结的"谷田必须岁易"的轮作原则②；其次，从肥料供给与地力维持角度分析，在粟的年际轮作中又加上一季冬小麦，三季都是特耗地力的作物，当时又缺乏充足的肥粪以补充多量消耗的地力，故不可能成立。日本学者古贺登先生早已看到了这一点，他说："粟和麦都要求相同系统的肥料……因此，即使麦茬后播种粟尚能成立，吸肥力特强的粟后种麦时也会令磷肥极度不足，加上麦的吸肥力很弱，就会严重危害麦的生长。"由此，他的观点是："即使在唐代，华北也没有粟与麦组合的轮作复种制。"③

西嶋先生还有一个重要的证据，就是他认为，唐大中元年（847年）十月中所说的"二稔职田"是指一年有两次收获。其实"二稔"并非指一块田地的两熟，而是指职田有五月收麦者，有秋季收粟稻者，这正与两税法夏季收麦、秋季收粟稻类似。《唐会要》中记载的"二稔职田"，从上下文

① （日）西嶋定生：《碾磑的背景》，《历史学研究》1947年第125号；（日）天野元之助：《魏晋南北朝农业生产力的展开》，《史学杂志》1957年10号；（日）大泽正昭：《唐代华北的主谷生产与经营》，《史林》1981年第2号；（日）大泽正昭：《唐宋变革期农业社会史研究》，东京：汲古书院，1996年。
② （后魏）贾思勰原著、缪启愉校释：《齐民要术校释》卷1《种谷第三》，第2版，北京：中国农业出版社，1998年，第65页。
③ （日）古贺登：《中国多熟制农法的成立》，《古代学》第8卷第3号。

义来看，不可能是同一块地里的一年二稔。因此，这一证据无法支持其两年三熟制形成于唐代的观点。

唐代形成说的学者还找到了一条粟后种麦的直接材料，《旧唐书·刘仁轨传》载："贞观十四年，太宗将幸同州校猎，属收获未毕，仁轨上表谏曰：'……今年甘雨应时，秋稼极盛，玄黄亘野，十分才收一二，尽力刈获，月半犹未讫功，贫家无力，禾下始拟种麦。直据寻常科唤，田家已有所妨。'①从"贫家无力，禾下始拟种麦"来看，这种粟麦组合已有了一定的发展。但史料显示唐代普通的种麦技术仍基本上同《齐民要术》时代一样，种麦前要暵地。唐末韩鄂撰写的《四时纂要》两次提到"暵麦地"，一是在《夏令卷之三·五月》，二是在《秋令卷之四·八月》。笔者承认《旧唐书·刘仁轨传》的记载是真实的，粟后种麦技术有了一定的发展。但我们知道，即使有了粟后种麦，如果没有麦后复种，仍无法说明形成了两年三熟制。

还有两条史料，也均无法说明问题。一是《唐大诏令集》卷一一一《废华州屯田制》曰："今宿麦颇登，秋苗茂盛，私田加辟，公用渐充。"文中宿麦与秋苗并举不能说明麦后种粟，这是因为"秋苗"不是指秋季谷物仍处苗期，而是指春种秋收谷物之苗，唐人颜师古说："秋者，谓秋时所收谷稼也。"②二是《资治通鉴》卷二三二载："又命诸冶铸农器，籴麦种，分赐沿边军镇，募戍卒，耕荒田而种之，约明年麦熟倍偿其种，其余据时价五分增一，官为籴之。来春种禾亦如之。"③麦收在五月初，已是初夏，至今华北农民仍称麦收为"夏收"，故麦后种禾如不直接称作麦后种禾，也应是来夏种禾，绝不可说成"来春种禾"，是此文麦禾不在同一块地里确定无疑。

唐代形成说的学者至今仍没有找到一条直接证明此说成立的史料证据，说明两年三熟制度在唐代仍没有形成。不仅如此，按照笔者的观点，直到宋元时代，华北平原都没有形成两年三熟制，这有充足的史料依据。被认为金代乃至元初在北方流行的农书《韩氏直说》解释古语"收麦如救

---

① 《旧唐书》卷84《刘仁轨传》，北京：中华书局，1975年，第2789—2790页。此事在《唐会要》卷27《行幸》与《册府元龟》卷542《谏诤部·直谏》中也有记载，只"禾下始拟种麦"作"禾下始宜种麦"。
② 《汉书》卷9《元帝纪》永光元年三月条注，北京：中华书局，1962年，第288页。
③ 《资治通鉴》卷232"唐德宗贞元三年七月"条，北京：中华书局，1956年，第7494页。

火"时说："若少迟慢，一值阴雨，即为灾伤；迁延过时，秋苗亦误锄治。"元代《农桑衣食撮要》卷上《五月》也有类似记载："农家忙并，无似蚕麦。（收小麦）迟慢遇雨，多为灾伤，又，秋日苗稼亦误锄治。"麦后如有复种，收麦拖延必误播种晚禾，书中无语，可知并无此类情况。元朝司农司所撰《农桑辑要》所载耕作技术更直接证明当时没有麦后复种之技术，据云"凡地：除种麦外，并宜秋耕……如牛力不及，不能尽秋耕者，除种粟地外，其余黍、豆等地春耕亦可"[1]。即凡欲种粟黍豆类等须头年秋天或当年春天耕地，全无麦后的夏播复种，更不用说麦后的免耕直播了。鲁明善《农桑衣食撮要》与王桢《农书》所记豆粟稷全为三四月播种，俱无麦后复种者。这一点大泽正昭先生也已经看到了，他说："确实，通读元代三大农书，全没有记载二年三熟制，其技术仍没有超过《齐民要术》阶段。"[2]倘若当时实行了两年三熟制度，这些大型农书为何全无麦后复种的记载呢？如果不能全盘否定这些农书记载，那就只能承认，唐宋以至元代华北都没有形成两年三熟制，也就是说，明代以前华北没有形成两年三熟轮作复种制。

三、华北平原两年三熟制形成于明中后期

元末明初，华北平原遭受战乱与自然灾害破坏最为严重，于是成为明初移民屯垦的重点区域。洪武末年，其区仍有很多荒地，故政府实行"嗣后新垦荒地，永不起科"的优惠政策，鼓励人们垦荒生产。人少地荒的这种情况缺乏激励人们走向精耕细作的动力。可知，明前期华北不会有两年三熟制的产生。

明代中期以后，华北平原的社会经济形势发生了重大变化。首先，社会长期稳定发展，农业经济水平提高，促使人口日益增多，而可供开垦的荒地随着垦殖深入却不断减少，人均占有耕地数量下降，人多地少的矛盾显现出来。据明代实录资料，明正统至嘉靖年间，全国人均耕地多在6.5—

---

[1] 西北农学院古农研究室整理、石声汉校注：《农桑辑要校注》，北京：农业出版社，1982年，第31—32页。

[2] （日）大泽正昭：《唐宋变革期农业社会史研究》，东京：汲古书院，1996年，第91页。

8.0明亩，按一明亩折0.9216市亩计算，明中后期人均耕地在6—7.5市亩[1]。人多地少不仅可以提供足够的多余劳力来进行复种的劳动，而且人口对粮食需求的增多也要求精耕细作，靠增加复种来提高粮食单产和总产。两年三熟制形成的社会经济条件在华北逐步成熟。

其次，明中期以后，商品经济逐渐发展并渗透到农村生活中来，赋役折银成为历史的大趋势。小麦面白质清，口感好，人们目为细粮，在市场上易出售，价格也高；亩产量属中等水平，但受水旱影响较小，收成稳定。农民在生产实践中认识到"一麦胜三秋"的道理，纷纷扩大小麦的种植。根据笔者的研究，明中后期鲁西南平原地区的小麦播种面积逐步扩大，由明前期占总耕地的约三成提高到明末清初的五成左右[2]。此外，小麦扩种的这种趋势并非仅为鲁西南地区独有，土壤水热等自然条件基本相同的华北平原各地似应与此同步。故崇祯年间编写的《天工开物》认为："四海之内，燕、秦、晋、豫、齐、鲁诸道，丞民粒食，小麦居半。"[3]华北平原小麦播种地位的提高，为增加复种，形成两年三熟制创造了良好的条件。

再次，粟后种麦的轮作换茬现象趋于普遍。粟麦轮作技术出现很早，唐朝粟后种麦的现象还有了一定的发展，但普通的种麦技术仍然必须五六月份暵地，这种状况到元朝时仍未改变。王桢《农书·百谷谱集之一》记载的大小麦种植法仍然是："大抵未种之先，当于五六月暵地。若不暵地而种，其收倍薄。"明中期以后，这种状况有了根本转变，春播秋收茬口地里种植小麦已成为主流。王象晋在明末撰写的《群芳谱》多记有华北的农事，其《谷谱·田事各款·粪地》云："肥地法，种绿豆为上，小豆、芝麻次之，皆以禾黍末一遍耘时种，七八月耕掩土底，其力与蚕沙熟粪等，种麦尤妙。"这是说春种谷物套种绿肥，并于当年种麦的事情。其书记载的农谚"稀谷大穗，来年好麦"，也表明粟后种麦的换茬轮作已较为普及。明朝遗老顾炎武撰写的《天下郡国利病书》原编第十五册《山东上》引《汶上县志》说，如果采取暵地措施即当地所谓的塌旱地，次年"来牟（大小

① 梁方仲：《中国历代户口、田地、田赋统计》甲表1，上海：上海人民出版社，1980年，第9页。
② 李令福：《明清山东省粮食作物结构的时空特征》，《中国历史地理论丛》1994年第1期。
③ （明）宋应星著、钟广言注释：《天工开物》卷上《乃粒·麦》，广州：广东人民出版社，1976年，第33页。

麦）之入常倍余田"，暵地已经成为较为特殊的现象了。顺治《登州府志》更明确地记有"黍后俟秋耕种麦"①，是可知麦之前作现象即禾麦轮作在明中后期已较为普遍。

最后，随着小麦播种面积的增加与禾麦轮作现象的普及，明中后期麦后复种的晚大豆开始出现并且得以推广，于是秋禾麦豆的两年三熟农业种植制度逐渐在华北平原形成并趋向盛行。大豆有春播和麦后夏播之分，明代以前的农书均记载北方大豆三四月播种，全为春大豆，大致麦后夏播的晚大豆在明中后期逐渐推广，到明末清初，在土壤较为肥沃的华北平原地区上升为主导地位，基本上取代了春大豆。万历《恩县志》记载，小麦"八月中种，五月初收"，而黄黑绿诸色豆，"俱五月初种，九月中收"②；明末成书的《群芳谱》也说，黑豆在五月"夏至前后卜种，上旬种则花密荚多"，黄豆种植时间"与黑豆无异"③。麦后种豆乃是直接种的免耕法，蒲松龄《农桑经》总结山东麦茬复种豆的经验说，"（五月）留麦楂，骑麦垄耩豆，可以笼豆苗"，"豆无太早，但得雨，且不妨且割（麦）且种，勿失时也"④。收麦后可随时种豆，甚至可以一边割麦一边种豆。这说明上述《恩县志》与《群芳谱》所谓五月初播种诸豆应为麦茬后作物，因一般春大豆播种当在三四月。顺治时，登州府一般农事安排是："春时播百谷，正月种麦，二月布谷及黍稷蜀秫麻等项，三月种大豆与稻，稻有水陆两种，谷雨前种棉花，俱秋收；麦后种豆，黍后俟秋耕种麦；又有冬麦俱来年五月初收。"⑤ 如果说这些例证还不能使大家相信两年三熟制在明中后期已经成为华北平原重要的种植制度，那么，曲阜孔府档案所记载的有关曲阜、汶上等县几十个村庄清初麦后普遍复种黄黑豆的事实，足以坚定大家的认识。《顺治九年红庙庄地亩谷租草册》记载，本庄顺治九年（1652年）"共麦地一顷二十三亩四分九厘，共该麦八石三斗一升，共该豆八石三斗一升"，顺治十一年（1654年）也与此相同，种麦地也收取了与麦租等量的豆租⑥。

---

① 顺治《登州府志》卷8《风俗·稼穑》，清顺治十七年（1660年）刻本。
② 万历《恩县志》卷3《贡赋·种植》，明万历二十六年（1598年）刻本。
③ （明）王象晋纂辑、伊钦恒诠释：《群芳谱诠释》，北京：农业出版社，1985年，第24页。
④ （清）蒲松龄撰、李长年校注：《农桑经校注》，北京：农业出版社，1982年，第25页。
⑤ 顺治《登州府志》卷8《风俗·稼穑》，清顺治十七年（1660年）刻本。
⑥ 中国社会科学院近代史研究所中华民国史研究室、山东省曲阜文物管理委员会：《孔府档案选编》上册，北京：中华书局，1982年，第331页。

又据《顺治十一年齐王庄春秋地租总帐（账）》，本庄"共三等麦地一顷六十六亩一分一厘，以上共收半季麦租二十五石九斗二升七合……共该半季豆租二十五石九斗二升七合"，说明麦地的租额一半是麦，一半是豆[①]。档案中还明确记载，在清初的顺治年间，曲阜、汶上、邹县、泗水、鱼台、菏泽等县二十多个村庄的孔府种麦地，除收取麦租外，还收取等量或少量的大豆。明代初年的耕地一般分为夏麦与秋粟两类，到清初，在曲阜孔府的档案中，其实行定额地租的土地一般被称作麦豆地与春地，后者也可叫作秋谷地，几乎各庄清初的档案资料都是如此，充分说明华北平原广大地区普遍实行了两年三熟的种植制度[②]。西周生撰写的《醒世姻缘传》描述了章丘县明水镇一带明末清初的农事安排，三月里耕地播种，"挨次种完了棉花蜀秫，黍稷谷粱，种了稻秧，已是四月半后天气；又忙劫劫打草苫，拧绳索，收拾割麦。妇人收拾簇蚕。割完了麦，水地里要急忙种稻，旱地里又要急忙种豆。那春时急忙种下的秋苗，又要锄治。割菜子，打蒜苔……才交过七月来，签蜀秫，割黍稷，拾棉花，割谷，钐谷，秋耕地，种麦子，割黄黑豆，打一切粮食，垛秸干（秆），捵稻子，接续了昼夜，也还忙个不了"[③]。从中可以明确地看到秋收谷物后，耕地种麦，麦后种豆的两年三熟轮作复种制。

　　在明末清初的改朝换代之际，山东各地同样遭受了战乱与自然灾害的严重破坏，不少土地荒芜，劳力流散，而当时的人们仍然普遍地实行两年三熟的轮作复种制，充分说明这种制度至此时已经相当成熟与稳定。因此，笔者把两年三熟制形成的时代推断在明代中后期。到清代中期，由于人多地少给粮食生产带来的巨大压力，两年三熟制在华北有了进一步的发展，除平坡地盛行两年三熟制外，在低洼涝地上农民也要争取多熟种植，如乾隆时，济阳县低洼地，农民收麦后"即与高阜并种秋禾"[④]，咸丰时任沂水知县的吴树声著有《沂水桑麻话》，书中说，其县涝地上，"麦后亦种

① 中国社会科学院历史研究所：《曲阜孔府档案史料选编》第三编《清代史料档案》第十一册《租税（三）》，济南：齐鲁书社，1985年，第89页。
② 中国社会科学院历史研究所：《曲阜孔府档案史料选编》第三编《清代史料档案》第十一册《租税（三）》，济南：齐鲁书社，1985年，第1—282页。
③ （明）西周生撰、黄肃秋校注：《醒世姻缘传》第二十四回《善气世回芳淑景，好人天报太平时》，上海：上海古籍出版社，1981年，第355—356页。
④ 民国《济阳县志》卷5《水利志·文告》，民国二十三年（1934年）铅印本。

豆，雨水微多，颗粒无收，徒费工本"。认为清代中期两年三熟制形成的观点则失之太晚。

本书是笔者的"一家之言"，自己觉得有些保守，几乎全盘接受了古代农书、地方史志与档案资料的记载，没敢驰骋主观的想象，把祖国北方先进种植制度的形成时期拉后了很长一段时间。但以现有的史料来看，笔者仍然坚持自己的观点，认为明中后期形成说最接近历史的真实。真诚地欢迎大家就此展开深入的讨论，如果今后有明确的证明材料出现，笔者会很乐意地修正自己的观点。

参 考 文 献

一、地方志

崇祯《历城县志》，明崇祯十三年（1640年）刻本。

崇祯《历乘》，明崇祯六年（1633年）刻本。

崇祯《曲阜县志》，明崇祯八年（1635年）刻本

道光《安丘新志》，民国九年（1920年）石印本。

道光《观城县志》，清道光十八年（1838年）刻本。

道光《冠县志》，清道光十一年（1831年）刻本。

道光《济南府志》，清道光二十年（1840年）刻本。

道光《巨野县志》，清道光二十六年（1846年）续修刻本。

道光《陵县志》，清道光二十六年（1846年）刻本。

道光《平度县志》，清道光二十九年（1849年）刻本。

道光《荣成县志》，清道光二十年（1840年）刻本。

道光《再续掖县志》，清光绪十九年（1893年）《掖县全志》本。

道光《招远县志》，清道光二十六年（1846年）刻本。

道光《重修胶州志》，清道光二十五年（1845年）刻本。

光绪《朝城县乡土志》，清光绪三十三年（1907年）刻本。

光绪《德州乡土志》，清光绪同修抄本。

光绪《东阿县乡土志》，清光绪三十二年（1906年）铅印本。

光绪《东平州志》，清光绪七年（1881年）刻本。

光绪《恩县乡土志》，清光绪三十四年（1908 年）石印本。

光绪《肥城县乡土志》，清光绪三十四年（1908 年）石印本。

光绪《高密县乡土志》，清宣统元年（1909 年）石印本。

光绪《高唐州乡土志》，清光绪三十二年（1906 年）刻本。

光绪《观城县乡土志》，清光绪年间抄本。

光绪《冠县志》，清光绪年间抄本。

光绪《菏泽县乡土志》，清光绪三十三年（1907 年）石印本。

光绪《莱芜县乡土志》，清光绪三十三年（1907 年）石印本。

光绪《乐陵县乡土志》，清宣统元年（1909 年）石印本。

光绪《聊城县乡土志》，清光绪三十四年（1908 年）石印本。

光绪《临朐县志》，清光绪十年（1884 年）刻本。

光绪《陵县乡土志》，清光绪三十四年（1908 年）刻本。

光绪《宁阳县乡土志》，清光绪三十三年（1907 年）石印本。

光绪《平度县乡土志》，清光绪三十四年（1908 年）抄本。

光绪《平阴县乡土志》，清光绪三十三年（1907 年）铅印本。

光绪《蒲台县乡土志》，清末抄本。

光绪《日照县志》，清光绪十二年（1886 年）刻本。

光绪《三续掖县志》，清光绪十九年（1893 年）刻《掖县全志》本。

光绪《莘县乡土志》，清宣统元年（1909 年）石印本。

光绪《寿光县乡土志》，清光绪三十年（1904 年）抄本。

光绪《泰安县乡土志》，清光绪三十三年（1907 年）铅印本。

光绪《滕县乡土志》，清光绪三十三年（1907 年）石印本。

光绪《潍县乡土志》，清光绪三十三年（1907 年）石印本。

光绪《文登县志》，民国十一年（1922 年）铅印本。

光绪《新泰县乡土志》，清光绪三十四年（1908 年）石印本。

光绪《峄县乡土志》，清光绪三十年（1904 年）抄本。

光绪《禹城县乡土志》，清光绪三十四年（1908 年）石印本。

光绪《郓城县乡土志》，清光绪十九年（1893 年）抄本。

光绪《章丘县乡土志》，清光绪三十三年（1907 年）石印本。

光绪《诸城县乡土志》，民国九年（1920 年）石印本。

光绪《滋阳县乡土志》，清光绪三十二年（1906 年）抄本。

光绪《邹县乡土志》，清光绪三十三年（1907 年）石印本。

光绪《邹县续志》，清光绪十八年（1892 年）刻本。

嘉靖《德州志》，明嘉靖七年（1528 年）刻本。

嘉靖《莱芜县志》，明嘉靖二十七年（1548 年）刻本。

嘉靖《临朐县志》，明嘉靖三十一年（1552 年）刻本。

嘉靖《宁海州志》，明嘉靖二十六年（1547 年）刻本。

嘉靖《青州府志》，明嘉靖四十四年（1565 年）刻本。

嘉靖《山东通志》，明嘉靖十二年（1533 年）刻本。

嘉靖《武城县志》，明嘉靖二十八年（1549 年）刻本。

嘉靖《武定州志》，明嘉靖二十七年（1548 年）刻本。

嘉靖《夏津县志》，明嘉靖十九年（1540 年）刻本。

嘉靖《淄川县志》，明嘉靖二十五年（1546 年）刻本。

嘉靖《邹县地理志》，明嘉靖四年（1525 年）刻本。

嘉庆《东昌府志》，清嘉庆十三年（1808 年）刻本。

嘉庆《清平县志》，清嘉庆三年（1798 年）刻本。

嘉庆《寿光县志》，清嘉庆五年（1800 年）刻本。

嘉庆《续修郯城县志》，民国十七年（1928 年）铅印本。

嘉庆《续掖县志》，清嘉庆十二年（1807 年）刻本。

康熙《陵县志》，清康熙十二年（1673 年）刻本。

康熙《齐东县志》，清康熙二十四年（1685 年）刻本。

康熙《寿张县志》，清康熙五十六年（1717 年）刻本。

康熙《邹县志》，清康熙五十五年（1716 年）刻本。

民国《昌乐县续志》，民国二十三年（1934 年）铅印本。

民国《茌平县志》，民国二十四年（1935 年）铅印本。

民国《德平县续志》，民国二十五年（1936 年）铅印本。

民国《东平县志》，民国二十五年（1936 年）铅印本。

民国《福山县志稿》，民国二十年（1931 年）铅印本。

民国《高密县志》，民国二十四年（1935 年）铅印本。

民国《恒台县志》，民国二十三年（1934 年）铅印本。

民国《济宁县志》，民国十六年（1927年）铅印本。

民国《济阳县志》，民国二十三年（1934年）铅印本。

民国《莱阳县志》，民国二十四年（1935年）铅印本。

民国《利津县续志》，民国二十四年（1935年）铅印本。

民国《临清州志》，民国二十三年（1934年）铅印本。

民国《临朐县志》，民国二十四年（1935年）铅印本。

民国《临沂县志》，民国六年（1917年）刻本。

民国《临淄县志》，民国九年（1920年）石印本。

民国《陵县续志》，民国二十四年（1935年）铅印本。

民国《牟平县志》，民国二十五年（1936年）石印本。

民国《平度县续志》，民国二十五年（1936年）铅印本。

民国《齐河县志》，民国二十二年（1933年）铅印本。

民国《青城续修县志》，民国二十四年（1935年）铅印本。

民国《清平县志》，民国二十五年（1936年）铅印本。

民国《商河县志》，民国二十五年（1936年）铅印本。

民国《寿光县志》，民国二十五年（1936年）铅印本。

民国《夏津县志续编》，民国二十三年（1934年）铅印本。

民国《续安丘新志》，民国九年（1920年）石印本。

民国《续修博山县志》，民国二十六年（1937年）铅印本。

民国《续修广饶县志》，民国二十四年（1935年）铅印本。

民国《阳谷县志》，民国十五年（1926年）铅印本。

民国《增修胶志》，民国二十年（1931年）铅印本。

民国《重修博兴县志》，民国二十五年（1936年）铅印本。

民国《重修泰安县志》，民国十八年（1929年）铅印本。

民国《重修新城县志》，民国二十二年（1933年）铅印本。

民国《续修邹县志稿》，民国年间抄本。

乾隆《曹州府志》，清乾隆二十一年（1756年）刻本。

乾隆《大清一统志》，清乾隆五十五年（1790年）刻本。

乾隆《登州府志》，清乾隆七年（1742年）刻本。

乾隆《福山县志》，清乾隆二十八年（1763年）刻本。

乾隆《济宁直隶州志》，清乾隆四十三年（1778 年）刻本。

乾隆《济阳县志》，清乾隆三十年（1765 年）刻本。

乾隆《莱州府志》，清乾隆五年（1740 年）刻本。

乾隆《乐陵县志》，清乾隆二十七年（1762 年）刻本。

乾隆《历城县志》，清乾隆三十八年（1773 年）刻本。

乾隆《临清直隶州志》，清乾隆五十年（1785 年）刻本。

乾隆《邱县志》，民国二十二年（1933 年）排印本。

乾隆《曲阜县志》，清乾隆三十九年（1774 年）刻本。

乾隆《泰安府志》，清乾隆二十五年（1760 年）刻本。

乾隆《威海卫志》，民国十八年（1929 年）铅印本。

乾隆《潍县志》，清乾隆二十五年（1760 年）刻本。

乾隆《夏津县志》，民国二十三年（1934 年）铅印本。

乾隆《掖县志》，清嘉庆十二年（1807 年）刻本。

乾隆《沂州府志》，清乾隆二十五年（1760 年）刻本。

乾隆《诸城县志》，清乾隆二十九年（1764 年）刻本。

顺治《登州府志》，清顺治十七年（1660 年）刻本。

顺治《乐陵县志》，清顺治十七年（1660 年）刻本。

顺治《招远县志》，清道光二十六年（1846 年）刻本。

天启《新城县志》，明天启四年（1624 年）刻本。

天启《新泰县志》，明天启年间刻本。

同治《黄县志》，清同治十年（1871 年）刻本。

同治《即墨县志》，清同治十二年（1873 年）刻本。

同治《临邑县志》，清同治十三年（1874 年）续补刻本。

同治《重修宁海州志》，清同治三年（1864 年）刻本。

万历《安丘县志》，明万历十七年（1589 年）刻本。

万历《恩县志》，明万历二十六年（1598 年）刻本。

万历《莱州府志》，民国二十八年（1939 年）铅印本。

万历《兖州府志》，明万历二十四年（1596 年）刻本。

万历《章丘县志》，明万历二十四年（1596 年）刻本。

万历《邹志》，明万历三十九年（1611 年）刻本。

咸丰《济宁直隶州续志》，清咸丰九年（1859 年）刻本。

咸丰《庆云县志》，民国二十三年（1934 年）重印本。

宣统《滨州乡土志》，清宣统元年（1909 年）抄本。

宣统《山东通志》，民国四年（1915 年）铅印本。

宣统《滕县续志稿》，清宣统三年（1911 年）铅印本。

雍正《山东通志》，清乾隆元年（1736 年）刻本。

正德《莘县志》，明嘉靖年间增刻本。

二、专著

包世臣：《郡县农政》，北京：中国农业出版社，1962 年。

陈高傭等：《中国历代天灾人祸表》，上海：上海书店，1986 年。

陈龙飞等：《富饶的山东》，济南：山东科学技术出版社，1984 年。

（清）陈梦雷编纂、蒋廷锡校订：《古今图书集成》，北京、成都：中华书局、巴蜀书
    社，1985 年。

陈振汉等：《清实录经济史资料（农业编）》，北京：北京大学出版社，1989 年。

（明）陈子龙等：《明经世文编》，北京：中华书局，1962 年。

傅衣凌：《明清农村社会经济》，北京：生活·读书·新知三联书店，1961 年。

葛剑雄：《简明中国移民史》，福州：福建人民出版社，1985 年。

（清）顾炎武著，黄汝成集释，栾保群、吕宗力校点：《日知录集释》，上海：上海古籍
    出版社，2006 年。

（清）顾炎武撰，华东师范大学古籍研究所整理，黄珅、严佐之、刘永翔主编：《顾炎武
    全集》第 14 册《天下郡国利病书》，上海：上海古籍出版社，2011 年。

（清）顾祖禹撰，贺次君、施和金点校：《读史方舆纪要》，北京：中华书局，2005 年。

（清）贺长龄、魏源等：《清经世文编》，北京：中华书局，1992 年。

黄冕堂：《清史治要》，济南：齐鲁书社，1990 年。

（清）黄宗羲：《明文海》，北京：中华书局，1987 年。

《嘉庆大清一统志》，北京：中华书局，1986 年。

荆甫斋、刘志耘主编：《海阳县志》，内部资料，1988 年。

李璠：《中国栽培植物发展史》，北京：科学出版社，1984 年。

李文治：《中国近代农业史资料第一辑（1840—1911）》，北京：生活·读书·新知三联

书店，1957 年。

（明）李贤等：《大明一统志》，西安：三秦出版社，1990 年。

梁方仲：《中国历代户口、田地、田赋统计》，上海：上海人民出版社，1980 年。

梁家勉：《中国农业科学技术史稿》，北京：中国农业出版社，1989 年。

林修竹：《山东各县乡土调查录》，民国九年（1920 年）铅印本。

罗仑等：《清代山东经营地方经济研究》，济南：齐鲁书社，1985 年。

闵宗殿：《中国农史系年要录》，北京：农业出版社，1989 年。

《明实录》，台北："中央研究院"历史语言研究所，1962 年。

彭雨新：《清代土地开垦史》，北京：农业出版社，1990 年。

彭泽益：《中国近代手工业史资料》第一卷，北京：中华书局，1962 年。

蒲松龄纪念馆编、盛伟辑注：《聊斋佚文辑注》，济南：齐鲁书社，1986 年。

（清）蒲松龄著、李长年校注：《农桑经校注》，北京：农业出版社，1982 年。

（清）蒲松龄著、路大荒整理：《蒲松龄集》，上海：上海古籍出版社，1986 年。

山东省测绘局编制：《山东省地图册》，济南：山东地图出版社，1988 年。

山东省农业厅种植业区划专业组、山东省农业区划委员会办公室：《山东省种植业的过
　　去与将来（区划报告）》，济南：山东科技出版社，1990 年。

山东师范大学历史系中国近代史研究室：《清实录山东资料选编》，济南：齐鲁书社，
　　1984 年。

山东水利史志编辑室：《山东水利大事记》，济南：山东科技出版社，1989 年。

寿杨宾编著：《青岛海港史·近代部分》，北京：人民交通出版社，1986 年。

水利部黄河水利委员会《黄河水利史述要》编写组：《黄河水利史述要》，北京：水利电
　　力出版社，1984 年。

（明）宋应星著、钟广言注释：《天工开物》，广州：广东人民出版社，1976 年。

孙祚民：《山东通史》，济南：山东人民出版社，1992 年。

谭其骧：《中国历史地图集》第七册，北京：地图出版社，1982 年。

谭其骧：《中国历史地图集》第八册，北京：地图出版社，1987 年。

唐启宇：《中国作物栽培史稿》，北京：中国农业出版社，1986 年。

万国鼎：《五谷史话》，北京：中华书局，1983 年。

（明）王象晋纂辑、伊钦恒诠释：《群芳谱诠释》，北京：农业出版社，1985 年。

王毓铨：《莱芜集》，北京：中华书局，1983 年。

王仲荦主编：《历史论丛》第五辑，济南：齐鲁书社，1985年。

吴承洛：《中国度量衡史》，上海：上海三联书店，2014年。

吴晗：《吴晗史学论著选集》第一卷，北京：人民出版社，1984年。

吴晗：《吴晗史学论著选集》第四卷，北京：人民出版社，1988年。

吴慧：《中国历代粮食亩产研究》，北京：中国农业出版社，1985年。

吴玉林主编：《中国人口·山东省》，北京：中国政经出版社，1989年。

（明）西周生撰、黄肃秋校注：《醒世姻缘传》，上海：上海古籍出版社，1981年。

项观奇：《悠久的古代历史》，济南：山东教育出版社，1984年。

熊毅等：《华北平原土壤》，北京：科学出版社，1965年。

（明）徐光启撰、石声汉校注、西北农学院古农学研究室整理：《农政全书校注》，上海：上海古籍出版社，1979年。

游修龄编著：《中国稻作史》，北京：中国农业出版社，1995年。

张玉法：《中国现代化的区域研究——山东省，1860—1916》，台北："中央研究院"近代史研究所，1982年。

赵传集：《山东自然灾害志》，济南：山东省农业科学院情报研究所，1989年。

赵尔巽等：《清史稿》，北京：中华书局，1977年。

中国第一历史档案馆：《康熙朝汉文朱批奏折汇编》，北京：档案出版社，1984年。

中国第一历史档案馆：《雍正朝汉文朱批奏折汇编》，南京：江苏古籍出版社，1989年。

《中国古代农业科技》编纂组：《中国古代农业科技》，北京：农业出版社，1980年。

中国农业博物馆资料室：《中国农史论文目索引》，北京：林业出版社，1992年。

中国农业遗产研究室：《中国农学史》，北京：科学出版社，1984年。

中国人民大学清史研究所：《清史研究集》第三辑，成都：四川人民出版社，1984年。

中国人民大学清史研究所：《清史研究集》第七辑，北京：光明日报出版社，1989年。

中国社会科学院近代史研究所中华民国史研究室、山东省曲阜文物管理委员会：《孔府档案选编》上册，北京：中华书局，1982年。

中国社会科学院历史研究所：《曲阜孔府档案史料选编》第三编《清代档案史料》第九册《租税（一）》，济南：齐鲁书社，1983年。

中国社会科学院历史研究所：《曲阜孔府档案史料选编》第三编《清代史料档案》第十一册《租税（三）》，济南：齐鲁书社，1985年。

中国社会科学院历史研究所清史研究室，中国人民大学清史研究所：《清史论文索引》，北京：中华书局，1984 年。

中国社会科学院历史研究所清史研究室：《清史论丛》第七辑，北京：中华书局，1986 年。

邹逸麟：《黄淮海平原历史地理》，合肥：安徽教育出版社，1993 年。

三、译著

（美）德·希·珀金斯著、宋海文等译：《中国农业的发展（1368—1968 年）》，上海：上海译文出版社，1984 年。

（日）东亚同文会：《支那省别全志》第四卷《山东省》，东京：东亚同文会，1917 年。

（美）何炳棣：《中国古今土地数字的考释与评价》，北京：中国社会科学出版社，1988 年。

（美）何炳棣著、葛剑雄译：《1368—1953 年中国人口研究》，上海：上海古籍出版社，1989 年。

（美）黄宗智：《华北的小农经济与社会变迁》，北京：中华书局，1986 年。

（日）加藤繁著、吴杰译：《中国经济史考证》第三卷，北京：商务印书馆，1973 年。

（日）西嶋定生著，冯佐哲、邱茂、黎潮译：《中国经济史研究》，北京：农业出版社，1984 年。

后　记

奉献给读者的这部书稿，是在1993年完成的博士学位论文基础上补充而成的。当初撰写时为突出重点仅围绕几个主要问题展开论述，这就是书稿第二、三、四、五章的内容。后来根据专家的意见，前面扩充了导言，后面增加了总体结论，于2000年4月在五南图书出版公司出版了繁体字版。因为样书较少，很多同仁看到的是我给赠送的复印本。2020年出版合同到期，我又申请了陕西师范大学优秀学术著作出版基金，交由科学出版社出版。本来计划要做一些学术上的补充，但因为时间关系没能实现，就连原来编绘的一些示意图也因为没有来得及审查而忍痛割爱。

本书把盐碱地改良，农作物亩产、总产、结构与流通，种植制度演变等要素引入历史农业地理研究，丰富了历史农业地理学研究的内容与体系。大量地利用农村基层访问调查资料与曲阜孔府档案材料进行定量分析，大胆地提出自己的学术观点，比如在清中期山东粮食亩产量的结论具体而细致，本书以为传统粮食作物的种植地位不断调整变化，建立了两年三熟制于明中后期形成的新学说。由于各种原因，后来我不再把历史农业地理作为研究重点，但本书的基本学术观点我认为还是能够成立的。

这部书稿从选题到许多具体问题的论证，始终是在恩师史念海先生的指导下进行的。本书的出版首先要感谢史先生。他老人家为初版赐予的序，现在保留作为纪念。

感谢我的研究生赵淑清、邱海文、梁陈与马森等，他们为本书的资料做了重新审核与校正，尤其是访问学者张金歌为本书初稿清绘了地图。感谢陕西师范大学及西北研究院，本书的出版得到陕西师范大学优秀学术著作出版基金与一流学科建设基金的资助。

李令福

2021年10月8日